20回大会記念

公式

M-1グランプリ大全 2001-2024

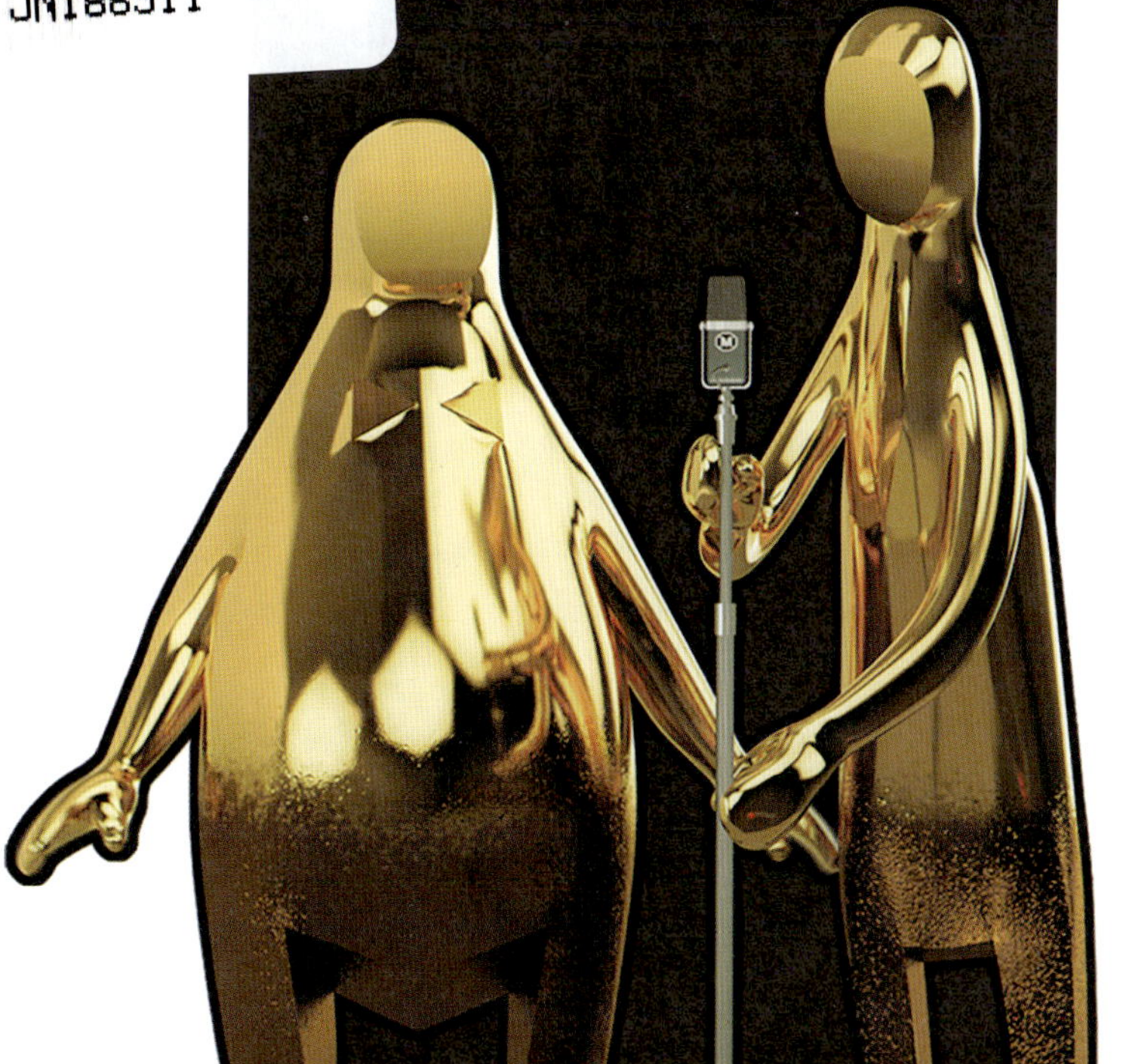

夢見心地です！

（2007年／サンドウィッチマン・伊達）

僕らなんかが
ここまで来れるって、
今年のM-1は…
セキュリティが
甘いです

（2010年／スリムクラブ・真栄田）

いやもう緊張して…
ヤフーをヤホーと
言ってしまいました

（2008年／ナイツ・塙）

どうも、優勝候補です！

（2004年／笑い飯・西田）

松竹芸能の
ますだおかだです

（2001年／ますだおかだ・増田）

危機管理
シミュレーション
能力ゼロか！

（2005年／ブラックマヨネーズ・吉田）

ホンマに…
漫才やってきて
良かったです

（2008年／NON STYLE・石田）

やっとです！
やっと獲れました!!

（2010年／笑い飯・西田）

最後の最後は
一番バカに入れようと思った

（2021年／松本人志）

万年2位キャラ
だったのでうれしいです

（2003年／アンタッチャブル・柴田）

悔しい
ですっ！

（2007年／ザブングル・加藤）

頑張れ俺たち！
俺たち頑張れ!!

（2004年／麒麟・田村）

誰だと
思ってんだよ、バカ、
斎藤さんだぞ！

（2015年／トレンディエンジェル・斎藤）

あざーす

（2003年／アンタッチャブル・山崎）

初めて漫才で
1位になれたんで
ほんまに幸せです！

（2006年／チュートリアル・福田）

皆さん、
本物の
春日
ですよ！

（2008年／オードリー・春日）

東京駅に
行きたいと
お言い！

（2003年／フットボールアワー・岩尾）

初めて生きてるって感じました

（2007年・ハリセンボン・はるか）

忍びねえな

（2007年／トータルテンボス・大村）

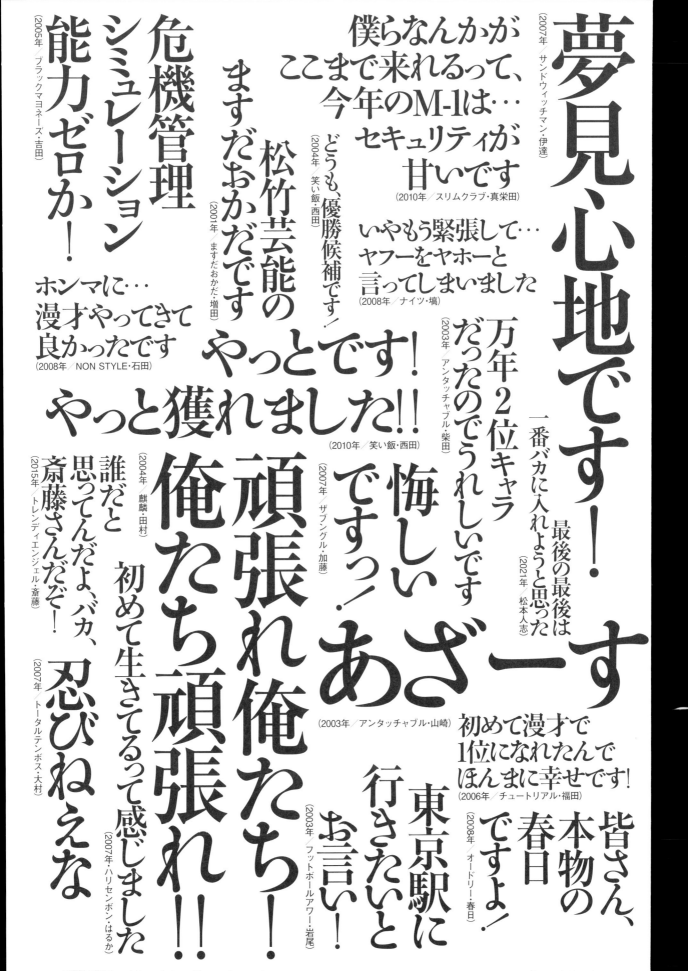

いいか、お笑いは
今まで何も良いことがなかったやつの
復讐劇なんだから
（2020年／ウエストランド・井口）

母ちゃんと
父ちゃんに
感謝したいです…
（2018年／霜降り明星・粗品）

時を戻そう
（2019年／ぺこぱ・松陰寺）

「もうええわ！」（村田）
「続行っ！」（久保田）
（2017年／とろサーモン）

本気でやってるから！
（2017年／マヂカルラブリー・野田）

昨日の夜に
もしかしたら優勝できる
かもしれないと
思っていた自分を
殺したいですね
（2004年／東京ダイナマイト・ハチミツ二郎）

俺のや、
俺の面白いやつや！
（2003年／笑い飯・西田）

漫才楽しい
（2008年／NON STYLE・石田）

来年も出ます！
（2023年／令和ロマン・くるま）

これ人生で一番大事な
舞台やぞ！
（2018年／スーパーマラドーナ・武智）

M-1に天使が舞い降りたぞー!!
（2004年／南海キャンディーズ・山里）

M-1の決勝よりも
お嫁に行きたかったわ
（2006年／変ホ長調・彼方）

まさのりさんと
コンビ組めて
よかったです！
（2021年／錦鯉・渡辺）

最悪や！
（2019年／ニューヨーク・屋敷）

茶の間が怒ってますよ、
笑い飯を出せと茶の間が…
（2007年／笑い飯・哲夫）

漫才やることの幸せと
漫才見ることの幸せを
今回特に感じました
（2020年／松本人志）

あ〜ありがとうございます！
今、トロフィーを頂きました
（2019年／ミルクボーイ・内海）

はじめに

「M-1に必勝法はあるのか?」
この疑問を私は23年間、問い続けてきた。

たった4分の漫才で一夜にして人生をひっくり返すために、漫才師たちは命がけで言葉を削り出してきた。
精密機械のように仕組まれた言葉のナノテクノロジー、それを今初めて思いついたかのように喋る究極の話芸。

その4分間の小宇宙に、瞬く間にとりつかれた。王者が導き出した至極の漫才に秘められた方程式を、漫才師も我々スタッフも追い求めてきた。

しかし、笑いの神は出番順という、誰にもコントロールできない運という変数で揺さぶる。
「なぜこの組がトップに……。」笑神籤は時に非情だ。だが大会が終わればそれも必然だったのか、すべては笑いの神が周到に用意したシナリオだったのかと思えてくる。笑いの神の存在を証明するかのように、最高の出番順が、数々のドラマを紡ぎ出してきた。

そんな、神に抗うかの如く、M-1の必勝法を解明しようと試みた。漫才の、笑いが起こるメカニズムを分析し、アップデートしていった。それでも新王者のネタに「その手があったか」と、また天を仰ぐ。漫才に革命、進化が毎年起こり、爆笑と感動が上書きされていく。こうして彼らは人生を懸けて漫才を作り、そして我々は人生を懸けるにふさわしい舞台を作り、そのすべてを、余すところなく23年間伝えてきた。


時を戻そう。

「M－1に必勝法はあるのか？」

その答えは「ない」。

ただ、我々が23年かけて辿り着いた、最適解はある。


「一番勝ちたい奴らが勝つ」


王者は、技術と天運、そしてその気持ちの強さを笑いの神に試される。

その思いはこの一文に込めた。

「ただ証明したい。俺たちが一番面白い」

今年、第20代王者が決まる。そしてこれからも。

朝日放送テレビ
コンテンツプロデュース局
制作部　部長
辻 史彦
「M-1グランプリ」には第1回から携わり続けており、2003年から2006年に総合演出、その後はチーフプロデューサーも務める。

司会者より

20回記念のことば

M-1グランプリ、
20回記念おめでとうございます。

2001年から2010年、
そして2015年から今まで、
スタッフのお笑い愛と
情熱を形にしたものが20回続き、
このように20組のスターを生んでいる。

その瞬間の現場に
立ち会わせてもらっていることを、
誇りに感じております。

そして、20回記念を迎えられたのは、
漫才師は当然のこと、
M-1グランプリの世界観を
長く支持してくださった
ファンの皆さんのおかげだと思います。
感謝いたします。

今後も30回40回……と続いていけるように、
応援よろしくお願いいたします。

今田耕司さん

いまだ・こうじ

第3回（2003年）から毎年、
M-1グランプリ決勝戦の司会を務める。
1966年3月13日生まれ、大阪府出身、
NSC（吉本総合芸能学院）大阪校4期生。

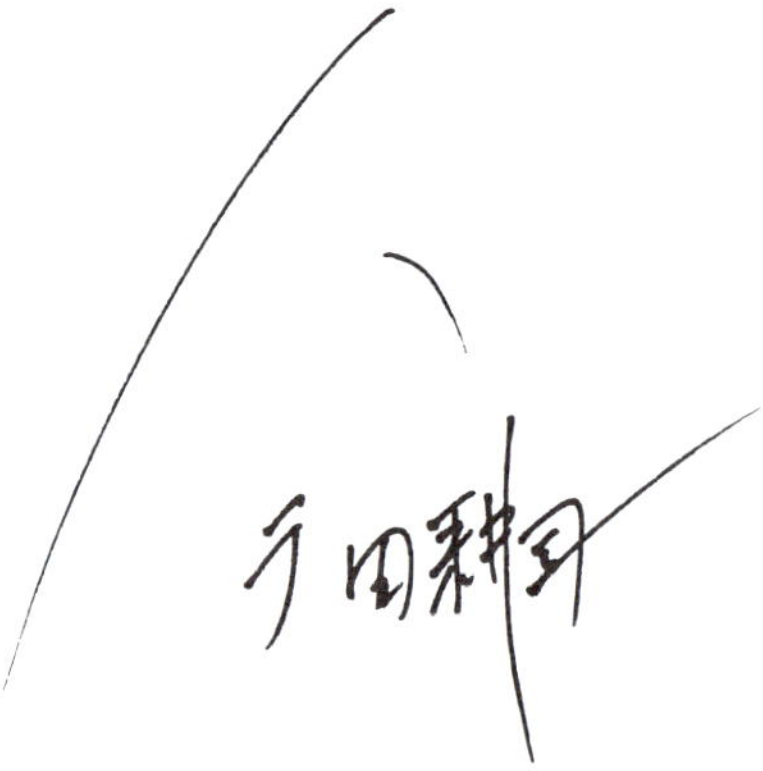

M-1グランプリ、20回目の記念大会、
本当におめでとうございます。

長い歴史を持つこの大会に、
数多く関わらせていただけていること、
感謝の気持ちでいっぱいです。

これまでを振り返ると、
緊張しすぎて覚えていないことも……（笑）

でも、今田さんが汗だくで緊張されている姿や、
ときにはテーブルの下で両手を握りしめ、
ファイナリストの皆さんの成功を強く願う瞬間も
とても印象に残っています。

そして、最も印象的なことは、
ファイナリストの皆さんの目が
夢に向かってキラキラと輝いていることです。
あの一瞬にかける熱い想いは
私にも毎回伝わり、グッときてしまいます。

漫才の面白さや奥深さを年々学びながら、
これからもこの特別な瞬間に立ち会える喜びを
噛み締めたいと思います。

上戸彩さん

うえと・あや

第8回（2008年）から毎年、
M-1グランプリ決勝戦の司会を務める。
1985年9月14日生まれ、東京都出身。

上戸彩

Contents

はじめに 004
祝辞 006

20回大会記念! 歴代王者が語り合う
『M-1グランプリとは?』
中川家 × ミルクボーイ 012
フットボールアワー × NON STYLE 020
錦鯉 × トレンディエンジェル 026
マヂカルラブリー × ウエストランド 032
ブラックマヨネーズ × とろサーモン 038
ますだおかだ × サンドウィッチマン 044

M-1グランプリ 2001〜2023
PLAY BACK
2001年 すべてはここからはじまった。お笑い界を変えていく賞レースの産声 054
2002年 さまざまなルール改正が行われ、大会自体も大きく成長を遂げた 060
2003年 着実なステップアップで"史上最大の激戦"とも言われる大会を制した 066
プロデューサーが見たM-1 辻史彦さん 072
2004年 関西以外の出身者が登場「漫才は大阪のもの」が崩れ多様化の始まりとなった 074
2004年チャンピオンインタビュー アンタッチャブル 080
2005年 決勝初出場で並みいる強豪を"コンプレックス"で抑え込み念願の全国へ 086
2006年 "爆発"待ちの決勝で史上初となる完全優勝を成し遂げた 092
M-1ファイナリスト同窓会① 2006年組
チュートリアル × トータルテンボス × ザ・プラン9 098
2007年 史上初、敗者復活戦からの優勝 大井競馬場からの逆転劇 106

2008年 歴代最高視聴率を記録した08年 オーソドックスな漫才が個性派揃いの大会を制した… 112

プロデューサーが見たM-1 田中和也さん …… 118

2009年 初登場ながら圧巻の漫才を披露しパーフェクト優勝を達成 多くの芸人に「夢」を与えた… 120

2009年チャンピオンインタビュー パンクブーブー …… 126

2010年 常に漫才を進化させてきた、M-1グランプリの象徴的存在が悲願の優勝を果たした――… 132

M-1ファイナリスト同窓会② 2010年組
笑い飯 × ナイツ × スリムクラブ …… 138

2015年 M-1 衝撃の復活―― 新たな漫才ブームとともに漫才ドリームが再び巻き起こる！… 146

2016年 新しくて、奥深くて、ただただ面白い。そんな漫才の底知れぬ魅力におもいきり酔いしれる… 152

M-1ファイナリスト同窓会 番外編 2016年組
銀シャリ × さらば青春の光 × アキナ …… 158

2017年 多様化し進化を続ける漫才を10組の決勝進出コンビが体現！悲願の栄冠という感動のフィナーレに… 166

2018年 ストーリー性のある構成か、ボケ数による笑いの量か―― 4分間に凝縮した笑いがぶつかりあう… 172

2018年チャンピオンインタビュー 霜降り明星 …… 178

2019年 お笑い第七世代の台頭！ 漫才の概念を覆すコンビも参戦 初出場が7組というフレッシュな大会に… 184

プロデューサーが見たM-1 桒山哲治さん …… 190

2020年 コロナ禍による時代の激変…「漫才は止まらない」を実現させ日本に大きな笑いと元気を届ける… 192

2021年 漫才ドリームに年齢は関係ない。愚直に笑いに突き進んだ最高齢コンビが一夜にして人生を変えた瞬間… 198

2022年 塗り替えられていく漫才の歴史。キレ味鮮やかな毒舌でウエストランドの独壇場となる… 204

2023年 次代の漫才師たちが魅せつけた新しい漫才のカタチ。爆笑が、爆発した記念碑的大会… 210

NON STYLE石田の「このネタがすごい！」
笑いの新境地を切り開いたM-1グランプリの傑作ネタを徹底分析 …… 216

M-1完全データベース M-1グランプリ2001～2023のデータを大公開 …… 221

この人たちがいなければ成り立たない！
M-1グランプリを支える裏方スタッフの仕事って？ …… 226

インタビュー 陣内智則 …… 232

to be continued M-1グランプリ2024 …… 236

20回大会記念！
歴代王者が語り合う

さまざまなドラマを生んだ「M-1グランプリ」の覇者たちは
当時どのようなことを思って挑んでいたのか、
彼らにとっての「M-1グランプリ」とはなんだったのか。
「M-1グランプリ」歴代の王者たちによる夢の対談が実現！

プリ』

中川家 × ミルクボーイ
フットボールアワー × NON STYLE
錦鯉 × トレンディエンジェル
マヂカルラブリー × ウエストランド
ブラックマヨネーズ × とろサーモン
ますだおかだ × サンドウィッチマン

『M-1グランプリとは？

20回大会記念！
歴代王者が語り合う
『M-1グランプリとは？』
❶

回を重ねるごとに進化し漫才をも変化させた「M-1」

王

中川家 × ミルクボーイ

駒場 孝

内海 崇

M-1グランプリは、漫才のつくり方や向き合い方を変えただけでなく、
観客側も変える、大きな影響力を持つ大会へと成長した。
M-1を卒業し、いまも漫才をこよなく愛する2組が、
20回目を迎えたM-1と漫才の“今”を語り合う。

撮影／矢橋恵一　取材・文／中野純子

予選は"営業感覚"で気楽に出場していたあの頃

内海　僕らは漫才師を志したときからM-1があったので、中川家さんとはちょっと違うかも知れないですね。

駒場　きっと全然違いますよね。

剛　俺らは予選から結構ふざけて出てたから。

内海　予選の映像とか見たら、一回戦はタイムオーバーになって真っ赤っ赤になってましたもんね（笑）。「なんやこれ～！」って言うて。

礼二　そう。「聞いてへんで！」ってなって。そんな感じでしたね。

剛　あと、記念で予選だけ受けに来てる大学生とか素人さんもいて、緊張感とかピリピリした空気はまったくなかった。

礼二　予選はほんまに普通の営業感覚でやってたからね。

内海　そしたら、「明日、何回戦やな」とかそんな会話もしなかったですか。

剛　まったくない。

内海　僕らやったら、一回戦はこのネタにしようかとか、二回戦はこのネタで行こうとか、たぶん、予選中は皆そんな会話をしてると思うんすけど。

礼二　そんなん、全っ然ない。

剛　とりあえず決勝行けたら、それ用のネタは置いとこうか、ぐらいやったかな。

内海　でも決勝戦は、皆さん怖い顔してましたよね。

礼二　実際に決勝へ行ったら、「あれ？予選までの空気と全然ちゃうやん」ってなって。

剛　セットもステージも、あの頃は暗かったしなぁ。

内海　〇五年、ブラマヨさん優勝のときくらいからちょっと金色が増えてきましたね。でも、当時のあのピリピリ感がよかったですよ。真剣勝負って感じがして。

剛　ミルクボーイの頃にはもう、もっとポップやろ？

内海　そうですね。審査員の方も笑ってくれるような雰囲気で。

礼二　きらびやかな感じやもんな。全然ちゃうやん。

内海　M-1自体もちょっとずつ完成していってるんですね。

一夜にしてガラリと変わった漫才師人生

駒場　当時、中川家さんって普通に関西でテレビとか出てたんですか？

剛　ちょこちょこって出始めた感じかな。

礼二　東京もちょっと行きだした頃。『爆笑オンエアバトル』とか出てた。

剛　ミルクボーイはもう、急に出たもんね。

内海　はい、ゼロからです。バイトしてましたもん。僕らぐらいちゃいます？ほんまに優勝したその月までバイトしてたのは。

漫才を継続してやるのが責任

競技漫才はちょっと寂しい

漫才師を志したときからM-1があった

M-1で漫才の〃見方〃が変わった

礼二　それまではまったく有名じゃなかったもんね。

剛　だって、NGK（なんばグランド花月）の、「爆笑族（前説）」やってたもんなぁ。いつの間にネタ作ってたん？

駒場　作ってましたよ。一応、（よしもと）漫才劇場所属やったんで。

内海　でも、舞台出番が月二〜三回くらいやったんですよ。そこでネタをかけるしかなかったです。

礼二　それまで、「爆笑族」でふたりとも、セーラー服みたいなん着て。

剛　申し訳ないけど俺、「絶対に売れへん」と思ってた。

内海・駒場　（笑）

駒場　僕、上半身裸でスカート穿いてましたもんね。ほんで長縄を飛んで。

剛　正直、「これはかわいそうに……」と思って見てたからね。

内海　NGKの出番で全部経験したのって、僕らくらいとちゃいます？　「爆笑族」も出てたし、トリもやらせていただいて。

礼二　あれ（「爆笑族」）が始まりやもんなぁ。

駒場　ハズかった……。

剛　当時からあのパターンのネタ、ほんまに作ってたん？　もうとっくにやってたん？

内海　はい、やってました。

礼二　今の形で？

内海　最初は〃おかん〃じゃなかったんですけど、原型は大学のときからやってます。

剛　大学のときから！

内海　それでちょっと三回戦まで行ったり、準々決勝とかに出たり。でも、ほんまに試すところがなかったんですよ。

剛　そらセーラー服、着てたらなぁ……。

内海　M-1を獲るまで、NGKの本出番は一度もなかったです。前説と、夜公演とかオールナイトライブは出たことがあるんですけど。

礼二　だから、衝撃は衝撃やったな。ブラマヨとミルクボーイは衝撃やった。素直に「おもろ！」っていう。

剛　四分、うまいこと使ったなぁ。

駒場　それまではネタ番組にも出てなかったんで、それもよかったです。バレることがなかった、というのもあるんですけど。

礼二　俺もその場におったけど、漫才をやってる途中、いつ「いけた」と思った？

内海　「いけた」というよりは、僕ら、スベる可能性も含んでいたんです。ハマったときはいいんですけど、ゼロか百か、みたいなところがあるんで。決勝進出が決まってから、（よしもと）祇園花月の昼の本公演で「コーンフレーク」と「最中」をやったんですけど、大スベリしたんですよ。だから、もし決勝でハマらんかったら、スベって「全然おもんなかった」という評価で大阪に帰る可能性もあったんです。

剛　でも、手応えはわかるやん？

内海　いけたのはわかりました。「コーンフレーク」の最初の方です。

駒場　「死ぬ前の最後のご飯もそれでいい」、「コーンフレークと違うか」。

内海　そう、そこでウケまして、上沼（恵美子）さんが笑って体が動いているのが見えたんです。いつもなら徐々に行くんですけど、最初からけっこう笑いがあったんで、「ここでこんだけウケたら、今後どうなんねん？」みたいな感じでどんどん行きましたね。でも、最高得点を獲るなんて全然思ってなかったです。ウケたから、「これで、堂々と大阪に帰れる」ぐらいです。

礼二　ファイナルはどうやったん？

内海　実は「ごちゃごちゃになったらあかん」という理由で「コーンフレーク」のネタしか稽古してなかったんですよ。で、トップで通過できたんで、そこからネタ合わせしました。

剛　俺、もしあれで全然違うパターンのネタやってたら、ブチギレてたなぁ。

内海・駒場　（笑）

剛　たまにベロッと変えてしまう人、おるやん。テレビの前の人は、「次、もう一回見たい」っていうのがあるねん。

駒場　二本目に僕らがセーラー服で……。

剛　セーラー服で出て来てたら、ブチギレてたで。ほんま、よかったで～。

礼二　あんだけウケたらね。あれはほんまにすごかったね。

剛　ミルクボーイの声が聞こえへんかったもん、笑い声がでかすぎて。お客さんは一本目で掴まれてるから、二本目は笑う準備ができてる。だから「次、パターン変えたらあかんぞ！」と思いながら見てたわ。

駒場　あれしかなかったんで。

剛　ダントツやったもんな。ブラマヨのときの衝撃と似てるわ。

礼二　たしかにブラマヨと、ミルクボーイは衝撃が走ったな。

剛　ブラマヨ、もう一回見てほしいんだけど、最初の一分、全然ウケてへんねん。あれはよう耐えたな～と今見ても思うわ。

内海　あと僕は、皆さんの決勝の合格発表のときの振る舞いに憧れたんですけど。

剛・礼二　（笑）

内海　大阪組は、名前を呼ばれてもグッと（礼をする）。誰も「よっしゃ！」とか言わないじゃないですか。

礼二　わかる、わかる！

内海　あれに憧れたんです。まわりの人もおるしっていう。

駒場　「うおー！」とか言うのは違うなって。

内海　だから僕らもあれは守りましたよ。

剛　あ、やった？

内海　はい。「うれしくないんか!?」って言われました。

剛　うれしいねんけどな。

内海　うれしいんですけど、押し殺して。

礼二　わかる、わかる。でも今はそっちの方が珍しくなってきたね。

一番は無理。その言葉で反対に緊張がほぐれた

剛　僕らはM-1の一年前に、やるネタができてたんやけど、あまりバレんようにM-1まで寝かしてたんですよ。当日も、入り時間が早いから、そこでちょこっと合わせて、それで本番。できるだけバレへんように。でもミルクボーイの時代はYouTubeもあるし、バレるやん？

内海　三回戦は配信とかもあったんで。

剛　「コーンフレーク」は置いといたん？

内海　いや、普通にやってました。でも、もっとウケどころは少なかったんです。だから「最中」をやるつもりでいたんですけど、途中から皆に「コーンフレーク、ええやん」ってえらい言われるもんやから、ちょっと強くしたり足したりしたら育っていって、それで「こっちするか」みたいな感じでしたね。

剛　なんとなくやけど、自然とそうやって調整してるよね。「今年はこれやな」って。

内海　中川家さんは決勝の舞台でも"アドリブ"みたいなんは入れはったんですか？

礼二　二本目、その場でアドリブ入れた

けど失敗したんやんな。

剛　審査員に、ほんまに間違えたと思われて。そういうネタやねんけど、優勝したあとに「あれは何やねん？　ほんまに間違えたんか、ネタなんか」って誰かに言われたのを覚えてる。「優勝やねんけど、それだけ聞かせてくれ」みたいな。「こわっ！　やっぱりプロやな」と思った。

礼二　それで二本目の最初はスベったけど、なんとも思わんかったな。

剛　なんとも思わへん。

礼二　「まぁ、そらそやろな、さっき作ったやつやから」っていう感じでね。

剛　そもそも俺らは出順が「一番」で、「無理や」と言われてたもんやから、それやったら好きなことやろうって。ただ、ネタは二本ちゃんと用意して、軽く合わせてっていうのはした。紳助さんもCM中にずっと「かわいそうや、かわいそうや」って言うて。

駒場　本番中も「一番は、キッツいな～」って言うてはりましたよね。

剛　はっきりと「中川家は無理や」って言ったからね。「そうか、無理か。じゃあとりあえずネタやって終わるか」って。

内海　じゃあ逆に緊張感がなくなって。

剛　うん。

駒場　すごいな～。

礼二　ありがたいね。

剛　ほんまにありがたいよ。これがひとつのきっかけやからね。

M-1が〝すごい大会〟になったのは中川家のせい？

剛　あと、M-1で気付かされたことは「これ、テレビでやるネタやな」っていうことやな。ネタやってるときに、チラッとよぎった。「このネタ、舞台ではあんまりでけへんな」って。何となく、やけど。

駒場　何でしょう、テンポとか、そういうことですか？

剛　やっぱりM-1は、（客側が）集中して見てるけど、劇場の舞台やったら、連れて来られて見に来る人もおるから、たぶん見てても漫才に入って来られへんなって気付いた。M-1でやったネタを舞台でもそのままやってるのってミルクボーイくらいちゃう？

内海　同じ形で？

剛　そう。劇場の舞台やと、M-1でやったネタをそのままの形ではあんまりでけへんよな。

内海　僕らは、M-1があって漫才師になるから、ですかね。

剛　はぁ～！　そっか！

内海　だから、十五分のネタはないんです。劇場出番も三分とかですし、「いかにツカミが早いか」とか、そういうネタを作る機会しかないところから始まってるんですよ。そもそも最初にちょっと喋って……っていう時間がないので。

駒場　お客さんも、そっちの見方しかしないから、最初に喋り出すと「長いな、この人ら」ってなるんですよね。見る側も、M-1がそう育ててる、というか。

剛　たぶん、そうやろうね。

礼二　「早よ、せぇ！」と。

剛　フリが長い、みたいなね。これは音楽と似てて、今は昔みたいにイントロがいらんもんね。「ようこそ、いらっしゃいまして。いやまぁ、僕ら兄弟でやってるんですけども……」みたいなフリは「もうええから！」っていう。だんだんそうなってきてるよね、劇場も。

駒場　そういう流れは、中川家さんはどう思われてるんですか？

剛　う～ん……。でも昔と違って、今はお客さんが「早よ、せぇ！」みたいな顔、するからなぁ。

礼二・内海・駒場　（笑）

内海　楽しんではるでしょう、中川家さんの漫才を。

剛　でも今は二十分、三十分やる人、おらんやん。

内海　いないですね。聞いたことはあるんですけど、ネタを三十分くらいやって終わらんかった人もおった、とか。

剛　俺らもM-1に出る前はルミネで二十分くらいはやってたで。

内海　それは、どういう気分で？

剛　楽しくなってくるねん。お客さんも

そっちが聞きたい、みたいなね。本ネタじゃなくて、本ネタからズレていってるところが見たい。

内海　その場かぎりのネタを。

剛　だから、お客さんの見方もここ何年かで変わってきたって感じるよね。

礼二　変わってきた。

駒場　漫才に“作品感”があるんですよね。

剛　そうなってきてるよね。

礼二　俺らも余計なこと言うの、減ったもんな。

剛　減った、減った。

礼二　やってるときは浮かぶんやで。浮かぶねんけど、「あ、言うたらあかん」って。長なるのがわかってるから。

内海　それでもだいぶ言うてますよ（笑）。

剛　いや、それでも今は全然。きっちり終わってる。

礼二　ルミネで怒られたことあるもんな。「やりすぎや」って。

内海　なるほどな～。僕らはそっちに憧れますけどね。それが漫才っていう。

剛　いや～、どうなんやろうね？

内海　僕らは、走り出したら止まれないネタなんで、「今日はあかん！」と思っても、止まれないんですよ。

礼二　どう乗り越えてんの？

内海　前を向いて、大きい声を出す。

剛・礼二・駒場　（笑）

剛　わからんでもないわ。

内海　とりあえず後半までは行きたいから中盤までは待ってくれ！っていう。だから大きい声で。

礼二　自分でスイッチを入れんねんな。わかる、やるやる。

剛　だから、今の若手は、M-1の傾向と対策、完璧らしいやん。

礼二・内海・駒場　あぁ～。

剛　四分以内にどういうボケを入れて、余計なこと入れない、とか。

礼二　あとは構成とか、か。

内海　それって、寂しい……。

剛　寂しいやろ？　俺もそう思うねん。個性が死んじゃうと思うねん。だから、M-1に行くまでは、自由にいろんなことをやった方がいいと思うのよ。M-1に設定を合わせる奴らはすごいからね。準決勝に残ってたらもう目ぇ剥いて、四分でゴリゴリのネタをやってる。あれ、ちょっと寂しいよな。

礼二　でも、そうさせたのはM-1やからな。

中川家
吉本興業所属。
92年、兄の剛が弟の礼二をNSCに誘い、コンビ結成。共にNSC大阪11期生。
剛　70年12月4日大阪府生まれ。
礼二　72年1月19日大阪府生まれ。
劇場出番のほか、
『痛快！明石家電視台』（毎日放送）、
『中川家＆コント』（BSフジ）、
『探検ファクトリー』（NHK総合）、
『ねじの世界』（テレビ大阪）、
『中川家　ザ・ラジオショー』
（ニッポン放送）に出演中。

剛　そうやねんな〜。

内海　中川家さんのせいでもあるんですよ。すごい大会になったのは、中川家さんのせいです。

剛・礼二　いやいや、いやいや（笑）！

王者の責任は一生 漫才をやり続けること

剛　今はテンポアップの時代やね。〝競技漫才〟といわれるようになったけども。

礼二　個人的には、寂しいのは寂しいね。

内海　競技漫才とか意識せんでもおもろかったら獲れると思うんです。

剛　そう思うねんけどなぁ。昔は「（漫才を）伸ばせ」っていうのがあったからね。「伸ばされへんのか、お前ら！」って言われて。今はそんなん言われることないやん。

礼二　時代的にも、そんなん言う人がおらんようになってきたしな。

内海　師匠方やったら「5分やったら足らへんがな！」って言いますもんね。「5分なんか、自己紹介したら終わりや！」って。

剛　そうそう。次の出番の先輩から「なんや！　もう終わりやがって。短すぎるやろ！」っていう怒られ方もしたことあったから。

礼二　競技漫才でも別にええねんけど、そのあとを、ちゃんとやってほしいよな。漫才を継続して、やってほしい。

剛　やらへんもんなぁ。

礼二　ほとんどの人が、やらへんようになるからね。

駒場　理由は何なんでしょうね？

剛　やっぱり、しんどいんちゃう？

礼二　漫才はあんまりせえへんし、劇場も出てなかったり、という人もおるやん。獲った奴が一所懸命、もっとやってくれたら、たぶん競技漫才とかそんなことを言われへんようになるんじゃないかな。

駒場　今や〝ゴール〟になってますからね。

礼二　獲った奴がちゃんとやれや、というのはあるで。これは責任やね。

内海　責任ですね。

駒場　たまに漫才やる、じゃダメですよね。日常としてやってほしいですよね。

礼二　それは絶対ある。

剛　ずっとやり続けなあかんわ、出た責任として。だから俺らは、責任取ってるよ。M-1出場者としては、やっぱりやり続けんと。しんどいけどね。

ミルクボーイ
吉本興業所属。
04年に大阪芸術大学の落語研究会で出会い、
07年にコンビ結成。
内海崇　85年12月9日兵庫県生まれ。
駒場孝　86年2月5日大阪府生まれ。
劇場出番のほか、『よんチャンTV』（毎日放送）、
『ごきげんライフスタイル　よ〜いドン！』
（関西テレビ）、
『どこでもミルクボーイ』（eo光チャンネル）、
『ミルクボーイの煩悩の塊』（朝日放送ラジオ）、
『ミルクボーイの火曜日やないか！』
（朝日放送ラジオ）に出演中。

再挑戦

20回大会記念！
歴代王者が語り合う
『M-1グランプリとは？』
②

「優勝したのに」ってよう言われたんで曇っている空を晴れやかにしたかった

石田 明

岩尾 望

井上裕介

後藤輝基

フットボールアワー × NON STYLE

大阪の賞レースを席巻して期待を一身に受けながらも
M-1で大きな壁にぶち当たった2組。
そしてその壁を乗り越えた後、再び厳しい試練に挑んでいった。
似た景色を見てきた2組が、今も変化し続ける漫才を語る。

撮影／TOWA　取材・文／鈴木工

大会に参加しないという選択肢はなかった

――M-1が始まった当初、どんな印象でした？

後藤　今でこそ、「今年、M-1グランプリは参加しますか？」みたいな話してますけど、当時はようわからんまま勝手にスケジュールに入れられていた大会でしたから。「スケジュールにM-1予選って書いてますけど」とマネージャーに聞いたら、「出てください」「決まってんの？」「はい。参加費2000円いただいていいですか」

石田　決める権利なかったですもんね。「今年は出ません」なんて最近の話で。

後藤　「時代変わってよろしいな～！」ですよ。

井上　働き方改革ですよね。昔は、出ない＝吉本辞めますぐらいの感じやった。

岩尾　どのコンテストも、予選が始まったらもう勝手に入れられていた。賞を獲るまで入れられる。

後藤　うちらは大阪で賞を獲ったりもしてたから、正直、決勝は行って当たり前やろと思ってました。結果、M-1出て面食らうことになるんですけどもね。現場が地下格闘技会場みたいに暗くて重くて……。

石田　地明（じあかり）みたいな。

後藤　お客さんが演者を見て大笑いしてるような状態は、最初はなかったな。

井上　なかったです。紳助師匠が1回でも笑ったら、そのコンビ優勝ですよね。

後藤　そもそも松本さんが何かを見て笑うことが基本的にはなかったんで。

岩尾　バラエティでも、若手の発言に笑うなんてことがなかった。

後藤　それが当たり前で、みんなが縮み上がる状態。お客さんにもそれが伝染して、会場はウケないというね。

井上　まー重かったですよ。ウケへん。

石田　今のM-1って損するコンビいないですよね。当時は半分以上が損してた。

岩尾　準決勝で落ちた方が、オモロないのがバレない。決勝出て「俺らバレたやんけ」みたいな……。

石田　僕らが決勝出た頃にはだいぶライトになってるんですよ。それでも3、4組は損していたので、今のM-1に比べるとヘビーでしたね。

井上　紳助師匠が「あんまりやったな」とかマイナスワードのコメントしてはって、その一撃くらったら、来年は仕事減ること確定だった。

後藤　物理的に仕事が減るのもそうだし、精神的にダメージを食らいましたね。憧れてこの世界に入ってるから、それはきついですよ。

石田　関西の賞やったら、酷評されても「なんで言われなあかんねん！」みたいにまだちょっと言えたりするんですけど、あの人たちに言われたらぐうの音も出ない。

――評価が悪かった後、漫才は不調になるものですか。

後藤　僕は辞めようと思いましたからね。憧れてる人に「なしです」と言われたわけで、もう無理だなって。

岩尾　僕もダメージありました。一番認められたい松本さんと紳助さんの点数が低くて、全て否定されたみたいな感じがしたし、そもそも、お客さんに通用しなかったんで。若手の小さい劇場の中だけで、狭いとこでしかやってなかったんやな……と。

井上　僕らは膝から崩れ落ちましたよ。「フットさんがそんな点数なわけない。世界戦に臨んだらこんなに負けんねや？」って。

石田　絶望でしたよ。みんなで酒を飲みに行っても、M-1の話になったら一回器持つ手が止まってました。

後藤　（しみじみと）ほんまにきつかったな～！　でも、吉本のいいところで、劇場の出番が決まってるから、あかんかった言うても、また日常に戻ってネタ作らないといけない。それで助けられたんかな。どうせ作んのやったらということで、ネタの作り方が変わっていきましたね。NON STYLEが初めて決勝行くのは何回目なん？

井上　8回目。2008年です。

後藤　7回あかんかったんや！　うわー、それもきついなー。

石田　きつかったです。それこそほんま辞めたかったです。

井上　僕らが参加していた頃は、笑い飯さん、麒麟さん、千鳥さん、南海キャンディーズと、劇場で一緒にやっているメンバーがどんどんM-1で花開いていく時期でしたからね。M-1では勝てない。でも劇場

で対決すると、僕らが勝ったりするんですよ。それがすごいジレンマで、何が正解か見えなかったですね。

岩尾　今やと「俺らはこういう勝負の仕方がある」とか、いろんな輝き方を見つけて若手もやってると思うんですけど、その頃は「M-1で認められないかぎり漫才師として本物ちゃうで」みたいな風潮があった。

後藤　タイプもいろいろあるから、NON STYLEや我々がM-1で戦うタイプだったのかわからない。けど、みんな同じところに向かって、1個のトロフィーを目指してやっていくのは、結構酷よな。

栄光を勝ち取った後に再挑戦を決めた理由

——優勝したら大会から卒業する流れだと思うんですが、フットさんが2006年に再エントリーしたのはどういう理由だったんですか。

後藤　そもそも、2003年優勝して終わった打ち上げで、番組のスタッフさんに「来年どうすんの?」と言われてましたからね。「優勝してからの参加、まだ誰もやってないでしょ」って。当たり前ですよ。まだ3回目なんですから。

岩尾　結成年で言うと、前に優勝した中川家さんとますだおかださんがラストイヤーで、出られる権利のあるチャンピオンは僕らが初めてやったんで。でもその時は、やっとこれで終わったぐらいに思ってたんで、それはさすがに……となりましたけど。

後藤　でも、優勝したらもっときらびやかな世界が待ってると思っていたら、「こんなんかなー」だったんですよね。その中でブラマヨさんの優勝も大きなひとつの要因になりました。「とんでもない漫才しはるな……。いや、俺らがそんなに負けてるはずがない」という気持ちで出たんじゃなかったかな。

——NON STYLEさんが優勝の翌年に出たのは。

井上　それは僕が言い出したからですね。

石田　ほんまに殺してやろうかと思いましたよ。

井上　優勝したけど、オードリー、ナイツも売れっ子になったので、もう1個フックがほしくなったんです。「他の人がやってないことをやったら、もうひとつ上のフィールドに上がれるんちゃうか。そうか、連チャンは今のところ1組もおらんな」という感覚でしたね。だからキングオブコントも出ましたし。

後藤　それをネタ作らんやつが言い出した?

岩尾　井上はチャンピオンになっていっぱい遊んでるわけやろ?。

石田　そうです。めっちゃ忙しくなって、こっちはネタ作る時間なくなってんのに……。俺は無理やって言いました。それこそこいつも吉本側の人間みたいに「いや、やるしかないやろ」と譲らず。

——結果的には出てよかった?

石田　いや、よくなかった。周りからの「もうええって」という目もありましたし、敗者復活で上がった時は、僕も正直、順当じゃないなと思ったんです。「もっとウケてた人おんなー。ドラマ性で点数入ってんちゃう?」という気もして。

井上　出てよかったかどうかと言われると、よかったが半分、よくなかったが半分ですね。でもあの当時は、勝負し続けないと不安だったんです。曇っている空を晴れやかにしたかったというか。「優勝したのに」ってよう言われたんで。

後藤　それ俺らも言われたな。

岩尾　みんな思ってるけど、それも言いづらいぐらいの感じやった。大阪で陣さん(陣内智則)だけがいじってくれてたんかな。

後藤　そういう共通点があったんか、この2組は。でも物理的に1年間向き合って戦ってるやつには絶対勝てない。だって、俺ら当時のアリネタでいったもんな。

岩尾　結局夏か秋ぐらいにもう1回出ると決めて、そこから新しいネタを作ろうとしたけど、優勝した時のような熱量のものは生まれず……。結局、その数年でやってた強いネタを持っていった感じです。確か出番前、放送でゲストのブラマヨさんが前年の優勝を振り返っていて、小杉さんが「去年は強いネタができたと思ったから、ばれへんように劇場でかけないようにして、

本番でぶつけて勝ったんです」と話してるのをモニターで見てて、「これから思いっきりバレてるアリネタやるから、これ勝たれへん」とちょっと思ってましたね。

後藤　それは勝てんわ。実際、圧倒的に負けましたからね。今思うと、勝てないってもうわかってたんちゃうかな。勝つつもりではいたけれど。

井上　だから優勝するのはそこまで重要じゃなかったというかね。

後藤　いや、俺らは重要やった。

石田　僕も出るんやったら優勝したかったです。

井上　僕だけ違う……？

岩尾　対談なのに、おまえだけ単独取材を受けている（笑）。

石田が語る「フットさんしかできない漫才」

——今、賞レースのない世界で漫才やってると、ちょっと寂しさを覚えますか、それとも楽しいですか。

石田　僕らは今、YouTubeで週1ネタあげてまして。

後藤　すごいな！

石田　でも、3、4分のネタなんて、ワンアイデアでふわっとできるじゃないですか。ネタ見せに持ってくてみたいな感覚なので、肉付けが完了してなくて、もうめっちゃゆるいです。

岩尾　YouTubeやから思いきれる。それでもすごいけどな。

後藤　いや〜、それは絶対嫌です。うちは2人で作るので、むちゃくちゃ時間かかるんですよ。やってやって、結局できませんでしたがざらなんで。今だと漫才の番組があると作ろうかとなるんですけど、効率が悪いですね。

岩尾　M-1から離れたから楽になって作りやすくなったとかはないですね。

石田　でも、劇場でフットさんが新しい漫才やってるとわくわくするんですよね。これを磨いて番組に持っていくのかなとか思って。

——石田さんは今のフットさんの漫才をどう見てます？

石田　面白いですよね……。昔はスタンダードなところから始まったと思うんですけど、今はテレビで活躍してるフットさんのカラーも入れながら、ちゃんと新しいものを作ってる。

後藤　先生にそう言っていただけると……。

石田　やめてください！　単純にウケだけを考えたらもっと作れると思うんですよ。でも必ず一個オリジナリティを乗せて、フットさんしかできひん漫才をやってるんですよね。

——フットさんから見てNON STYLEさんの漫才はどうですか。

後藤　漫才師ってどっちかがリズムメーカーになって、コンビのテンポを作っていくのが多いんですよ。その中で2人とも作ってる感じもあるし、同じテンポで進んでんのかなと思ったら、ボケの方が飛ばしてたりとか、珍しいコンビやなと思いますね。あとずっと君臨し続けているのも特殊というか。俺めちゃくちゃ不思議やねん！　昔、学生に人気があった2人が、いまだに若い子の間で名前があがる。

石田　僕らも不思議ですからね。

後藤　正解は突き詰められてないですけど、2人が持ってるポップさだったり、世代を問わず、あるいは若い子に響くリズムを持っていて、それが年齢とともに変わっていかないイメージがあるんですよね。YouTubeでやってるB面のネタ——アルバムに入ってる曲はわからへんけども、シングル盤を見ているかぎりは、NON STYLEを見に来たお客さんが「それそれ！」と喜ぶようにちゃんと応えてあげてる感じがする。

石田　僕がやりたいネタをやったら、お客さんが「それ待ってへんねんけど」みたいな空気になったりするんですよ。そこらへんは井上がネタはこれをやろうと選んでくれるんで。僕がたくさん提出して井上がチョイスしているんです。

後藤　ウソやろ！　井上なんて楽屋でタブレットを2、3個いっぺんに見てる、ただの男やろ。

井上　そんなことないですよ！　それでちゃんと情報収集してますから。

石田　何も吸収できてない。3つも見てるのに。

M-1　130回大会の風景を予想すると……

——今、M-1をどう見てます？

石田　シンプルに笑って見ています。それは優勝してよかったなと思うことの1つです。

後藤　ほんまそう。最近はやってないですけど、飲み屋のテレビある個室を借りて、後輩呼んで「いったな、これ！」「なんでこれやったんやろな？」とか言いながら見るんですよ。その都度、「獲っといてよかった〜」と思います。優勝してるから、言っても文句はないよね？　という。

井上　優勝者の景色は優勝者しかわからんし、本人だけが言える言葉がありますもんね。「どうなんですか、この時の気持ち」の質問もチャンピオンにしか答えられない。

岩尾　僕は基本1人で見ることが多いですね。その時って「このコンビよかったのに」みたいなことを話したくなって、ちょっと熱くなるというか。いつもやと犬を飼っていて、この子おったらええわと思うんですけど、M-1の日の夜だけ、誰かとしゃべりたくなります。

——今のM-1を見てて羨ましく感じることと、大変だなと感じることはありますか。

井上　50：50ですね。今のM-1の方が勝ち上がるのが大変やろうなっていうのはもちろんあるし。でもお祭り感は今の方が強いから、こんなところで漫才できるのは羨ましいなとは思う。

岩尾　誰も緊張してガチガチでやってないのはいいことやんな。

石田　昔は平場でボケれる人いなかったですよね。笑い飯さんがぶちこむぐらいで。

岩尾　ボケたら不謹慎なことをやってる空気があった。

後藤　そうやな。勇気があるとかじゃなくて、イタいやつみたいな。

石田　今は単純に漫才の種類が多くなりましたよね。僕らの世代は、グー、チョキ、パーの強いやつがいっぱい集まって戦う感じだったのが、今は種類多すぎて、隙間を狙うのが難しくなっている。

後藤　大変やと思いますよ。歴史が続いてるところで、選択肢がどんどん増えていってるから。

石田　どんどん漫才の常識を

優勝したらどこ行っても知ってもらえてる人生が楽になりました

M-1がなければ僕らみたいなポップな漫才師は生き延びれなかった

NON STYLE
中学・高校の同級生だった石田明と井上裕介が2000年に結成。ストリートの漫才活動を経て、01年にプロデビューする。「MBS新世代漫才アワード」優勝、「NHK新人演芸大賞演芸部門」大賞、「爆笑オンエアバトル」チャンピオン大会で優勝。M-1は01、03、04年は3回戦、02年、05〜07年は準決勝で敗退し、08年に優勝した。石田は漫才論を綴った新書『答え合わせ』（マガジンハウス新書）を10月に発売。井上はポジティブキャラが広い世代から支持を集める。

裏切ってますもんね。

後藤　だからM-1の130回大会ぐらいになると、誰も喋ってない可能性がある。そこまでいかんかもな。もっと近い未来で現れるかもしれない。

岩尾　それも「あいつら喋らんらしいで」って配信でバレていたりする。

後藤　うわーほんまや！　そう考えると、一番驚く瞬間って、無名の時なんですよね。それでボガーンウケて、バーンって優勝するのが一番美しいし、そうあるべきというか。それがこれからできる子がいっぱいいると思ったら、羨ましい。

優勝したネタが その年の「大正解」

——最後に「M-1」とは何でしょうか。

石田　僕はもう「呪縛」でしかなかった。縛りつけられて、解放されるためだけにこんなに頑張れた。僕は「お笑い大海賊時代」が笑い飯さんとともにやってきたと思ってるんですけど、M-1がなければ僕らみたいなポップな漫才師は生き延びれなかったと思います。

井上　僕は「女子にモテるための最大の武器」。

後藤　おまえすごいな……。

石田　もう誰も待ってない。気づきや。おまえ最近、炎上すらしてないから。

岩尾　久々にこう面と向かってみたら、普通に（髪型が）シンメトリーやもん。

井上　世の中の人に知ってもらえる、いいきっかけだったんで。友達も作りやすくなったし、先輩や仕事の関係者と出会っても、この人はM-1グランプリで優勝した人と知ってもらえてる。優勝して人生が楽になりました。

岩尾　結局僕も似たようなことですかね。M-1で世に出てなければ、もっと誰とも喋ってなかった。「僕の口数を増やしてくれたもの」になるんじゃないですか。

後藤　芸術やエンターテイメントって、絶対的な正解はないじゃないですか。特にお笑いに関しては、答えになってない方がよかったりして、わけがわかんない。でもM-1は唯一に近いぐらい、しっかり正解を出すことのできるものなのかなと思いますね。だから、優勝したネタがその年のその瞬間の大正解になるんかな。「そこからが大変だよ」とも言いたいですけどね。

無名の時にボガーンウケて、バーンって優勝するのが一番美しいし、羨ましい

いつもやと「この子（愛犬）おったらええわ」だけどM-1の夜だけ、誰かとしゃべりたくなる

フットボールアワー
NSC大阪校14期生だった岩尾望と後藤輝基が各コンビを解散し、1999年に結成。「ABCお笑い新人グランプリ」「NHK上方漫才コンテスト」「上方お笑い大賞」「MBS新世代漫才アワード」で関西の賞レースで多数受賞した後、2003年にM-1でも優勝を果たした。M－1は2001～03年と06年に参加し、4回とも決勝へ駒を進めている。後藤は音楽活動で2枚のアルバムをリリース。岩尾は劇場・You Tubeなどで一人コント活動も展開する。

ャラクター

20回大会記念！
歴代王者が語り合う
『M-1グランプリとは？』
❸

錦鯉

「やりたいこと」より「できること」のスタイル テレビは「ながら」で楽しんでほしい

開始数秒で観客のガードを下げ、
あっという間に笑いの空気に変える漫才師の「つかみ」。
M-1で栄冠を手にした彼らは、初手のボケで自分たちのキャラクターを理解してもらい、
その勢いのまま優勝をかっさらった。
「つかみ」の重要性と、M-1戦士として戦っていた「あのころ」に迫る。

撮影／TOWA　取材・文／浜瀬将樹

つかみとキ
トレンディエンジェル×
たかし
斎藤 司

歴代王者が振り返る 優勝した瞬間の思い

——2015年、新生M-1の初代王者となったトレンディエンジェルさん（以下、トレエン）。とくに斎藤さんは感極まっていたようにも見えましたが、優勝した瞬間のお気持ちを聞かせてください。

斎藤　「泣いた方がいいのかな」って、無理やり泣いた感はあるんですけど。

たかし　僕ら「お金がなくてもやしを食べていた」みたいな時代がないので、泣けるほど苦労していなかったんです。そこが問題なんですよね（笑）。

斎藤　優勝した瞬間、たかしが握手してきたんですよ。僕、意外とそういうところは冷めていて。

渡辺　確かに、言われてみると斎藤さんの喜びはあんまり伝わってこなかったかも（笑）。逆に天才っぽかったよ。

斎藤　もちろん嬉しいんですけど、「俺らでいいのかな?」とは思いました。

——錦鯉さんは2021年に優勝。涙、涙の結果発表でした。

渡辺　……感動の年でしたね。

長谷川　あんまり自分たちで言わないから（笑）!

——長谷川さんは号泣されていました。

長谷川　あとからオンエアを見たとき、びっくりしました。審査員の票がめくれていくなか、僕はボーッとしていて放心状態なんですよ。決まった瞬間に隆が抱きついて「ありがとう」と言ってくれたので、涙が溢れてきたんですよね。

渡辺　当時、雅紀さんは発表の仕組みを理解していなかったと思うんですよ。

たかし　分かってなかったんですか?

長谷川　分かってないわけがないんだけど……もしかしたら「錦鯉」の漢字が読めなかったのかな?

斎藤　隆さんが抱きしめにいったのが良かったです。

渡辺　どんどん票が入って「すごい」と思っているけど、パッと隣を見たらボーッとしているから「ダメだ。この人分かってない!」って（笑）。

——審査員の涙については、どう思われましたか?

渡辺　あとでオンエアを見たら、僕らから苦労感が滲み出ていたんで「これは泣くわ」って思いましたね。

長谷川　申し訳ないなと思ったのが、僕があまりにも長く芸人をやりすぎていて、審査員の一部が年下だったことです。

たかし　（笑）。皆さんからの同情票で優勝できたんですか?

長谷川　当時、50歳ですからね。「いい加減にしろ!」ってことか（笑）。

新生M-1がスタート 分岐点となった15年

——トレエンさんが王者となった2015年にM-1が復活しました。前期大会とは心境の変化があったのでしょうか?

斎藤　前期M-1までは、お呼びでないというか。自信もなかったですね。感覚的には人のお祭りって感じです。

たかし　絶対に優勝するわけないし、決勝に行けるとすら思っていなくて、とりあえず参加してる、みたいな状態でした。

長谷川　前期M-1は前のコンビで出て、3回戦まで行けたんですけど、全然うまくいかなかったです。

渡辺　僕も前のコンビで2回戦以上行ったことがなかったんで「本当にその先やってんのか?」というくらい雲の上の存在でしたね。

——2015年で雰囲気が変わったと。

斎藤　前年の『THE MANZAI 2014』で準優勝できたとき、「上に行ってもいいんだ」と自信になりました。

長谷川　だって『オンバト+』でも優勝しているんですよね? すごいですよ。

渡辺　錦鯉としては、初めてのM-1が2015年でした。それまでの賞レースは全然ダメだったんですけど、その年に準々決勝に行けて……。「これいけんじゃね?」と、それから毎月いっぱいネタを作るようになりましたね。

長谷川　錦鯉に関しては、良い意味で「どうでもいいや」って開き直ってできましたね。あと、この間2015年のM-1を見直したんですけど、改めて歴代王者が決勝の審査員だったんだと思って。

斎藤　そうなんですよね。松本（人志）さんにお会いするたびによくお伝えしていたんですけど、やっぱりM-1って、〝松っちゃん〟に認められたい部分もあるじゃないですか。僕らのときに審査員に松っちゃんがいなかったのがコンプレックスで……。松本さんからは「あの日一番おも

つかみとキャラクター　トレンディエンジェル×錦鯉

ろいヤツを決める大会やから」と言われて腑に落ちたんですけど、やっぱり見ていただきたかったのはあります。

たかし　松本さんがいたら「僕らに点数を入れたかな」って思うこともありますね。あのとき、あの審査員の方々だったから優勝できたのかもしれないし。

――錦鯉さんも優勝時、審査員に言われて印象に残っている言葉はありますか？

渡辺　終わった直後に椅子に座っていたら、松本さんがいらっしゃって「感動した」と言ってくださいました。「松っちゃんが俺たちに『感動した』って言ってる！」と思って痺れましたね。

長谷川　僕も当時の記憶はほとんどないんですけど、それだけは覚えています。

2組には必要だった漫才の「つかみ」

――トレエンさんは年齢を言う自己紹介、錦鯉さんは「こんにちはー！」と、2組とも構築された「つかみ」を導入しているイメージがあります。つかみは、当時から意識されていたのでしょうか？

斎藤　めちゃくちゃ意識していました。特に予選はM-1マニアが集まってくるので、ある程度コアなボケでも笑ってくれるんです。そのなかで僕が当時生み出したのが、登場するときに片手を挙げて「手を洗ってきました！」と普通のことを言うボケ。これがウケるんです。

たかし　これは普通の営業じゃウケないんですよ。あえて予選でやるというか。

渡辺　あの緊張感のなかで、そんなわけないボケだからウケるのか。

――2015年の決勝では、登場時の決めポーズで斎藤さんが、いつもとは違う指鉄砲のようなマイムをしましたよね。

斎藤　あれは当時、8・6秒バズーカーにハマっていて、カッコつけただけです（笑）。そもそも最初の挨拶は、たかしが編み出したやつなんですよ。

たかし　アイドルのポーズなんです。

――錦鯉さんは、なぜ「こんにちはー！」を入れるようになったんですか？

長谷川　「こんにちはー！」を生んでくれたのは隆ですね。

渡辺　まずは「バカが来たぞ」と分かってもらいたいのが一番にありました。

――その後、長谷川さんが「頭が良くなる本を買ったよ」など、一言そえることで、笑いが増幅されます。

渡辺　「こんにちはー！」だけだと、本当にやべえ人が来たみたいになるんですよね（笑）。その一言を言うことで「お笑いの人だ」と分かってくれるというか。

長谷川　M-1の予選ってネタ時間が短いじゃないですか。「つかみをやっている時間がもったいないから、すぐに本筋に入った方がいい」と聞いたことがあったんですけど、いざやってみると短時間でつかむ方が良いって分かったんです。自分で言うのもあれですけど、「こんにちはー！」のあとに、一言付け加える二段階方式も珍しいなと思います。

斎藤　自分は、M-1って、つかみがあった方がポップで良いのかなとは思います。漫才って、いきなり本題から入るとややこしいネタもあるじゃないですか。楽しい漫才を見たいお客さんもいるでしょうし、だったらつかみがあっても良いのかなと。

渡辺　ブラックマヨネーズさんだとつかみがない方が……とか、それぞれによって使い分けるのが良いんでしょうね。

誰にもマネができないトレエンの漫才スタイル

――トレエンさんは、どのようにして現在のスタイルにたどり着いたんですか？

斎藤　僕らは、できることが限られているので「やりたいこと」より「できること」を選んだ感じですね。

たかし　そもそも、巧みなことができないんですよ。

長谷川　お客さんも「どんなネタをやるんだろう」って眉間にしわ寄せて見るより、バカやってくれる方が入りやすいですよね。

たかし　携帯をイジりながら見てほしい。

長谷川　僕も！　茶碗を洗いながら見てほしいもん（笑）。テレビは「ながら」で見ることが多いから、「最初から見ておかないと、後半分からない」だと楽しめないじゃないですか。その場その場の顔とか動きでも笑ってほしい！

――錦鯉さんは、現在のスタイルをどうやって作っていったんですか？

渡辺　掛け合いは無理だと諦めました（笑）。だったら丸出しの素材に塩をかけて味わってもらうというか。最初はそういうやりとりもあったんですけど、面白いところだけ残そうと思ったら、そこが全部消えて、今の部分が残った感じなん

です。

――お互いのコンビネタの印象を聞かせてください。

斎藤　隆さんが文房具のコンパスの軸のようにしていてくれるから、「この人がいれば絶対大丈夫」みたいな安心感が生まれるじゃないですか。ボケとして、このスタイルにすごく憧れていましたね。

たかし　4分のなかで、最初の2分を見なくても笑えるのが素晴らしいです。一番テレビに向いている漫才をしているんじゃないですかね。錦鯉さんは「ながら漫才」の先駆者です。

長谷川　2015年のM-1を見て、一番笑ったのはトレエンなんですよ。

斎藤　嬉しい!

長谷川　2人が楽しそうにキャッキャやってる姿が面白いです。大勢の人の前で“いい加減風”なことをやっているのも良い。「M-1で何やってんの?」って声出して笑っちゃいますもんね(笑)。

渡辺　ふざけてる感じなんですけど、じつは2人とも手練れなんですよ。本当にレベルが高い。神が人間の位置まで降りてきたら、あのかたちになるんです。

長谷川　あれをやれって言われてもできないですよ。「あれなら俺でもできる」と思わせておいて、2人にしかできないのがすごいところですね。

斎藤　この間、高校生の漫才大会「ハイスクールマンザイ」のMCをやったんですけど、尊敬してる芸人を聞いたら、みんなやっぱり霜降り明星とか答えるんです。たかしが「ウチらは参考にした?」って聞いたら、トガった感じで「してないです」って返されたんで「ま、技術がないとできないからね」と言っておきました。

渡辺　神の部分を出しちゃった(笑)。

王者になって一皮むけた
錦鯉が漫才で見出したもの

――トレエンさんの「斎藤さんだぞ」、錦鯉さんの「こんにちはー!」が爆発的人気となりました。流行したことでのメリット・デメリットを教えてください。

斎藤　覚えてもらえるメリットはあるんですけど、やりすぎるとこっちもやっぱり飽きちゃうんですよね。テンションが低いときもありましたが、今は熟成したので、5秒待って「斎藤さんだぞ」と言うようになりました。

渡辺　よりエレガントに洗練されていった……と。

斎藤　でも、5秒待つからもう誰も笑わないんです(笑)。

長谷川　ロケに行ったら大人も子供もやってくれるんですけど、だんだん「あ!『こんにちは!』だ」って言われるようになって……。ついに概念になりました。

長谷川　デメリットとしては、子供が僕みたいな髪型の人に誰かれ構わず「こんにちはー!」をやるらしいので、それが危ないなと思っています(笑)。

――M-1優勝後、漫才への取り組み方に変化はありましたか?

たかし　最初は燃え尽きた感じはしましたけどね。

斎藤　M-1のために漫才をやっていたところがあるんで、寄席でもウケはするけど……って感じはありました。

たかし　新ネタを作っても、どこに出せばいいか分からないし。

斎藤　今は、半分アドリブでやっています。そっちの方が楽しいんですよね。

たかし　その日の斎藤さんのテンション次第なんで、アドリブ待ちなんですよ。

錦鯉
2012年に長谷川雅紀と渡辺隆がコンビを結成。
15年よりM-1に参加しており、16、19年に準決勝へ。
敗者復活戦では強烈なインパクトを残した。
20年には初の決勝進出を決めたが、結果は第4位に。
翌年、悔しさをバネに再びファイナリストとなり、
その勢いのまま王者となった。
長谷川のキャラクターと、
渡辺の卓越したバラエティ能力は、
すぐにお茶の間に受け入れられ、
現在は多くの番組で活躍している。

渡辺　本当の天才のやり方になってきているということですね。
斎藤　笑わせたらいい。それだけです。
――カッコいい！
たかし　それは高校生にはできるの？
斎藤　できないです。
渡辺　根に持ってるなあ（笑）。僕らも燃え尽きた感はありましたね。最近は、M-1を獲ったことで肩の荷が下りて、ネタを笑いながらできるようになりました。営業だとそっちの方がウケますし、僕ら自身も楽しんでやれているなと思っています。
長谷川　M-1が辛かったとおっしゃる方がいるじゃないですか。でも、当時も今も本当に楽しいから、あまりそういう感覚がないんですよ。
斎藤　分かるな〜。

ダークホースにやられたい 忘れられないあの衝撃

――現在のM-1は、どういった心境でご覧になっていますか？
斎藤　優勝後の1、2年は、どこかに「懐かしいな」みたいなOB感がありましたけど、最近は一般的な目線で楽しんでいます。当時は感覚で「このボケの方がウケる」とか分かる部分があったけど、今はもう、まったく分からないので、純粋に観客として見ていますね。
たかし　M-1が（演出的に）カッコよくしすぎているなとは思いますけどね。
長谷川　今は決勝だけですけど、昔は東京も大阪も全部予選動画を見ていました。テレビに出る前のぼる塾とかラランドとか……当時は、よくライブに出ていたから「誰が仕上がってる」とか聞いていたんですよ。湯船に入りながら全部見ていたので、手がふやけちゃったのを覚えています。
渡辺　今は決勝で見たいから当日まで何の情報も入れたくない。僕らは東京だったんで、笑い飯さんの衝撃がまだ残っているんです。あのお二人を見て、お笑いの人生観が変わりましたもんね。だから、常に（ダークホースに）やられたいというのはあるかもしれないです。
――最後に、今後のM-1に期待することはございますか？
斎藤　吉本以外からもっとチャンピオンが誕生することですね。吉本から王者が出ると、僕らの営業が減っちゃうんで……。
渡辺　だからこそ、我々のときも喜んでいただけたと（笑）。
たかし　僕は、もうちょっと（演出面を）ダサくしてほしいです。
斎藤　M-1はあれが良いんだよ。人生を見ているようなもんなんだから。
たかし　正直、そんなに（芸人活動で）苦労してないから「ピンときてない」というのはあるかもしれない。
――下積みが長い先輩や苦労している後輩芸人が周囲にいるのでは？
たかし　……自分のことではないんで、やっぱりピンとこないですね（笑）。
長谷川　今年、初めてエントリーが1万人を超えたと聞いて嬉しかったです。いろんな賞レースがありますけど、M-1が国民的行事くらい盛り上がればいいなと思いますね。
渡辺　M-1は何があっても揺るがず、ずっとあってほしいものですね。我々も王者の名に恥じぬよう、これからも活動していきたいなと思います。

トレンディエンジェル
2005年、NSC東京校10期生だった斎藤司とたかしが結成。
デビュー当時から頭角を現し、
キャッチーなネタで話題を集めた。
賞レースでは、13年にNHK
「オンバト＋ 第3回チャンピオン大会」優勝、
フジテレビ系「THE MANZAI 2014」準優勝と結果を残し、
15年にM-1王者に。
斎藤は抜群の歌唱力を武器にミュージカルに出演、
たかしは好きなアイドル関連や趣味の麻雀を
仕事につなげるなど個人でも活動している。

20回大会記念！
歴代王者が語り合う
『M-1グランプリとは？』
④

酷評にも炎上にも負けず どん底から掴みとった栄光——

村上

野田クリスタル

マヂカルラブリー × ウエストランド

決勝下位の屈辱を味わうも挑戦を続け、
2020・2022で見事チャンピオンとなった2組。
決勝初進出から優勝まで、どのような想いで戦ってきたのか。
今、振り返ってM-1を語る。

撮影／平山訓生　取材・文／堀越愛

逆転

井口浩之

河本 太

決勝で下位になった直後は、「人生終わった！」と思った

——初めての決勝進出時、２組とも上位に残ることができませんでした。結果が振るわなかったことに対し、率直にどう思っていましたか？

野田　「やってられるか！　もう良いよ、コントやるわ」と思ってました。この世の全員が俺らのことバカにしてきたから。

井口　バカにしてはないよ（笑）。

村上　「あんなやつらは一回戦で落とせよ」って言われたんですよ。

野田　人を笑わせようとして炎上することあるんだ……と。

村上　怒りからの悲しみ、そしてまた怒りって感じでしたね。

井口　僕らが初めて決勝に行った２０２０年はマヂラブさんが優勝した年なんで、一緒に出てるんですよ。決勝進出者発表のとき、野田さんが「この後に地獄が待ってるぞ」って言ってたのを覚えてます（笑）。

河本　僕らは決勝に行けただけで売れたような気持ちでいたんですけどね。

井口　「ファイナリストになってなにを落ち込むことがあるんだ？」と思ってたけど、後から理解しました。下位になると、全員に嫌われた感じになっちゃう。「人生終わった！」って本当に思いました。

河本　そのときはまた決勝に行けるなんて思ってないですし、最初で最後のチャンスを掴み損ねた想いでしたね。

野田　直後は「街歩けない」くらいの気持ちになるよね。

井口　芸人にも会いたくなかった。会えば「良かったよ」と言ってくれるんですけど、会うまでは「絶対みんなバカにしてくるんだろうな」と。芸人って、基本的に嫌なやつなんで。

河本　そんなことねぇよ（笑）。

村上　でも、芸人は案外優しくなかったですか？

井口　優しかった。

野田　芸人からは「めっちゃおいしかったよ」って言われたな。

河本　でもマヂラブさんは、下位でも爪痕残した感じがありましたよね。僕らはちゃんと失敗しました。

井口　僕はめちゃくちゃ記憶力良いんですけど、２０２０年の記憶がほとんどない。

野田　生き残るために消したんだ。

井口　ただ、M-1で世間には嫌われたかもしれないけど、お笑いを見に来てるお客さんはいつも以上に優しい気がしました。それは心の支えになりましたね。

——ウエストランドさんは初の決勝進出の翌年、準々決勝で敗退されましたね。

井口　絶望的というか、恥ずかしかったです。ファイナリストが準々決勝で落ちるって、ほぼないんで。

あの頃は、全部M-1に向けて動いてた気がしますね

「M-1なくして売れる術はない」と思ってました

野田　ウケなかった？

井口　ウケなかったし「落ちただろうな」と思いました。

野田　まるで時代が変わったかのように感じるよね。

——そんな悔しい想いをして、翌年に優勝したのがすごいですよね。

河本　それはやっぱり、愚直に……

井口　お前関係ないだろ！

河本　関係なくはない（笑）！

井口　あと、もっと「2020年は自分が失敗した」って言えよ！

河本　2020年はネタを飛ばしましたし、声も小さかったです。

井口　恥ずかしくてもう見返せないっすよ。

河本　優勝した2022年はめちゃくちゃ見返しますけどね。

野田　最低じゃん、声ちっちゃくて飛ぶって。

井口　最初のセリフから飛んでますからね。

河本　せり上がりで倒れそうになって……。

野田　どうやったら飛ぶんだ？　決勝まで頑張って作り上げたネタを。

井口　ほんとそうなんですよ（笑）。相当やってきたのに「あのー」が数十か所ある。でも準々決勝で落ちた数日後に優勝したネタができて、「来年決勝行ける」と思って祝杯あげました。

やっぱり、愚直に……

売れりゃなんでも良いと思ってたけど、そうじゃなくなった

——優勝後、M-1は見ますか?

村上　僕はめっちゃ見るようになりました。1回戦のTOP3から全組見てます。だから卒業後は「M-1ファンになった」って感じですね。

野田　僕は「漫才なんてもう一切見ない」と決めてたんですよ。「俺はそんなに漫才が好きだったんだろうか?」と自問自答するほどでした。だから敗者復活戦の審査員をやると、普段見ていないぶんびっくりするんですよね。俺らの時代よりもはるかに漫才のレベルが上がってるから、怖くなってくる。ほんと、優勝して良かったとつくづく思います。こんなやつらと戦いたくない。強すぎる。

——優勝後3〜4年で、そんなに変わっているんですか?

野田　めっちゃレベル上がりました。面白すぎて嫌です。信じられない。

井口　僕は仲良い後輩がM-1に出てるんで、嫌ですね。M-1が近づくとピリつくし、飲みに誘うわけにもいかないし、落ちると辛気臭い感じになるし。ムカつくんすよ。

村上　僕たちもそうなってたんですけどね。

井口　そうそう、僕らもそうなってたんですけど(笑)。あと、今後はできるだけ仲の良い人に優勝してほしい。令和ロマンはギリ一緒にライブ出てましたけど、そろそろ知らない人が出てくる可能性がある。

河本　こういう取材や収録で一緒になるとき、しゃべりやすい人が良い。

井口　チャンピオンのコミュニティを楽しいものにしたい(笑)。

正統派が勝つとは限らないから、かましたほうがいい

——優勝して卒業したからこそ、M-1について見えてきたことはありますか?

井口　年間通しての戦いというか、日々の積み重ねだと思うようになりました。「優勝して一発逆転」みたいなイメージもあるけど、その日だけで決まることってない。ライブでなんの話題にもなってないやつが急に優勝することはないな、と。

村上　僕は、さんまさんが言う「テレビやないかい」って意識は大事だなと思って。スポーツではなくショー、番組だってことは忘れちゃいけないなと。

井口　テレビ的な見え方は、いろいろ出るようになった2022年になってから考えられるようになりました。

村上　あの場に立つと、余裕なくなっちゃいますね。僕らもそうだったし。

マヂカルラブリー
村上(一番右)1984年10月15日愛知県生まれ。
野田クリスタル(右から2番目)
1986年11月28日神奈川県生まれ。
ピン芸人をしていた野田に、
村上が声をかけて2007年に結成。
キングオブコント2018・2021で決勝進出、
R-1グランプリ2020で優勝(野田)。
M-1では、7回目の挑戦となる2017に
初の決勝進出(10位)、
2020に優勝し第16代王者となる。

井口　初めて出たときには太田さん（爆笑問題）からも「M－1は視聴率めちゃくちゃとるんだから、とにかくかましたほうがいい」って言われましたね。野田さんの土下座も絶賛してたし。

野田　僕は単純に、優勝したらめっちゃ売れる大会だと思ってたんで。正統派が勝つかといえばそうじゃない。だから、何したっていいんじゃないかと。

――M－1は、皆さんにとってどういう存在でしたか？

村上　M－1のために1年間ネタを作り、ライブに出てました。あの頃は、全部M－1に向けて動いてた気がしますね。

野田　「なんのためにネタ作ってんの？」って言ったら、M－1のためでしかない。まわりもみんなそうでしたけどね。

井口　僕的には、M－1はテレビに出るための手段でした。だから一度ファイナリストになれたら満足するだろうと思ってたんですよ。でも、2020年に思いがけず痛い目を見た（笑）。その後のほうが「決勝行きたい」って気持ちが強くなりましたね。それまでは売れりゃなんでも良いと思ってたけど、そうじゃなくなった。

――今後、M－1はどうなっていくと思いますか？

野田　紅白の裏でやる。

井口　たしかに。イチ局がやってる番組だけど優勝者は各局で取り扱うし、国民的行事になってますよね。だから「M－1チャンピオン？知らな～い」とか言うやつって、ニュース見てないだけ！

野田　どんどんでっかくなってほしいですね。俺ら過去チャンピオンもそこに乗っかっていけるから。

村上　生放送中の大事件ってまだないですよね？　河本さん、乱入とかどうですか？

井口　なんで過去のチャンピオンが乱入してくるの（笑）。

村上　とんでもない事件を起こさないと、M－1史には残れないですからね。例えば、コンビ2人ともネタ飛んで、数分黙るとか。

井口　そこに、とうとう今田さんが突入する？（笑）

村上　「あかんあかん、飛んでもうたか～!?」（笑）。でもそんなことするヤツらは売れますよね。

井口　逆に10分くらいやっちゃうヤツとか。

村上　失格も見たいっすね。

井口　……変なところで盛り上がっちゃった（笑）。

村上　えー、いろんなね、漫才のスタイルが出てくることを祈ってます（笑）。

ウエストランド
井口浩之（右から3番目）1983年5月6日岡山県生まれ。
河本太（一番左）1984年1月25日岡山県生まれ。
中学、高校の同級生だった二人で、
2008年にコンビ結成。タイタン所属。
2012年から3年連続で「THE MANZAI」認定漫才師。
2013年『笑っていいとも！』のレギュラーに。
M-1では、2020に初の決勝進出（9位）、
2022に優勝し第18代王者となる。

妬と怒り

20回大会記念！
歴代王者が語り合う
『M-1グランプリとは?』
❺

悔しい時の解決法は、自分が燃え尽きればいい そのことにM-1は気づかせてくれた

久保田かずのぶ
村田秀亮
吉田 敬

ブラックマヨネーズ × とろサーモン

毎年、チャンピオン以外の芸人が数多く砕け散っていくM-1。
1組の栄光の下には、累々たる挫折が積み重なっている。
敗北を続けた芸人はいかに傷つき、いかにメンタルを保つのか。
苦節を味わった2組が、大会の苦しみと苦みを語る。

撮影／TOWA　取材・文／鈴木工

嫉

小杉竜一

芸人の「あわよくば」心を揺さぶる敗者復活

——2組とも決勝初進出から一気に優勝しました。決勝にあがれない時期は精神的にこたえました？

久保田　僕らは9回準決勝で落ち続けてきて、かなり長かったです。精神的に何がきついですかって聞かれるけど、本当にきついことって記憶にないんですよ。もう忘れて生きています。

吉田　人間に備わった最後の能力やな。

久保田　でも当時はM-1で落とされるとおかしくなりそうで、最初の頃はお酒飲んだり、後輩と遊びに行ったりしてたんですよ。それがラストイヤーに近づいた頃は家でクラシックを爆音で聴いてましたね。精神落ち着けるために。

小杉　なんで爆音でいくねん。いい音量で聞けや。

久保田　頭の中が全部空っぽになって、ちょうどいいんですよ。タバコ吸いながら聴いて、曲が終わると今度は人恋しさでAV見たりするんですよ。そこで処理して、いびきかいて寝る。あの時が一番人間やったんちゃうかな。

村田　僕ら敗者復活に9回出ましたから、負けすぎて、もう一生決勝行けずに終わっていくんやろうなと思ってたんですよ。お客さんめっちゃウケてんのに全然選ばれへんから、審査員に好かれてないんじゃないかと疑ったり……。どんどんひねくれていきました。

吉田　敗者復活は東京でやってた？

村田　はい。最初は有明のパナソニックセンター東京で。

吉田　行ったな俺らも。準決勝行った芸人は、決勝当日に東京集合なんですよ。大阪の芸人はバスで向かって、負けたら本戦が終わるまで会場で待って、集団でバスに乗って帰る。みんなもう大人しくて去勢された状態みたいな……。

村田　バスの中の空気、どんよりしてましたもんね。事故物件ぐらい悲壮感が出ていた。

小杉　敗者復活の後もタイプが分かれるよな。俺は負けると悔しいから、本番の続き見てられへんねん。負けてんのに、大きなモニターを一緒に見て「お～」と騒いでるやつらの気が知れへんかった。

久保田　何が嫌って、敗者復活出た芸人は、エンディングがあるんですよ。掘り起こした死体がマイク向けられてヘラヘラ笑うみたいな儀式がある。

小杉　言い過ぎや！　ただの敗者復活の閉会式やろ。

久保田　「どうだった今日？」って聞かれて、1年間ずっと力費やしてきたのに、「どうだった？」で語れるかって。

小杉　今思えば、敗者復活に出えへんという選択肢もあったのかな。ただ、それもなめてるみたいやし、こっちも「ワンチャンあるかな？」と思ってしまうから。

吉田　M-1は人の「あわよくば」心を逃さないよな。で、参加したら「おまえらにチャンスあるかボケー！」と叩きつけられる。

久保田　敗者復活で落とし続けてて、人の心ってなんやと思いましたよね。この国に、情けはないのかと。

村田　敗者復活の審査方法が視聴者投票だったじゃないですか。トレンディエンジェルが決勝に行った時、自分でもわかるぐらい僕らもむちゃくちゃええ感じやったんすよ。「これいったんちゃうかな？」と結果見たら、1万6000票差も開いてたんです。その年、トレンディが結構テレビに出てて、その票も入ってるだろうから「フェアじゃないやん！」という気持ちがでかくて、ほんま嫌になりました。

久保田　「子供が適当にリモコンをポチって押してるんやろうな」と思いたくもなりましたね。優勝したからもういいんですけど。

村田　ただ、小さい喜びもありましたね。ネタがめちゃくちゃウケて、袖にはけて喫煙所行った時、周りの芸人から「決勝行きましたねえ」と言われるのは嬉しかったです。でも最後、「行かれへんのかい！」になる。

久保田　「行けるよ」って俺たちベットして（賭けて）くれたやつが、「行かれへんやん」ってなった時、目をそらして帰っていく。

村田　裏切るよな〜。

吉田　村田、パチンコやらへんやろ。

村田　はい。そんなしないですね。

吉田　（『海物語』シリーズで）魚群出たとき、「お兄ちゃん絶対当たるわ」って声かけてくるおばはん嫌じゃなかった？「根拠なしで言うな」って思わなかった？

小杉　その魚群のたとえいらんから。村田の話でみんなわかってるから。

吉田　「兄ちゃん、それ行けるで」って言われても、それは何のプラスにもならへん。俺、そういうの言うたらあかんと思うタイプやから。大谷選手がホームラン47号打つかもという時、「55号打つのも時間の問題ですね」とみんな言ってたけど、俺は腹立ってたもんな。それってパチンコ屋のおばはんと一緒だから。

小杉　その話なくてもわかるから！

貧乏で中指を立てて出たワードの方がウケた

――嫉妬や怒りの感情は、漫才をやるうえでモチベーションになりました？

吉田　なりましたね。なんで悔しいのかといったら、自分が頑張ってない事実があるだけなんで。当時寝ようとした時、「今日なんもしてへんな。これじゃあかんやろ」と起きて、考えたことを紙に書いた夜って、1円にもならないけれどよく眠れたんです。悔しい時の解決方法は、自分が燃え尽きればいい。そのことにM-1は気づかしてくれました。この話は嫁にも息子にも後輩にも言いますし。

小杉　言うたか知らんけど、それをここで報告せんでも大丈夫。

久保田　僕もそうです

瀬戸内少年野球団時代の優勝チームに見えたんやろな

ようこそ！M-1チャンピオン村へ!!

ブラックマヨネーズ
NSC大阪校13期生として出会った吉田敬と小杉竜一が、別々のコンビを経て、1997年に結成。
「ABCお笑い新人グランプリ」優秀新人賞、「上方漫才大賞」新人賞、
「NHK新人演芸大賞」演芸部門大賞と関西の賞を総ナメにするが、
「M-1グランプリ」は2001年から4年連続で準決勝止まりに。
初めて決勝に駒を進めた2005年に優勝を果たした。
現在、「ホンマでっか!?TV」「ウラマヨ！」などのレギュラー番組や劇場を中心に活躍する。

ね。たぶんあの時、月200万円稼いでいたら今ここに座ってないです。貧乏で1人中指立てて、そこから出るワードの方が面白くてウケていたんで。あと、さっき相方が審査の話しましたけど、そこにも思うことありました。たとえば、ある芸人はお客さんウケがめっちゃある。でも、芸人は誰も笑ってない。僕らが出たら客は笑ってないけど、芸人がめっちゃ笑ってる。そこで、お客さん笑ってる＝その芸人が面白いと判断されて、上に上がっていくのがすごく嫌でした。この国って結局人数で決める国なんだなと。

小杉　普通のことやろそれ。お客さん笑ってる人が上に行くのは当たり前やろ！

――久保田さんは芸人が笑ってる方が評価されるべきという価値観だった？

久保田　もちろんそれはありました。

吉田　僕らも当時劇場で人気なかったから、他の芸人に対して、「目の前の女の子たちが笑ってるだけやんけ」みたいに思ってましたけどね。だから「お笑いも陸上競技みたいにしっかりと点数が出ればええのに」と考えていたら、M-1が始まって、納得せざるをえない仕方で計測をしていた。だから、言い訳ができない状況に追い込まれました。

小杉　でも、1年目は何なのかわからん。とんでもない大会が始まったということはだんだん気づいていったな。

吉田　「どうせ優勝は吉本が売り出してるキングコングか、もう売れているDonDokoDonさんのどっちかやろな」と斜に構えてたんですよ。そしたら中川家さんが優勝して、その後の活躍っぷりを見て、ガチの大会だったんやと驚いた。

小杉　そこからはM-1中心に回っていったから。M-1で注目浴びた芸人が活躍する流れも生まれて、意識せんとこうと思っても、もう意識せざるをえない。

――ブラマヨさんも決勝に出るまで怒りや焦りはありました？

吉田　俺、1回「M-1はもう出んでええんちゃう？」って言ったっけ。

小杉　そんな時もあったかな。

吉田　2003年かな。「また準決で負けたわ。どうしよう、東京でも行くか」みたいな感じでやる気を失っていたというか……。その時、読売テレビの大会で大賞（「上方お笑い大賞」最優秀新人賞）を獲れたんですよ。それに救われたから、次も出ようと切り替えられましたね。賞金はパチスロでその日になくなって、「何してんねん俺？」とカイジみたいになってましたけど。

小杉　読売の賞はもらったけど、「もうひと煮詰めしなあかんのちゃうか」って言ってたからな吉田は。「自分たちはラジオの方がオモロいし、なんか物足りひん。もっとオモロくなるはずだ」と。だから俺たちはM-1の審査がどうだというより、そもそも自分らの中でそこまで手応えがなかった。それで全部壊して1から作り方を変えたいという話があって、やってみようかと2005年の1月から作り方を変えた。

吉田　そこでいいネタができてんけど、「M-1なんてもうくそどうでもええ」とも思っていた。「M-1で優勝したい」という感覚じゃなくなって、「そんなことより、自分らが満足できる漫才ができてんのか？」に変わっていったな。

久保田　そういうターニングポイント、ありますよね。僕らの場合、M-1は下品な人間を受けつけないイメージがあったので、最後の年まで俺が変な人間として出てくるような漫才コントはやってなかったんですよ。でも最後の年、その系統のネタをやったんですけど、中身に気を遣って見やすいパッケージに変えたら決勝に進めましたね。上品なコンクールだったんだなって改めて気づきました。

目の前のヒーローに猛烈に嫉妬した瞬間

――参加していた中で、嫉妬したライバルっていますか。

吉田　（優勝した2005年の）本番で、人生でもトップクラスに嫉妬したんですよ。僕らネタ順が5番目で、その前のチュートリアルが大爆笑取って高得点を出した。次に出なあかんのに、あの瞬間、「こうなりたかった俺らは……」と羨ましく思いましたね。自分らが今から生きるか死ぬかの前で、ヒーローが現れた。ずっと一緒にやってきたチュートが、欲しいものを手に入れよったなって。

小杉　あの日、トップからそんなに爆発しなかったんですよね。「これ俺らいけるな」と思っていたら、先にやられた。チュートリアルはM-1の第1回目も決勝に出てて、その時も羨ましいなと思ったんですけど、点数低かったから、「ハッハー！」と笑ってました。その屈辱を見事取り返しよったからね。

吉田　俺らも同じぐらいのウンコをしたかった。

村田　そんな風に思うことないですよ！

小杉　わかる……。「俺たちも出せたのに！」って思うよな。めっちゃスッキリしてたからな、あいつら。

吉田　「ハーッ」とか言うとったもん。と言ってもその後、僕らもようやりきったと思います。決勝2本目やってる時、「これは優勝もあるかも」と思ってしまって、自分の言葉が出てこなかったんですよ。パンチ出した時に「かわされたらどうすんねん」と言うのが、「か、か」と詰まってしまって、なんとかギリギリ細い線で「かわされた」と言えたんです。ようあそこを乗り越えられた。

小杉　僕も「こんなやったら」って言ったら、喉から白い玉がカーン出てきたんです。ちょうどそれが出てきやすい時期で、潰したらめっちゃ臭い。もし外にコロコロ転がって、前列の客が潰そうもんならえらいことになるから、落とすわけにいかん。その臭い玉を舌の先でしまい込みながらネタやったんです。俺もほんまよう乗り越えた。

吉田　通常めったに起こらないようなことが2人とも起きていた。ネタ中、トラブルはなかった？

村田　決勝戦の舞台はめちゃくちゃやりやすい空気で、アドリブも一瞬入るテンションになるぐらいやったんですよ。負け続けてきたことで緊張感なくなって、決勝の舞台でリラックスできたのかなと。

小杉　逆に緊張してもおかしくないけどな。10年越しの本番やったら。

久保田　もう処刑台の一番前にいて、これダメやったら終わると開き直っていたんで。だから、こいつが途中変な間で喋り出したから「いやそんな例えいらんで。長い長い」って小さい声で言いました。それぐらい見れてました。

村田　劇場でやってる感覚でバーンってウケるから、もう1個ツッコミいきたくなる瞬間があるじゃないですか。それ入れようとしたら「いや、ええ」と肘で制止されたんです。

久保田　ただ怖いなと思ったのは、M-1の日に楽屋でこいつと会ったら、テンパってるか知らんけど、俺に「おはようございます」って言ったんですよ。

村田　始まるまでは緊張しすぎて、もうマックスやったんです。だからすごい大きい先輩が来たと思って。

小杉　緊張してたんちゃうの？

村田　始まるまでは、ですね。出てからは全然リラックスしてノートラブルでした。

小杉創設「チャンピオン村」閉鎖の危機に！

――最近のM-1を見て嫉妬することあります？

久保田　芸能界における労働の単価が昔と今であまりに違うから、嫉妬というよりもそれに腹が立つことはあります。M-1優勝者が住んでいたマンションの家賃相場を調べたら、平均が20万から25万円だったんですよ。僕は今、やっと23万円のところに住めている。それが最近の若い奴らは平気で30万円とか言いやがるんですよ。優勝前からチャンピオンが住むぐらいの家賃を払えるようになってる。いいな～と思いますね。

村田　最近、貧乏な若手がいないもんな。

久保田　飛び抜けて汚いやつがいない。M-1決勝に出た時点で、もう食えてるイメージです。僕は人間臭い方が好きだし、「漫才＝ホームレスが立ち話してる」時代の感覚なので、最近の漫才師には「おしゃれなシャツとか着てるけど、脱いだら本当はホームレスなんだろう？　正直になれ」と言いたくなります。

小杉　僕は今、普通にM-1を見ていますね。ただ、距離感を持つように心がけているというか……。今までチャンピオンになった芸人に現場で会ったら、そんなに面識なくても、同じチャンピオン村の住人みたいな感じで、「よかったな」って話しかけてたんですよ。マヂラブとかよく知らなくても、「ありがとうございます」と返してくれたし。それでこないだNGKで、ほとんど面識ない令和ロマンに、「よかったな！」ってパーンって肩叩いたら、「……はい」という反応だったんです。俺としては「ようこそチャンピオン村へ！」だったのが、「そんなつもりありませんけど、なんですか？」みたいな感じで、「勝手に親近感湧いちゃってごめん」って。ちゃんと距離感持たないと、これは老害になるなと反省してます。

吉田　向こうからしたら、瀬戸内少年野球団の時代に野球やってた人に思えたんやろな。当時の優勝チームみたいな。

小杉　誰がやねん！　パンみたいなグローブちゃうねん！　「やっている野球が違うんですよ」と思われたのかな。張本さんってこんな気持ちやったんやな……。

久保田　小杉さんの世代は、布きれをまとって旅に出ていたんですよ。それが最近の芸人は「どこでこれ手に入れたん？」

と聞きたくなるような鋼で全身装備している。もう時代が違う。

小杉 いや、布きれまとった先輩でもさ、鉄仮面を上げて「ありがとうございます」って挨拶してくれたらええやん。……いや、俺が悪かった。早く会って謝りたいですね。僕が管理していたチャンピオン村は今回をもって閉鎖しました。

——みなさんにとって、「M-1」とは何だったのでしょうか。

村田 本当に全然仕事がなくて、生活も困窮してて苦しかったですけど、結局こうやって漫才やり続けて優勝できたんで、「生かしてくれた大会」ですね。

久保田 僕は「慟哭」ですかね。それぐらい苦しまないと獲れないのかなと思います。でも、優勝できたら全部チャラになる。

小杉 芸人になった頃はなかったのに、途中から現れた目標というか……。それがあったから僕らもコンビを組み直して、漫才に向き合ったし、加速もしたと思うんで。無視はできへん、かと言って、憧れとも言いたくない。だから「急に現れた夢」ですかね。

吉田 M-1とは何か、今までいろいろ言ってきたんですよ。昔のインタビュー読むと「厳しすぎるけど愛情のある先生」とか、「深海のダイオウイカ」とか。

村田 どういう意味ですか？

吉田 獲るの難しいけど、スルメにしたら長いこと味わえるみたいなことやな。で、前のインタビューから10年以上経って、その間に僕は家庭を持ったり、車を買ったりとかあって……。だから、家系図に載せてもええのかなって。僕の上におとんとおかんが書いてあって、そこにM-1と記されている。

小杉 「家系図に載せるもの」……。まあ確かに人生に深く入り込んできたからな。

久保田 それ『ファミリーヒストリー』で見たいですわ。絶対聞かれますよ、「ここにM-1って書いてますけど、なんですかこれ？」って。

仕事がなくて苦しかったけど最後に生かしてくれた

慟哭するまで苦しまないと優勝はできない

とろサーモン
高校の同級生だった久保田かずのぶと村田秀亮が2002年に結成。大阪で活動し、「ABCお笑い新人グランプリ」最優秀新人賞、「NHK上方漫才コンテスト」最優秀賞を受賞。10年から活動拠点を東京に移す。「M-1グランプリ」では9度の準決勝敗退を経て、ラストイヤーだった17年に初の決勝進出で優勝を勝ち取った。村田は俳優としてNetflixオリジナルドラマ「火花」などに出演。久保田は画家として展覧会を開催、またラッパーとしてMCバトルシーンで存在感を示すなど、ともに多方面で活躍中。

の優勝

20回大会記念！
歴代王者が語り合う
『M-1グランプリとは？』
❻

お客さんの目につくところに置いてもらえた「M-1」おかげさまで今ここにいる。

ますだおかだ × サンドウィッチマン

M-1グランプリは吉本興業が主催する大会である。それは厳然たる事実であると同時に、出る者・観る者にかすかな疑念をもたらしてきた。いわく「吉本の芸人が優先的に評価されているのではないか」「吉本以外の事務所からの決勝進出には“枠”があるのではないか」等々――だが、歴代チャンピオンには吉本所属ではないコンビも複数存在する。彼らにとってM-1は“アウェー”の場だったのか。2002年にその先駆けとなったますだおかだと、2007年に敗者復活戦という大外からの優勝を果たしたサンドウィッチマンに、当時を振り返ってもらった。

撮影／TOWA　取材・文／斎藤岬

逆境から
岡田圭右
増田英彦

M-1に限らずすべてが「アウェー」だった

伊達　今日は監督が変わった話ですか？

岡田　オリックスの監督が変わったって話題、地味すぎるやろ。

――今回はM-1の話でお願いします。吉本興業所属ではないという点であったり、サンドウィッチマンさんの場合は知名度や敗者復活からという出方であったりと、ある意味〝アウェー〟から優勝したことがチャンピオンとしての2組の共通点ではないかと考えています。それこそ2001年、2002年と増田さんがツカミで「松竹芸能のますだおかだです」と名乗っていたのが印象深くて。

岡田　やってた、やってた。

伊達　あれは印象的でしたね。

増田　実は松竹芸能と契約はしてないんですけどね。だからあれ、偽装やねん。すみません、嘘言うて。

サンド　（笑）

――2001年は名乗った後に「不利不利～！」とも言ってらっしゃいました。後日のインタビューによると、あのツカミをやることを岡田さんは事前に聞かされていなかったそうですね。

岡田　そうそう、全然聞いてなかった。そらもう、この人はそういう一石を投じんのが好きやから。

増田　好きなことはないよ（笑）。なんで言うたんですかねぇ。まぁ、1回目やからいろいろあったんでね。決勝までにもいろいろあって、アメザリ（アメリカザリガニ）の点数を見た瞬間にピークが来たんでしょうね。

岡田　やっぱり尖ってるやん。

増田　いや、でもね、「松竹芸能のますだおかだです」って普通の自己紹介でしょ。なんであれがウケるんですか。

伊達　「言った……！」と思いましたよ。「吉本じゃないんですよ」ってことじゃないですか。「攻めてるな」って思いました。当時2人で住んでたんで、富澤も一緒に観てて。

富澤　「かっこいいな」と思いましたね。ネタは全然覚えてないですけど、そこだけ覚えてます。

岡田　おい！

増田　あれで笑いをとろうとか、多分何も考えてなかったなぁ。無意識に言っちゃうかな。

富澤　だからやっぱりアウェーを感じてたんじゃないですか。

増田　でもアウェーっていうなら、あの大会だけじゃなかったからね。松竹芸能に入った段階ですべてがそうやから。

岡田　それはそうやね。

増田　なんやったら、松竹芸能のライブでも僕らはアウェーでしたから。よゐこさんとかTKOさんのお客さんの前でやってましたからね。M-1があって「松竹といったらますだおかだ」みたいなイメージがついちゃったんですけど、いやいや、我々は松竹芸能のはぐれもんやったんで。だからずっとアウェーしか知らないですね。

富澤　かわいそうに。

岡田　「かわいそうに」⁉

増田　一緒やろ！

岡田　そこそこアウェーやったやろ！

——一方、サンドウィッチマンさんは決勝の1本目を「はじめまして、サンドウィッチマンです」と始められていました。

増田　あら、とんがってるねぇ。

岡田　とんがってないやろ。ごっつ下から入ってるやん。

伊達　本当に「はじめまして」だったんで。それと、予選では富澤がキンタマをワーッと触って「キンタ漫才」って言うツカミを毎回やってたんですよ。

増田　どこ掴んどんねん（笑）。

伊達　ただ、決勝で「あれはやめてくれ」って言われて、「ツカミどうしようか」ってなって。

富澤　それで「名前だけでも」って営業みたいな感じでいきましたね。

サンドはサンパチ前での所作がめちゃめちゃきれいやった

——ますだおかださんは2007年のサンドウィッチマンさんをどうご覧になっていましたか？

増田　サンドウィッチマンが『エンタの神様』に出だした頃に、どっかの学園祭で一回会うてるんですよ。

伊達　ありましたね！

増田　廊下で丁寧に挨拶してくださって、「コント面白いですね」って話して。だから敗者復活で出てきて「あのときの子らや。漫才もすんねや」と思いました。コント師が漫才やるときって大体、「コント師が漫才やってるな」っていう感じにやっぱり見えるんですよね。でもサンドウィッチマンは、サンパチマイク挟んだ立ち姿や所作がめちゃめちゃきれいやったんです。そういうところで違和感がなかった印象が強いですね。

伊達　うれしいっす。ありがとうございます。

岡田　M-1という大会が夢をつかむ大会だというところ、その前にもブラックマヨネーズとかいろいろいたけど、やっぱりM-1は夢をつかむ大会だという、この2人が優勝したときに大会的な部分でそういう大会になったな、と思いました。大会大会言ってますけども……いや、お二人の漫才をそんな覚えてないんですよ、ごめんなさい。

伊達　ひどい先輩だ。

岡田　いうたら見た目も華なかったし、ちょっと小汚い感じやん。その2人が頂点に立ったということは、大会自体で一気にスターになれるという大会を完成させた。大会自体を……

富澤　ほんとにすごい「大会」って言うなぁ。

増田　ちなみに森脇健児さんは「大会」のことを「だいかい」って言います。

伊達　いいですよ、そんな話。

富澤　知らないですよ。

岡田　ええねん、そんなんは。なんで森脇健児の名前が出てくんねん。

――サンドウィッチマンさんがM-1に初挑戦されたのは、ますだおかださんが優勝された2002年でした。

岡田　そうなんや！

富澤　ショートコントをやって、落ちました。

伊達　ウケてはいましたけど、そりゃ落ちますわね。最初から「どうせ受からねぇだろう」って思ってました。昔はちょっと、とんがってたんで。

富澤　冷やかしみたいな感じでしたね。

――その頃はM-1というものをどうとらえていたんでしょう。

富澤　まぁでも、最初の数年はやっぱり「吉本さんの大会」っていうイメージで見てましたよ。

伊達　それは若干ありました。

――過去のインタビューでは「準決勝の会場がルミネtheよしもとだとアウェー感があった」とおっしゃっていました。

富澤　予選会場が吉本さんの劇場のときは、このへん（前列）は全然笑ってないような感じはしました。

伊達　やっぱり、吉本以外の芸人としては“対吉本”で頑張る感じはありましたね。吉本は劇場ファンのお客さんがいるから、応援してくれる人が圧倒的に多いんですよ。我々はそれがないし、そもそも劇場がないから場数も少ない中で勝たないといけない。そういうところでアウェー感はありました。全部こっちが勝手に思ってることなんですけどね。そこに文句言うなら吉本行けばいいじゃん、って話なんで。

「よかったらNGK出てよ」初めての昼寄席

――その頃、吉本とそれ以外の事務所でライブ等での交流はあったんですか？

伊達　ほぼないですね。大阪はありました？

増田　大阪も、我々が若手の頃はなかったですよ。たまにテレビのネタ番組に行くと楽屋が一緒になることがあったぐらいで。そもそも、紳助さんがM-1を立ち上げたときに記者会見で「事務所問わず」って言うてたけど、俺らは「松竹は出られへんやろうな」って思ってたからね。ずっとそういうもんやったから。ほんだら、「ほんまにどこでもOK」って後で聞いて「え、松竹でもええねや」って。

伊達　そんなにバチバチだったんですね。

岡田　まだそういう時代やったなぁ。

増田　だからほんまに、1回目のM-1がきっかけやねん。そこから交流が増えてい

った。1回目が終わった後、吉本の木村（政雄）さんに「よかったらNGK出てよ」って言うていただいたんですよ。「喜んで出させてください」ってことで、松竹の芸人として初めてNGKの昼寄席で漫才させてもらって、次の日にアメザリもやらせてもらって。

伊達　すごいな。本当にそこが雪解けのきっかけだったんですね。

――富澤さんは2015年からM-1の審査員を務められていますが、吉本ではない組へのアウェー感は減っていると思いますか？

富澤　今はあんまりそんな感じはしないですよね。僕らの頃はまだピリピリしてましたけど、今は見てるとのびのびやってますし、変わったなと思います。

競技用漫才のスタイルと自分たちの漫才

――当時、M-1で勝つための漫才作りとしてどんなところを意識されていたのでしょうか。

増田　僕らは1回目のとき、結構いろんなところでやっていた手堅いネタを選んだんですよ。審査員の点数は高かったけど、一般審査員の点が伸びなくて負けたのはそこが理由やろうな、と。お客さんからしたら観たことあるネタやったんでしょうね。しかも『爆笑オンエアバトル』で出た勢いがちょっと落ち着いてきて、我々に対する鮮度がなくなってきてるタイミングやった。だから2回目は、せめてネタだけでも新鮮にせなあかんと思って、決勝は2本ともテレビではかけてなかったネタを持っていったのが作戦といえば作戦ですかね。

伊達　僕らは紳助さんのDVD（『紳竜の研究』）を何度も観てました。競技用の漫才っていうんですかね、そこでの勝ち方を紳助さんがあの中で全部おっしゃっていたんですよ。4分間でいかにボケ数を増やすかとか、テンポとか。

富澤　後半盛り上げて終わるみたいなイメージで作ってましたね。僕らの時代はそういう感じでした。

伊達　どんどんツッコミのテンションが上がっていって終わるっていう。

富澤　前の年のチュートリアルさんのネタも、ビデオテープで何度も観て「こうしたほうがいいのかな」とか考えてましたね。ますだおかださんのネタも観ましたけど、しゃべくりで話題がポンポン変わる漫才だったんで、僕らとはスタイルが違うから参考にはできなかったです。

伊達　本当はしゃべくり漫才が理想ですけどね。できないからな。

富澤　「やってみたいな、いいな」とは思ってました。

――M-1をはじめとする賞レースの存在

感は、良くも悪くもかつてより非常に大きくなっています。そうした状況下で、賞レースに向けたネタ作りに注力しすぎることの危険性はあると思いますか？

増田 ひとつの戦略として全然いいんじゃないですか。いうたらストレート勝負の漫才と変化球勝負の漫才があって、寄席みたいに「難しいことせんでええから、笑かしてぇな」ってお客さんがいっぱいいてるところではストレート勝負の漫才が求められますよね。でも賞レースやと変化球のほうがインパクトがあるし、通りやすいところがある。テレビの作り手が求めるのも変化球やし。賞レースに残ること、テレビに出ていくことを考えたら、そっちのほうが今は最短コースではありますよね。

富澤 僕らの場合、3〜4分で作ることに慣れちゃって、営業で困ることはありましたね。「これをどうやって10分でやりゃいいんだろうな」って。M-1に出ていた頃は長尺の作りはあんまり考えてなかったです。

――今や単独ライブの漫才は超長尺で有名ですが……。

富澤 （笑）

岡田 本ネタ入るまでずっと立ち話して、ほんまにもう……。

伊達 昨日もやってきたんですよ。3時間15分。楽しくなっちゃって。

岡田 あれは本当に漫才なんですか？

伊達 漫才ですよ。

増田 漫才はお客さんと漫才師の交尾ですから。芸人さんもお客さんも気持ちよくなってるってことは、あれも漫才です。

富澤 そう言ってもらえると助かります。

「漫才」と「M-1」の違い

――さきほど富澤さんから「今のM-1は昔よりみんなのびのびしている」という話もありましたが、ほかにも自分たちの頃と大きく変わったと思うところはありますか？

増田 決勝戦のスタジオが、あらゆる漫才を受け入れてくれる空間になってるなと思いますよね。司会の方も審査員の方も、お客様もみんな優しい。昔は笑いの奪い合いみたいな感じやったのが、今はそこもありながら自分たちの世界観の見せつけ合いみたいになってるというかね。だからあの舞台が、漫才師がいちばんかっこよく見えて、いちばんウケやすい場所になってるんちゃうかな。あそこに立てるのは、勝ち抜いてきた人のご褒美ですよね。その分、審査員は大変や思いますよ。昔に比べて全員ウケるから。

岡田 俺はネタに関しては詳しいことはわからへんけど、さっきも言ったようにサンドウィッチマンがM-1から売れて以降、スターになる道が拓けたよね。我々の頃は、優勝しても次の日にマネージャーの電話が鳴りやまないというのもなかったし、その後の道が拓ける保障もなかったから。そこがやっぱりいちばんの違いかなと思いますね。

伊達 いや、M-1グランプリというブランドを立ち上げたのは、中川家さんとますだおかださんだと思いますよ。だからこうやって今も続いていて、ほかにいろんな賞レースができても揺るがないものになったんだと思ってます。ただ、今のM-1を観てると、香盤は決まっていたほうがいいとは思いますよね。笑神籤、きつくないですか？　やる側だったら最悪ですよ。

増田 どの順番か、誰の後かによって、ネタの戦略が変わるからね。

富澤 点数も、本当は全部のネタが終わってから入れたいんですけどね。増田さんがおっしゃった通り、みんなウケるんで1組目から採点が難しくて。トップバッターは98点の漫才をやってもそこまで入れられないんですよ。それはかわいそうじゃないですか。初めて審査員をやったとき「俺はトップバッターでも関係なく高い点を入れよう」と思って入れたら、案の定、後で大変なことになって「みんなが言ってたの、これかぁ！」ってなりました（笑）。

増田 ほんまは全部見てからのほうが正しい点数つけられるんやろうね。でも、その点数のマジックもM-1の一個の魅力でしょう。昔の戦いがいつまでも語られるのは、それがあるからやと思う。審査結果に対して「こっちのほうが面白かったのに」とかいろいろ言う人はいますけど、多分それが〝漫才〟と〝M-1〟の違いやと思うんですよね。M-1って、ルールの上で誰がいちばん強い漫才師か決める戦いやと思ってます。だから面白くても強くなかったら勝てない。そこは運も込みなんですよね。

前年チャンピオンが防衛する大会も見てみたい

――最後に、みなさんにとってM-1とはなんだったのか、教えてください。

増田 なんですかねぇ……始まったときは「抜き打ちテストや」思いましたけどね。新人賞レースを卒業して7年ぐらい経ってから始まったんで。今やったら……「百貨店」ですね。さびれた商店街の端っこで売られていたものを、きれいにラッピングしてくれて、豪華に陳列してくれて。中身はなんにも変わってないんですけど、さびれた商店街に普段は来ないようなお客さんたちの目につくところに置いてもらえた。だからM-1は「百貨店」です。

伊達 僕らはM-1がなかったら多分、もう芸人やってないですね。仙台帰ってます。だから「おかげさま」です。M-1のおかげで今ここにいるって意味では、歴代優勝者で僕らがいちばんだと自負してます。だからこそ紳助さんに言われた「M-1優勝したんだから、漫才辞めたらダメだよ」って言葉を守ってます。

富澤 ただ、もうチャンピオンだらけになってるんで、4年に1回ぐらいの開催にしてほしいです。

増田　それ、紳助さんも昔言うてたよ。前年のチャンピオンが必ず出るようにするのはどうやろ？　最後の3組のうちの1組が前年チャンピオンって形で。

伊達　負けられないですね、それは。

岡田　防衛するコンビが出たらおもろいな。

伊達　岡田さん、M-1観てます？

岡田　失礼なこと言うな！　俺はM-1しかネタ番組見ぃひんねんから。

伊達　令和ロマンの前のチャンピオンは誰ですか？

岡田　え？……平成ロマンか？

3人　（笑）

岡田　いらんねん、そんなフリは！　「みなさんにとってM-1とは」を必死に考えてんねんから！　まぁ、答えが出てこないんやけども……。

サンドウィッチマン
高校の同級生だった伊達みきおと富澤たけしが1998年にコンビ結成。2005年、『エンタの神様』にてコントで頭角を現す。2010年、グレープカンパニー設立。M-1グランプリは02年より参加し、05〜06年に準決勝進出。07年、史上初の敗者復活からのチャンピオンに輝く。現在のレギュラー番組に『バナナサンド』（TBS）、『証言者バラエティ アンタウォッチマン！』（テレビ朝日）、『サンドウィッチマン ザ・ラジオショーサタデー』（ニッポン放送）ほか。

ますだおかだ
関西外国語大学短期大学部の同級生だった岡田圭右と増田英彦が1993年にコンビ結成。松竹芸能所属。デビュー直後より『ABCお笑い新人グランプリ』最優秀新人賞、『NHK上方漫才コンテスト』最優秀新人賞など数々の新人賞を受賞。『爆笑オンエアバトル』で全国的に知られるようになる。M-1グランプリでは2001年に決勝で4位となり、翌02年優勝。現在のレギュラー番組に『かんさい情報ネットten.』（増田のみ／読売テレビ）、『ゴゴスマ-GO GO!Smile!-』（岡田のみ／TBS系）ほか。

1 Grand Prix

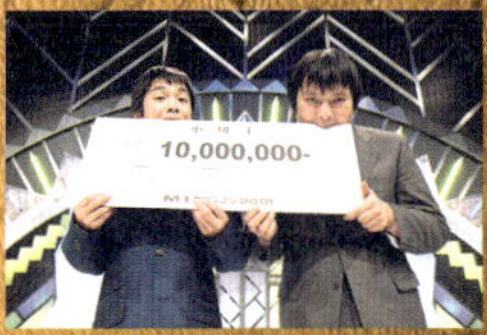

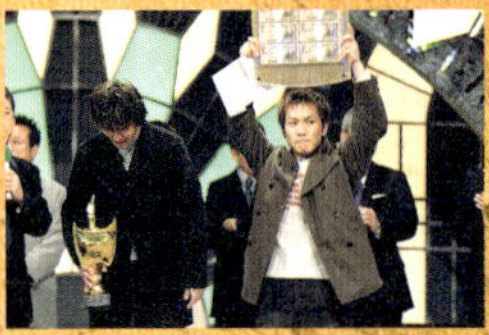

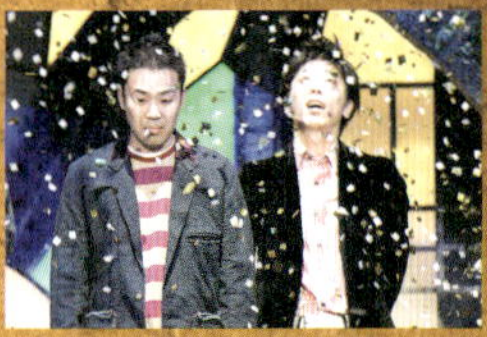

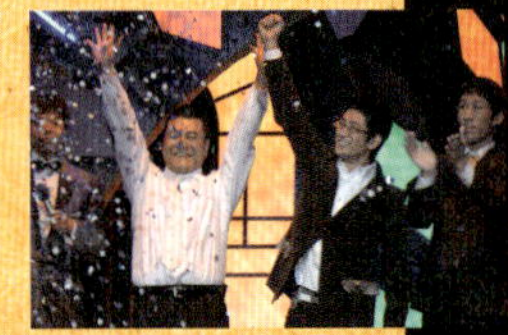

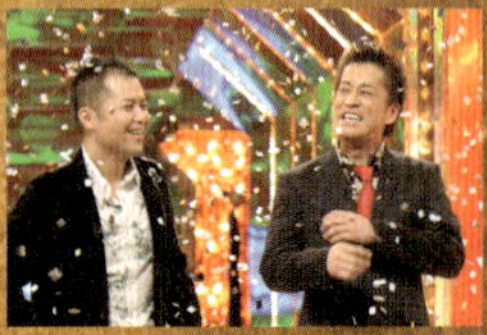

23

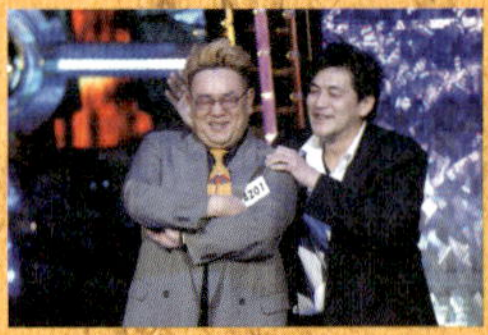

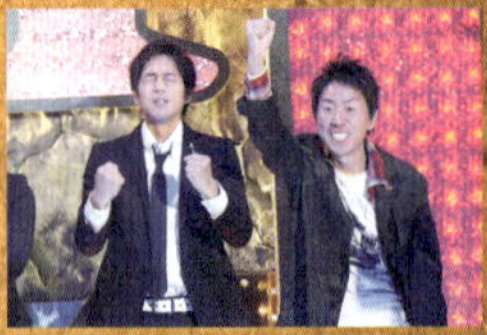

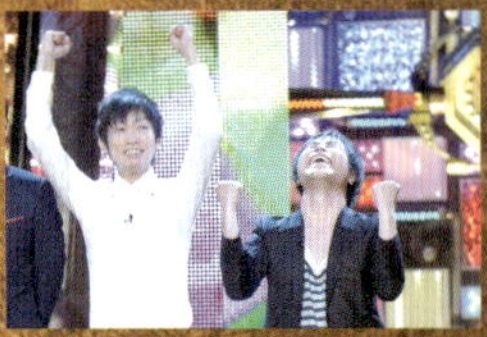

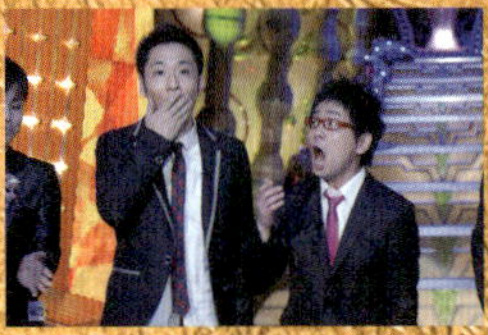

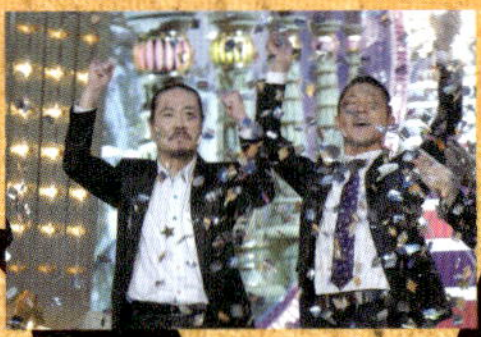

本企画内、番組写真提供／ABCテレビ

BACK

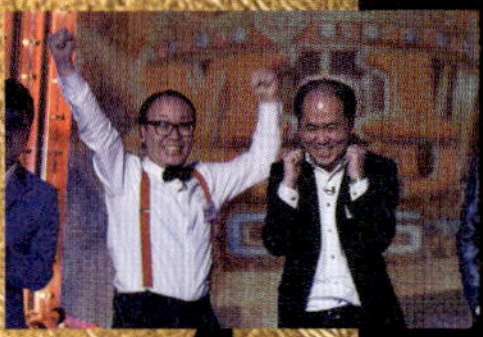

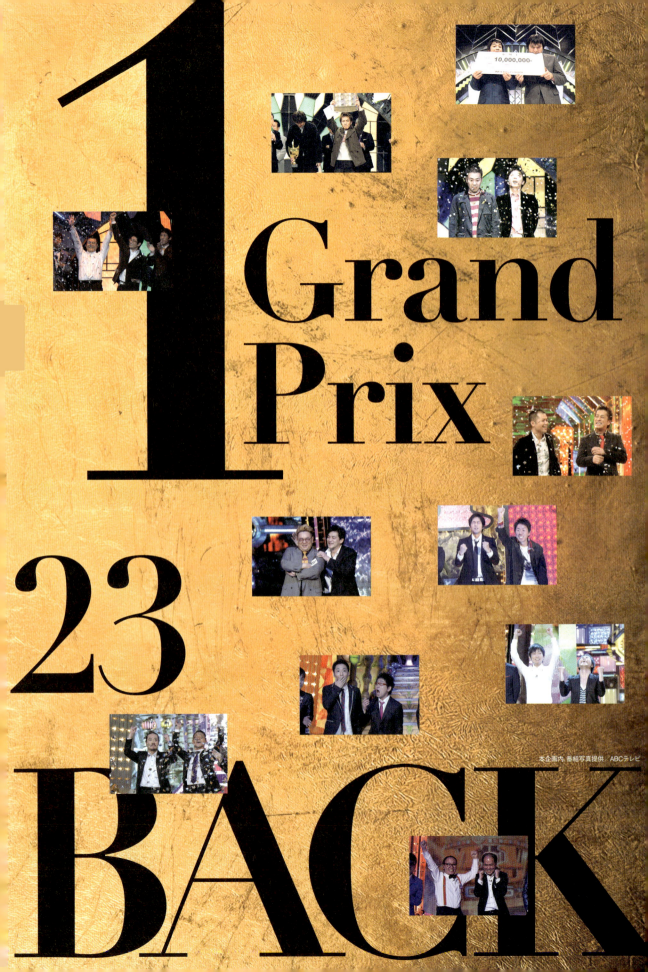

M1-

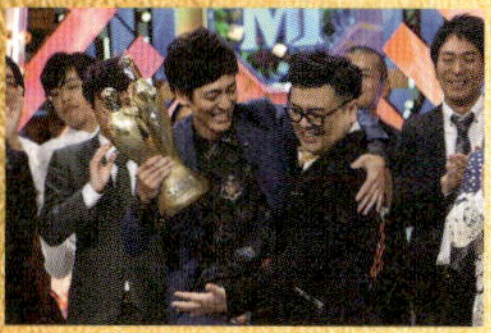
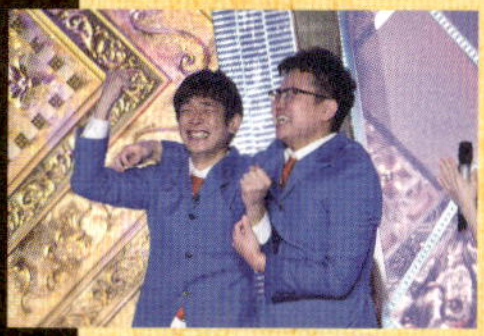
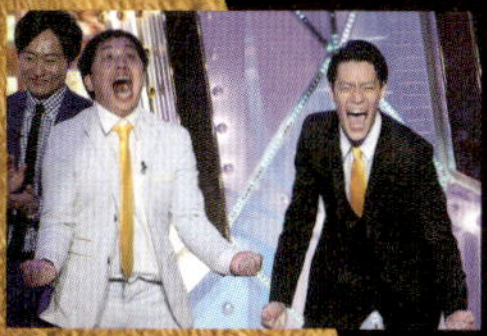
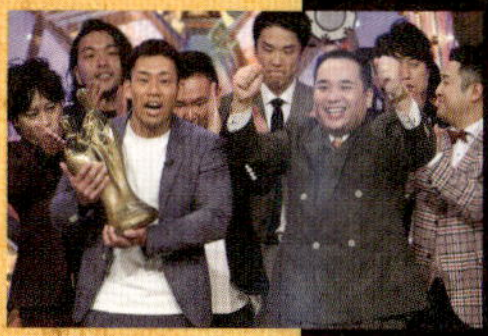
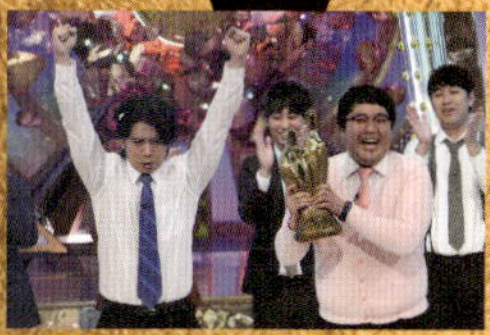

2001-20

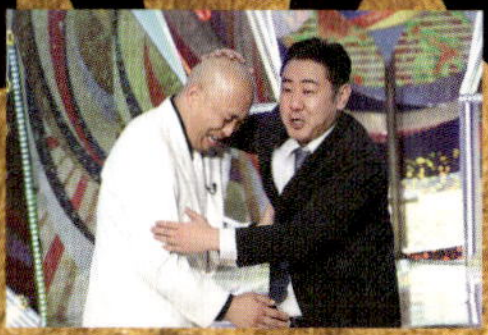

PLAY

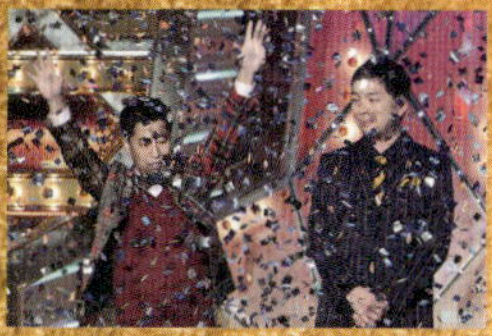
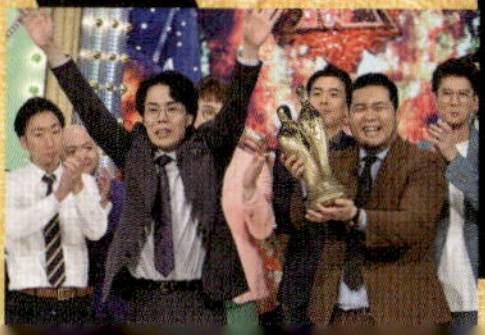

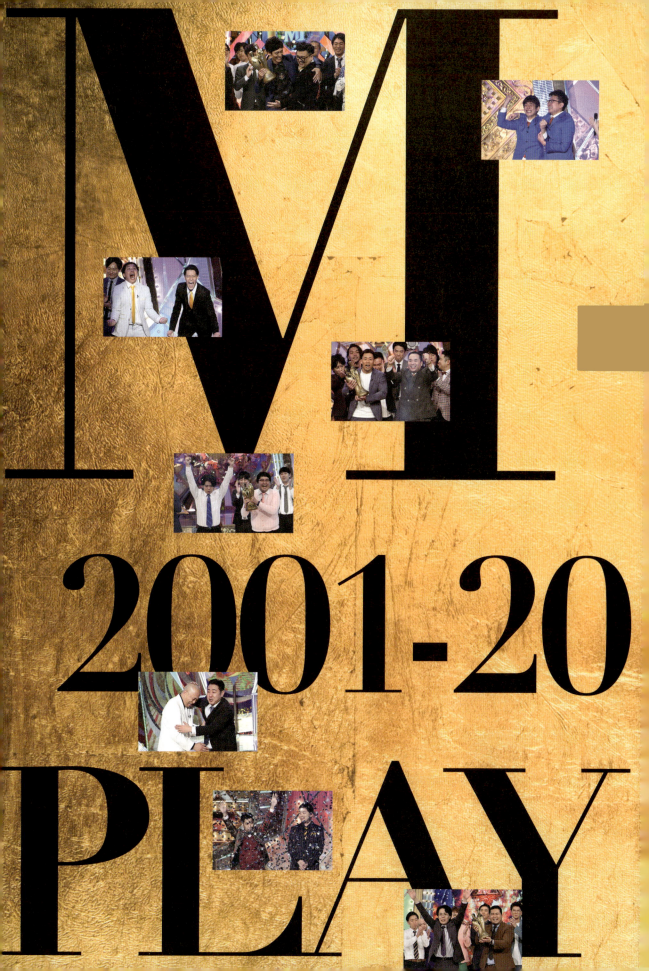

2001年12月25日。新たなお笑い賞レースが産声を上げた。

漫才頂上決戦『M-1グランプリ』。

初回ながら、参加組数は1603組にのぼった。

結成まもないホープから、もうじき結成10年になるコンビまで
東西の若き漫才師10組が第1回の決勝の舞台に立った。

笑いのプロによって生放送で評価される、4分間の真剣勝負。

大会の開幕を告げたトップバッターの中川家が、そのまま初代のチャンピオンに君臨する。

そしてM-1はその後の漫才を、そしてお笑い界を大きく変えていくことになる。

文／釣木文恵

2001年12月25日　開催

200

すべてはここからはじまった。
お笑い界を変えていく
賞レースの産声

最後で２位の座を奪われるも「松竹芸能でもここまでできる！」と柳原。

惜しくも準優勝に終わったハリガネロック。

歴史の転換点に立った10組の真剣勝負

スタジオロビーに置かれた、1万円札を1000枚並べた「1000万円の壁」。番組開始2分足らずで一斉に入場する、タキシード姿の決勝進出コンビ10組。札幌、大阪、福岡で各100人が集められた一般審査員というシステム。2001年12月25日に行われた第1回のM-1グランプリには、今とは違う要素がたくさんある。けれど、4分間の漫才に人生を賭けるその緊張感は、今に至るまで変わらない。

オープニングで全組が数字の書かれたボールを引き、出順を決めるスタイル。この場でトップバッターを引いて厳しい顔をしたのが、中川家だ。「10年〝未満〟」という参加資格であったため、9年目の彼らは初回にしてラストイヤー。階段を駆け下りてきた二人は緊張の面持ちながら、駅員のマネや乗り損ねたサラリーマンの様子など、今もなお愛されるツカミを披露。早速拍手笑いが巻き起こる。そのままの勢いで溺れた子どもを救う本ネタで笑いを巻き起こす。次いで「新時代を切り開くホープ」と紹介されたのはフットボールアワー。結成2年の彼らは早口言葉から始まり、どんどん話題を展開していく。結成3年のチュートリアルは桃太郎がいつの間にか恋愛ドラマに発展するネタを披露。初年度は、審査員のコ

「松竹芸能のますだおかだです」
（ますだおかだ・増田）

ダークホースとして登場し、高い評価を獲得した麒麟。「麒麟枠」という言葉を生んだ。

一般審査員の極端に低い点数に笑うしかなかったおぎやはぎ。

幼稚園からの幼なじみであるチュートリアル。次に決勝進出するのは4年後。

「しゃかりきがんばろ！」
（キングコング・梶原）

「ひとりぼっちにするな！」
（DonDokoDon・平畠）

「奇蹟の顔面」と紹介されたフットボールアワー。結成2年目。

2001
第1回大会から、実力もあり、バラエティに富んだ顔ぶれが揃った。

メントがほとんどないまま進む。

　アメリカザリガニは登場するなり柳原のハイトーンボイスを活かしたハンバーガー屋のネタで高得点。マイペースなコント漫才のおぎやはぎに大阪の一般審査員が叩き出した9点という低得点に会場は大きくざわめく。最年少のキングコングは「彼女がほしい」から始まる漫才をテンポよく披露。続いて「M-1最大のダークホース」として登場したのが麒麟。ツッコミの田村が川島のボケに翻弄されていく様は観客に大きなインパクトを与えた。最終決戦に残らないことがわかった段階で審査員の松本人志が「これはしょうがないんですか」と問う。

　関西では知名度の高かったますだおかだは安定感ある漫才を繰り広げる。DonDokoDonを経て、ラストで登場したハリガネロックの勢いある漫才が審査員の心を掴む。

　10組中、おぎやはぎを除く9組がしゃべくり漫才。それも4分間の中で話題がどんどんと変化していく、オムニバス的なタイトルをつけづらい漫才が並ぶ。最終決戦ではトップバッターの中川家がハリガネロックを制し、初代王者となり、M-1の歴史は始まった。出演者も視聴者も手探りだった第1回。しかし若き漫才師たちの熱量と才能は確実にお茶の間に伝わり、漫才の面白さが再認識されていくこととなる。

[順位・得点]

	出番順	総合得点	会場票	西川きよし	青島幸男	春風亭小朝	鴻上尚史	ラサール石井	松本人志	島田紳助
中川家	①	829	233	91	90	90	90	85	70	80
ハリガネロック	⑩	809	242	95	90	70	92	85	60	75
アメリカザリガニ	④	796	228	88	85	80	92	84	65	74
ますだおかだ	⑧	770	195	95	80	80	88	84	70	78
麒麟	⑦	741	199	79	75	65	90	83	75	75
フットボールアワー	②	726	191	90	80	80	82	82	55	66
キングコング	⑥	707	179	95	75	70	76	83	55	74
チュートリアル	③	637	154	80	75	75	68	75	50	60
DonDokoDon	⑨	614	94	75	85	65	82	84	65	64
おぎやはぎ	⑤	540	43	77	80	75	82	73	60	50

初めてづくしの2001年。MCの菊川怜は控室中継で「部屋に入れないです」「私どうすればいいですか？」とその緊張感に怯むほど。審査員の１人、松本人志も「どんなテンションで行きます、これ？」と戸惑いを語った。芸人・作家ら笑いのプロからなる「特別審査員」７人に加え、全国３会場各100人の「一般審査員」が１点ずつを持つという審査方法。特別審査員による最低点は50点。一般審査員に至っては最高と最低で実に199点差がついた。それだけに、最後まで誰が最終決戦に進むのか、全く見えなかった。特徴的だったのは、審査員コメントがほとんどないこと。「フェアにやろうと思うと真剣に見てしまう」「コメントないですよね？」と大会委員長の島田紳助は繰り返した。最終決戦は中川家とハリガネロック、NSCの同期２組による対決。審査員が前に出て、１人ずつボタンを押すという形で結果が発表されたのも、初年度だけの方法となった。

[こぼれ名シーン]

タキシードでの入場 決勝10組はタキシード姿で一旦入場。ボールを引いて出順を決めるシステムも第１回目ならでは。

1000万円の壁
収録スタジオの壁に並べられた1万円札1000枚。当初は舞台にうめこむというアイデアもあった。

準優勝へのプレゼント
審査員の松本人志から、準優勝のハリガネロックに渡されたお菓子入りのブーツ。放送はクリスマスだった。

平畠、リップを塗る
緊張感あふれる控室中継中、DonDokoDon平畠だけがのんびりとリップクリームを塗っていて笑いを誘った。

武智アイズ

どんな順番だろうと中川家だった

最初は数ある特番のひとつという感覚で見てました。それが始まったら、紳助さん、松本さんが睨みつけるように見ていて、「これどうやったらウケんねん？」という空気。出た芸人に話聞くと、どれだけウケるかじゃなくて、どれだけスベらんか、悪目立ちしたくない思いで舞台に立ったみたいですね。

当然ながら、誰も対M-1用のネタを作ってないじゃないですか。劇場で若い子を笑かすネタが多くて、大会に順応できていなかった。その中でうまさ、力の抜け方、お客さんの掴み方、どれを取っても中川家さんが一枚上手でした。しかもトップバッターですからね。どの順番でも優勝してたんやろうなと思います。

［審査員コメント］

「観ている方は娯楽だが、我々にとっては戦い」
（オープニングで／島田紳助）

「これはしょうがないんですか？ 僕は今までで一番よかったですね」
（麒麟審査時／松本人志）

「いい緊張感です。感動してますよ、僕は」（鴻上尚史）

「関脇の人が横綱相撲獲っちゃった、みたいな感じ」
（DonDokoDon審査時／春風亭小朝）

「みんな、真剣にやっている」
（西川きよし）

【決勝までの道のり】

［準決勝メンバー］

飛石連休	ダイノジ	2丁拳銃	麒麟	ランディーズ	シャンプーハット
カリカ	DonDokoDon	中川家	石田・花子	キングコング	アメリカザリガニ
おぎやはぎ	COWCOW	ニブンノゴ！	青空	サバンナ	ブラックマヨネーズ
アップダウン	号泣	レギュラー	華丸マル・大吉	$10	ハリガネロック
イザベルとベネ	タカアンドトシ	フットボールアワー	チュートリアル	ますだおかだ	ルート33
アンタッチャブル	ペナルティ	りあるキッズ	ロザン	ビッキーズ	

・敗者復活戦がなかった2001年。準決勝は東京と大阪に分かれ、2日にわたって行われた。2年後に敗者復活戦を制することになるアンタッチャブルや「華丸マル・大吉」名義で出場した博多華丸・大吉など、注目のコンビが並ぶ。

ラストイヤーのますだおかだが第1回の雪辱を果たした「M-1グランプリ2002」。
第1回の放送からまもなく、漫才師たちは年末のM-1を目指しはじめた。
音曲漫才のバリエーションとも言えるテツandトモの歌ネタ、
初めての敗者復活戦から勝ち上がってきたスピードワゴンの勢い、
そして「ミスターM-1」と呼ばれる笑い飯の登場。
M-1グランプリが常に「新しい漫才」を希求し続ける賞レースとなり、
漫才自体が進化を遂げていく。
その礎が2002年にはあった。

文／釣木文恵

2002年12月29日　開催

200

さまざまなルール改正が行われ、
大会自体も
大きく成長を遂げた

Play Back

「ネタにしてしまった芸能人の皆さんすいません、全部相方が考えました」（ますだおかだ・増田）

2010年で優勝するまで毎年決勝に出続け、のちに「ミスターM-1」と呼ばれることとなる笑い飯は「ノーシードから勝ち上がった無名の新人」としてこの年に初登場。

1年で大きな成長を見せ、審査員を驚かせたフットボールアワー。控室中継に岩尾が映るだけで観客の笑いが起きた。

漫才も、大会の形も磨かれていった2年目

前年に手探りで始まった漫才頂上決戦は、第1回の熾烈な戦いとその後のファイナリストたちの活躍によって、あっという間に最注目の賞レースとなった。第2回となる『M-1グランプリ2002』の参加組数は前回より増えて1756組。予選は札幌、東京、横浜、名古屋、大阪、広島、福岡の7か所に拡大、各会場で盛り上がりを見せた。暮れも押し迫った2002年12月29日、決勝戦が放送された有明スタジオのすぐ外では、初めての敗者復活戦が開催されていた。野外での敗者復活戦は、この後2022年まで続くこととなる。

　トップバッターで登場したのは昨年の準優勝、ハリガネロック。リベンジに燃える彼らだったが、二番手で登場したますだおかだはそれ以上の思いを抱えていた。増田は「優勝できなければ漫才を辞める」と決意して、ラストイヤーのM-1に挑んでいたのだ。この年に上京してきたことをネタに組み込み、芸能人の実名が矢継ぎ早に出てくる漫才で高得点を獲得する。ダイノジを挟み、テツandトモが登場。立川談志の「お前らここへ出てくるヤツじゃないよ」「褒めてんだぜ？」というコメントが語り継がれているが、実は松本人志も「これを漫才とと

「漫才大好き!」(スピードワゴン・井戸田)

平井が大きな動きでボケたアメリカザリガニ。厳しい点数に観客からは驚きの声が。

「お前がやりたいと思ってることはなるべくやらしてやりたいと思ってるからな」(おぎやはぎ・矢作)

歌ネタで勝負を挑んだテツandトモ。実は漫才のルーツは音曲漫才といわれる。

初出場となったダイノジの二人。声を揃え、ダイノジポーズで漫才を締めくくった。

「今年は絶対リベンジしたい」と熱い思いを語っていたが、惜しくも敗退。

るか、というところですよね」とコメントしている。この時すでに「漫才かそうでないか論争」は始まっていたのだ。

　続くフットボールアワーは昨年はしゃべくりだったが、この年はファミレスのコント漫才。岩尾のボケがことごとくハマり、成長ぶりを見せつける。

「知名度0の二人が誰も予想しなかった快進撃」と紹介されて登場したのがのちにM-1を象徴する存在となる笑い飯。工場見学を題材に「代われ」の一言でボケが交代するという斬新なWボケ。これまでに観たことのない新しい漫才は審査員にも、視聴者にも大きな衝撃を与えた。続くおぎやはぎは結婚詐欺師のネタを披露し、昨年から大きく評価を高めて4位につけた。昨年3位のアメリカザリガニはカーチェイスを題材とした漫才コントで挑むも最下位に。そして、ラスト9組目は敗者復活戦を勝ち上がってきたスピードワゴン。敗退者たちの思いと寒い中で戦ったばかりの勢いをまとった敗者復活の歴史はここからスタートした。

　現在まで続く、3組による最終決戦システムもこの年から。大きく成長したフットボールアワー、新しい風を吹かせた笑い飯。その勢いを、新ネタ2本で挑んだますだおかだの気迫がねじふせた。吉本以外の漫才師の優勝は、この大会がガチンコ勝負であることを世に証明し、M-1の存在意義が増していく。

2002

異なる個性がぶつかり合い、最終決戦は三つ巴の戦いになった。

[順位・得点]

	出番順	総合得点	島田紳助	松本人志	大竹まこと	ラサール石井	島田洋七	中田カウス	立川談志
ますだおかだ	②	612	89	70	92	90	96	95	80
フットボールアワー	⑤	621	89	85	91	95	94	97	70
笑い飯	⑥	567	86	80	80	84	84	83	70
おぎやはぎ	⑦	561	76	80	79	79	85	82	80
ハリガネロック	①	545	75	65	83	81	86	85	70
テツandトモ	④	539	76	65	77	82	79	90	70
スピードワゴン	⑨	535	73	75	80	86	86	85	50
ダイノジ	③	534	83	60	78	78	81	84	70
アメリカザリガニ	⑧	525	73	60	78	78	83	83	70

この年から審査員７人による合計というシンプルな審査方法になり、また採点後に審査員がコメントするようになった。これにより、プロによる漫才の見方が視聴者にも伝わり、ますますM-1が注目を集めることとなる。一般審査員による極端な点差はなくなったものの、それでもまだ最低点が50点、最高点が97点という今では考えられない大きな点差が存在している。90点以上がまだ珍しかったこの大会において、90点台を４人の審査員から獲得したますだおかだとフットボールアワーが順当に最終決戦に進出した。３位につけたのが当時無名の新人だった笑い飯であることから、彼らが残した爪痕の大きさが伝わってくる。前年に最下位だったおぎやはぎが４位につけたことからも、プロが彼らの独自性を評価している様子が伺える。三つ巴の最終決戦になったのはこの年からだが、最後の投票に審査員たちが苦悩する表情は、今も変わらない。

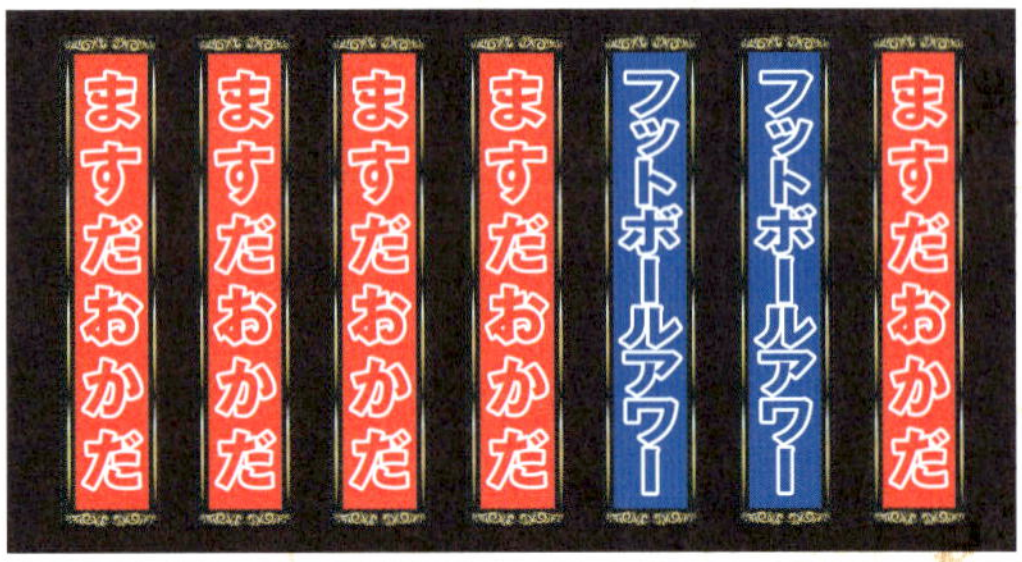

[こぼれ名シーン]

笑い飯の登場 ボケとツッコミが入れ替わるWボケ、コメントでもボケる平場の強さ。今大会以降、彼らがM-1の一角を担っていく。

敗者復活戦スタート
その後も数々のドラマを生むことになる敗者復活戦がこの年からスタート。会場はスタジオ横のオープンスペースだった。

シャンパンファイト
放送には乗っていないものの、優勝したますだおかだは屋外ステージでシャンパンファイトを行った。

控室中継が和ませる決勝
決勝のピリついた緊張感を和ませる控室中継。笑い飯の「ごっさうれしいです！」などのコメントが注目を集めた。

武智アイズ

2年連続出場を果たしたフットボールアワーの躍進

前年の一般審査員得点がなくなり、新たに敗者復活戦が導入されて、審査員の顔ぶれも変わった。芸人が仕上げてくるネタぐらい、運営の変わり身が早い。M-1が影響力を持つようになったのはもちろん漫才の面白さによるものですけど、運営側の改善する努力も大きいと思います。

印象深いコンビは、フットボールアワーさんですね。前年結果が出せなくて、それから1年間でこれほどM-1にフィットしたネタを持ってくる様変わり感がすごい。相当漫才に取り組んだでしょうし、大会で1回しかネタやってなくても肌で感じるものがあったんでしょうね。あと笑い飯さんも衝撃でした。禍々しくて、黒いオーラを放ってました。

［審査員コメント］

「絶対勝ったと思ったはずです。したたかだよ、見事だよ。褒めてやる」
（ますだおかだ審査時／立川談志）

「相当奥深いですよ、彼（岩尾）は」
（フットボールアワー審査時／島田洋七）

「赤いジャージの子、**友達としては100点**なんですけど」
（テツandトモ審査時／松本人志）

「ラジカルな感じが気持ちよかった」
（ますだおかだ審査時／大竹まこと）

「完成してないのが、変におもろかった」
（笑い飯審査時／島田紳助）

【決勝までの道のり】

［敗者復活戦メンバー］

麒麟	Bコース	サカイスト	りあるキッズ	千鳥	$10
ブラザース	スピードワゴン	ライセンス	三拍子	せんたくばさみ	キングオブコメディ
キングコング	タカアンドトシ	ヘッドライト	天津	ババリア	ブラックマヨネーズ
ツインズ	おはよう。	Over Drive	アジアン	ジパング上陸作戦	2丁拳銃
NON STYLE	ルート33	カリカ	チュートリアル	ダイアン	ストリーク
COWCOW	レギュラー	線香花火	ママレンジ	花鳥風月	
トータルテンボス	インパルス	チャイルドマシーン	アップダウン	品川庄司	
飛石連休	ビッキーズ	少年ギャング	シュガーライフ	18KIN	

寒さに耐えながら決勝への復活を期待する芸人たちの姿が観られるようになった2002年。その中には前年に大きな痕を残した麒麟の姿や、のちに決勝で活躍することとなる千鳥、ダイアン、ブラックマヨネーズらもいる。

『M-1グランプリ』開始から3年。参加組数は1906組となった。
決勝常連組や返り咲き組、前年の敗者復活戦勝者の翌年のストレート決勝進出など、
大会の点と点が線になり始める。
それに伴い、視聴者はその日披露される漫才だけでなく、
出場する漫才師たちのストーリーにも注目するように。
歴史に残る99点という高得点が出たのもこの年。
インターネットの普及もあいまって、
視聴者が漫才に意見を表明する「批評家化」が加速していく。

文／釣木文恵

2003年12月28日　開催

200

着実なステップアップで
“史上最大の激戦”とも言われる
大会を制した

Play Back

「自信はあります」
（フットボールアワー・後藤）

前年に2位につけ、この年の優勝最有力候補と目されていたフットボールアワーが審査員に「完璧」とまで言わしめ、納得の優勝。

「もっさうれしいです」「もさいです」
（笑い飯・哲夫、西田）

「笑い飯、ちゃんと答えて！」
（今田耕司）

「（自信は）ないです！」
（アンタッチャブル・山崎）

敗者復活戦からやってきた2人。山崎の陽の空気はあっという間に場の空気を掌握。翌年にはテレビに引っ張りだこに。

常連、新星、敗者復活が入り乱れる3年目の激戦

2003年12月28日に放送された第3回は、過去2回のチャンピオンが当時を振り返るインタビュー映像からスタート。よりドキュメンタリー色が強くなった。

第1回の麒麟、第2回の笑い飯に次ぐこの年のダークホースといえば、千鳥。控室の様子を映し出す中継でMCの今田耕司が「画面の右端に一人チンピラが見えたような気がするんですけども」と触れずにいられなかったほど、当時の大悟の眼光は鋭い。トップバッターで登場し、岡山弁の漫才でインパクトを残した。彼らの漫才が「『それをちょっとやってみようか』という漫才あるやんか。それをちょっとやってみようか」とメタな導入から始まったことも記しておきたい。また、この回から今田がMCとして中心に立ったことで審査員とは別の角度の感想が一言入るようになり、それぞれの漫才師の個性がより見えやすくなった。千鳥に対しても早速「明日のスターを作るいうてんのに、エロ漫才できたか」とコメント。

決勝に返り咲いた麒麟は、川島のいい声を活かした漫才で会場を沸かせる。この年、大会に最大の衝撃を与えたのが笑い飯だ。「ぱーぱぱー」と間抜けな音楽を口で奏でながら博物館に展示された人形の動きと解説を交互にやってみせる「奈

「これが最後のテレビになるのかな〜」
（千鳥・大悟）

元祖ダークホースの麒麟はこの後も2006年まで決勝に残り続け、「M-1チルドレン」と呼ばれるように。

決勝初登場となった２丁拳銃。結成10年目、ラストイヤーでの挑戦だったが、惜しくも4位で最終決戦進出を逃す。

最年少18歳で決勝進出を果たし、堂々たる漫才を披露して600点超えの点数を獲得、5位となったりあるキッズ。

「あたしゃ認めないよ！」
（スピードワゴン・井戸田）

前年の敗者復活戦勝者が翌年ストレートで決勝に進出するという道筋を作ったスピードワゴン。

ラストイヤーも優勝には届かず、無念の敗退を喫したアメリカザリガニ。しかし最初期のM-1を背負って立つ一角であったことは間違いない。

良県立歴史民俗博物館」は、Wボケという言葉では足りない斬新さだった。島田紳助の99点で、この大会は笑い飯のものとなる予感を誰もが抱いたことだろう。そこに立ちはだかったのが、岩尾の「カシャーカシャー」のシャッター音が印象的な結婚会見ネタを披露したフットボールアワー。昨年以上に完成度の高い漫才で大爆笑を巻き起こす。テレビ番組によって発掘され、「未来のダウンタウン」として小5でコンビを組んだりあるキッズは、現役高校生ながら芸歴7年を重ね初の決勝進出。最年少18歳の記録は現在もなお破られていない。

笑い飯VSフットボールアワーの構図に飛び込んできたのが、敗者復活を果たしたアンタッチャブル。「ファーストフード」の漫才で会場の空気を支配し、最終決戦へと勝ち進んだ。柴田の「今ね、悩んでるんですよ、どれやろうか」と2本目のネタに悩むコメントや手書きのパネルから、本当にその場で流れが決まっていくガチンコ感が伝わってきた。

のちに神回と呼ばれることになる今大会を制したのは、「SMタクシー」を披露したフットボールアワー。笑い飯とはわずか1票差の戦いだった。最終決戦ではアンタッチャブルに票が入らなかったものの「すごい。来年は本命じゃないかと思う」と島田紳助が予言めいた言葉を残して幕を閉じた。

全国のお茶の間に"お笑いファン"ならぬ"お笑い批評家"が生まれるきっかけとなった年だった。

2003

[順位・得点]

	出番順	総合得点	島田紳助	松本人志	南原清隆	島田洋七	ラサール石井	大竹まこと	中田カウス
フットボールアワー	⑦	663	98	97	89	97	95	89	98
笑い飯	④	656	99	95	90	95	92	90	95
アンタッチャブル	⑨	616	92	84	85	90	92	87	86
2丁拳銃	⑤	608	91	80	87	95	86	83	86
りあるキッズ	⑧	601	90	85	81	93	85	83	84
スピードワゴン	③	572	85	74	81	85	86	82	79
アメリカザリガニ	⑥	564	80	70	84	90	83	76	81
麒麟	②	554	84	75	76	84	78	75	82
千鳥	①	552	82	70	82	75	84	79	80

前回惜しくも優勝を逃したフットボールアワーが完成された漫才を披露する中、前年ダークホースとして登場した笑い飯が1年で有力候補へと成長し、猛追。島田紳助が笑い飯に与えた99点は大きな衝撃を残したが、実はフットボールアワーが計4人の審査員から98点と97点を獲得している。このまんべんなく高い点数からは、フットボールアワーがいかに文句のつけようのない漫才を披露したかが伝わってくる。全体的に70点台は頻発しているものの、60点台がなくなり、激戦に。漫才自体の成熟に加え、審査員も1人の評価が全体の順位に大きな影響を与えないよう次第に点数幅を狭めてきたことが伺える。敗者復活戦の勝者であるアンタッチャブルが3位をマークし、最終決戦へと駒を進めたのも大きなポイント。決勝当日に野外で戦い、数十組の中から勝ち上がってきた勢いを決勝の場に持ち込んだ彼らは、翌年の優勝へと結果をつなげていく。

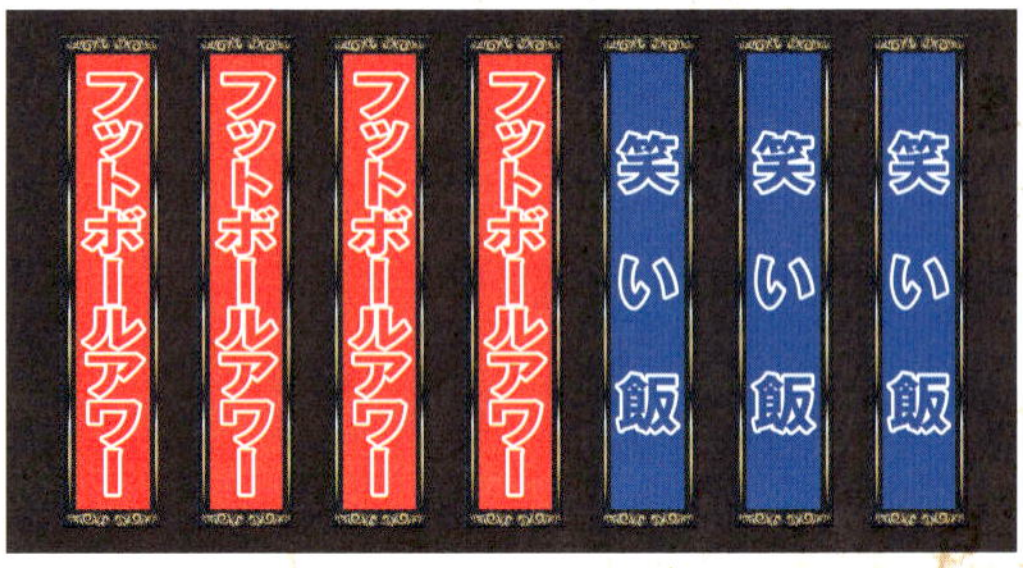

武智アイズ

M-1の価値が高まり 全国にお笑いファンが生まれた

笑い飯さんが4番手で登場して、とんでもない拍手笑いが起きた。あのネタが終わった瞬間、「M-1ってこんな面白いんだ」と世間がびっくりして、M-1の価値がぐんと上がったはずです。株価のグラフだったら、垂直に上昇してますね。

あそこで誰もが「笑い飯優勝」と予想していたところ、フットボールアワーさんだけはたぶん「いや、勝てる」と信じていたんじゃないですか。それで笑い飯さんの点数を超えると、さらに最後に敗者復活のアンタッチャブルさんがまくって、この3組で最終決戦するという……。「どんだけおもろい番組やねん！」と言いたくなりますよ。2003年はM-1の価値が格段に高まった大会でした。

[こぼれ名シーン]

アンタッチャブルの衝撃
敗者復活戦から最終決戦へと進んだアンタッチャブル。キャラクターが一気に受け入れられ、テレビで人気に。

今田耕司、登場
M-1グランプリを支えるMC、今田耕司が初登場。ファイナリストの個性を引き出すコメントが光る。

1000万円をしぶる松本人志
最終決戦で笑い飯に投票した松本人志。1000万円の小切手をフットボールアワーに渡す際、「イヤや」とボケた。

西川きよしの無茶振り
MC3人体制はこの年まで。西川きよしから「1000万円あったら」と無茶振りされた小池栄子が困るシーンも。

［審査員コメント］

「すごい成長ぶりやな」
（フットボールアワー審査時／中田カウス）

「嫌な空気の持って行き方がね、僕は気持ちがいい」
（スピードワゴン審査時／大竹まこと）

「いとしこいしさんみたいやな」
（りあるキッズ審査時／島田洋七）

「小さいボケをツッコミで大きくしてる」
（2丁拳銃審査時／南原清隆）

「去年よりセンスそのままで技術がアップしてる」
（笑い飯審査時／松本人志）

「この場に及んでこんなネタって」
（千鳥審査時／島田紳助）

「演劇的なものを感じて、途中感動があった」
（千鳥審査時／ラサール石井）

【決勝までの道のり】

［敗者復活戦メンバー］

アップダウン	キングオブコメディ	シンパシー	デカメロン	南海キャンディーズ	安田大サーカス
アンタッチャブル	キングコング	ストリーク	天津	ハリガネロック	U字工事
イー☆リャン	クワバタオハラ	せんたくばさみ	$10	パンクブーブー	ユキコミキ
うがじん	号泣	ダイアン	トータルテンボス	ビッキーズ	四次元ナイフ
オオカミ少年	サカイスト	ダイノジ	飛石連休	プー&ムー	ライセンス
おぎやはぎ	サバンナ	タイムマシーン3号	トライアングル	ブラックマヨネーズ	ルート33
おしどり	ザ・プラン9	タカアンドトシ	どりあんず	ヘッドライト	レイカーズ
オジンオズボーン	磁石	チャイルドマシーン	とろサーモン	POISON GIRL BAND	レギュラー
COWCOW	ジパング上陸作戦	チュートリアル	流れ星	ミルククラウン	
キャン×キャン	18KIN	チョップリン	なすなかにし	村本本田	

・翌年決勝に進出する南海キャンディーズ、POISON GIRL BANDが前年にしっかり準決勝まで来ている。のちの優勝者ブラックマヨネーズやパンクブーブーらの名前も。安田大サーカスの存在は敗者復活戦のお祭り感を盛り上げていた。

プロデューサーが見たM-1

Fumihiko Tsuji

2008年～2018年のチーフプロデューサー

辻 史彦さん

M-1スタートの2001年からディレクターとして大会に携わり、
2003年には総合演出に。2008年にチーフプロデューサーとなり、
前期M-1終了・後期M-1開始の際に指揮を執る。
2022年からは制作部長として全体統括を行う。

「「笑い」は若い人のもの 新時代を切り拓き いつか漫才を世界に」

参加資格延長が正解か 未だに答えは出ていない

M-1がスタートした当初、僕は決勝の裏側に密着していました。今でこそ裏を見せるのが普通になりましたけど、当時はかなりピリピリしていましたよ。芸人たちは撮られたくないし、話しかけられたくない。集中したいのに「あなたにとって漫才とは」と聞かれるわけです。だからずっと煙たがられてました。漫才って本来は「今思いついた風に見せる話芸」なので、練習風景を見られるなんてあってはならないこと。そりゃ、まともなことは言ってくれません。撮る側としても辛いですよ。なのでABCのディレクターには「一緒に戦ってるつもりで密着しなさい」と常に言っていました。3人目のメンバーとなり、ときにはネタに対して厳しい意見も言えないといけない。そのくらい構造的に漫才を理解しなくてはならない、と。さらにABCでは「彼らは日本代表なんやから、リスペクトを忘れるな。軽んじることは絶対にするな」と全員に伝えていました。

2010年のM-1終了は、我々にとっても青天の霹靂でした。「視聴率50%を目指すんだ」と息巻いていたが道半ばで終了。ショックでした。最後のファイナリスト発表時彼らに「今年でM-1は終わりです」と伝えたのは僕です。漫才師と同じように人生をかけてM-1に向きあってきた我々は、大会が終わった瞬間、全員が泣いていました。2015年の再スタートにあたり、もっとも苦労したのは審査員を決めること。復活のインパクトを残すために、歴代王者全員を並べることにしたので

M-1グランプリと辻 史彦さん

2001 ディレクターとして M-1の舞台裏を描いた ドキュメンタリー制作に携わる

2003 総合演出になる

2003年よりABCが制作を担当

2008 チーフプロデューサーになる

2010 前期M-1終了。芸人たちに「M-1終了」を告げる

悲しみで涙を流したことも…

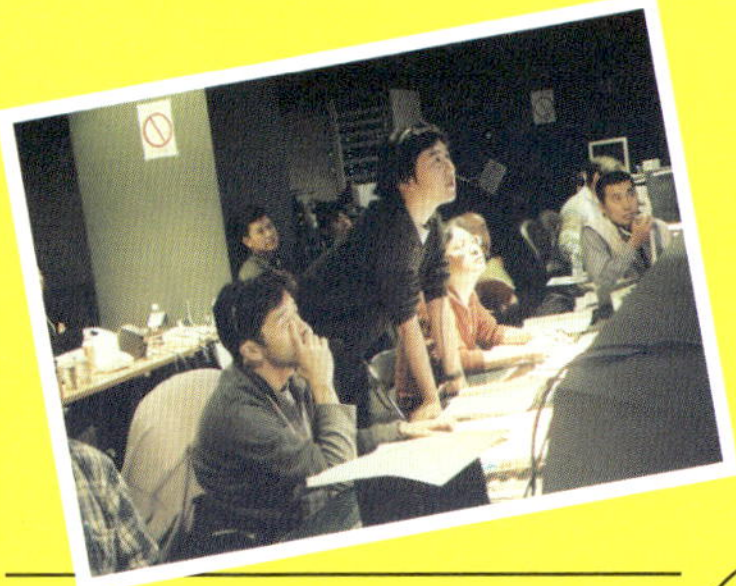

2015 後期M-1開始

後期開始時に指揮を執る

2022 制作部長として全体統括

1stラウンドでは島田紳助が「4分の使い方に感動」と絶賛。優勝決定時には「完璧やった」と声をかけた

「M-1ファイナリストは日本代表 寄り添い、共に戦い そして新しい漫才を追求する」

す。一組ずつ歴代王者のもとに出向き「審査員をしてほしい」とお願いをするんですが、めちゃくちゃ断られました。オンエアの日は動かせない、予選はどんどん進んでいく……最後は泣き落とし。本当に地獄でした（笑）。そしてM-1復活のタイミングで、参加資格が10年から15年に延長されました。空白の4年で戦わずしてM-1の夢を諦めた人がいるのが悲しかった。そこで、歴史を繋ぐために15年にしたんです。これで救われた人もいるでしょうけど、本当に正しい選択だったのか……。10年未満で復活していたらM-1は今どうなっていたのか…？ ……正直言うと、未だに答えは出ていません。

M-1は、いつか世界へ WMCを開催したい

実は前期M-1は視聴率がなかなか獲れず、2010年を待たず終わってもおかしくありませんでした。潮目が変わったのは2005年。これまでの格闘技的演出を捨て、ラスベガスで大会を開くイメージのショウアップされたきらびやかな演出に大きく変えました。背水の陣で、予算もだいぶ増やしました。そして当時全く無名だったブラックマヨネーズが一夜にしてスターダムにのし上がり、今のM-1の原型ができたのです。さらに、それまで点だった芸人さんのストーリーが線になり始めた時期でもあります。たとえば、2001年に屈辱的な負け方をしたチュートリアルは壮絶な戦いの末に、2006年悲願の優勝。無名だった南海キャンディーズが彗星のごとく現れたり、笑い飯が優勝を確実にした所でチンポジをしたり。我々は『熱闘甲子園』をやっている局なので、そういったストーリーを紡ぐのは得意だし、大好物なんです（笑）。

僕がずっと大切にし続けているのは、芸人に対するリスペクト。リスクを負って舞台に立ち人生を変えようとするってすごく清いし、僕らには絶対にできないこと。だからこそ、敗者には寄り添いなさい、1回戦敗退のアマチュアでも、リスペクトを持って接しなさいとスタッフ全員に伝えていました。

持論として「笑いは若い人たちのものであるべき」と思っています。だから、いろいろ言いたくなることはあるけど、なるべくおっさんは介入しない（笑）。新しい時代を作るのは、エッジの立った若い演出家と、視聴者ですから。そして、M-1には〝世界〟を目指してほしい。漫才が世界に広がり「漫才世界一」を決める大会になったら面白いなと思います。いつか、笑いのWBC……「WORLD MANZAI CLASSIC（WMC）」をやりたいですね。

取材・執筆／堀越愛　編集／望月沙織　本ページ内、番組写真提供／ABCテレビ

4年目を迎えた漫才頂上決戦。参加組数は前年から大幅に増えて2617組に。
過去2年は決勝経験者が過半数を超えていたが、この年は初登場組が5組となった。
新たな時代の到来を感じさせる面々が、決勝で爪痕を残していく。
ツッコミのフレーズに工夫を凝らした男女コンビ。
若者言葉を駆使した明確なボケのない漫才。シュールを体現する東京吉本の筆頭。
標準語を操る、いわゆる「東の漫才」が6組にものぼり、アンタッチャブルが優勝。
「漫才は大阪のもの」という常識が覆されていく。
それは、新たな時代の到来を予感させた。

文／釣木文恵

2004年12月26日　開催
200
関西以外の出身者が登場
「漫才は大阪のもの」が崩れ
多様化の始まりとなった

Play Back

「あざーす！」
(アンタッチャブル・山崎)

昨年のM-1をきっかけに目覚ましい活躍を見せたアンタッチャブル。ラストチャンスの結成10年目で圧倒的な勝利を収める。

2006年までに決勝を5回経験している麒麟。唯一、敗者復活戦から勝ち上がったのがこの2004年。

結成わずか１年の男女コンビが決勝に。どこを切っても斬新なフレーズの漫才が世間を魅了した。

新たな漫才が次々と生まれ 東の漫才が初めて頂点に

２００４年12月26日に放送された第４回大会。ＭＣは今田耕司と井上和香の２人体制に。ドラマティックな演出と荘厳なナレーションによるオープニングＶＴＲはたっぷり3分以上。現在まで続く「俺たちが一番面白い」のフレーズも、この年から始まっている。

ネタ順抽選には、この年開催のアテネオリンピックで金メダルを獲得した吉田沙保里が登場。その年に活躍した人物が順番を決める流れはここからスタートした。

２００４年は「多様化」の言葉がふさわしい。初登場のコンビが次々と新たな形の漫才を披露し、漫才のイメージをどんどん刷新していく。さらにはそれまで関西のコンビの比重が大きかったこの大会で、初めて東京の漫才が過半数を超え、「漫才＝大阪のもの」という人々の認識が変わっていくことになる。

２年連続トップバッターには千鳥が。「また一番や」「放送できんようなエロ漫才したろかな」と大悟がボヤいてスタート。

続いて登場したのはラストイヤーのタカアンドトシ。「欧米か」前夜、「〇〇か」でツッコむ正統派漫才を披露した。タカがトシを叩く強さに会場がざわつく場面も。続く東京ダイナマイトは紅白の衣装に身を包んで登場。漫才披露時点では２

「どうも、優勝候補です」
（笑い飯・西田）

ラストイヤーで初めての決勝進出を果たしたタカアンドトシ。優勝は逃すも、翌年に「欧米か！」で不動の人気者に。

「刀持ってきたぞー！」
（東京ダイナマイト・松田）

ハチミツ二郎の「昨日の夜に、もしかしたら優勝できるかもしんないみたいに思ってた自分を殺したい」という敗退コメントに会場が揺れた。

新たな時代を感じさせたPOISON GIRL BAND。彼らの存在はその後オズワルド、ダイヤモンド、ランジャタイら、東京の漫才師たちに大きな影響を与えることとなる。

「ハンパねぇ！」
（トータルテンボス・藤田）

2年連続トップバッターで最下位となった千鳥。点数と順位が発表された瞬間、「去年もここでは1位やったんですよ」と大悟。

位だったが、ハチミツ二郎が「8位9位の匂いがぷんぷんしてる」とコメントして笑いをさらう。

結成6年のトータルテンボスは「ハンパねえ」「かっけぇ」などのフレーズを入れ込んだ、まさに若者のダベリのような漫才を披露した。

コンビ結成わずか1年で決勝進出を果たしたのは南海キャンディーズ。しずちゃんはM-1初の女性ファイナリストとなった。初物づくしの二人は「ツッコミのワードで笑わせる」という新鮮なスタイルを見せつけ、最終決戦へと食い込む。続くPOISON GIRL BANDは、淡々とした語り口と飛躍したセンスによる新感覚の漫才で強い印象を残した。優勝候補の笑い飯はWボケ漫才をさらに進化させた漫才を披露するが、最終決戦には一歩届かず。満を持して登場したのは昨年大きなインパクトを残したアンタッチャブル。この1年ですっかり人気者の風格を備えて「結婚の挨拶」のネタを披露。今田が「いやあ爆発したねえ」と言うほどの爆笑をさらう。その勢いのまま最終決戦では「万引き」のネタで文句なしの優勝。

新たな漫才が次々生まれた2004年。アンタッチャブルによって初めてM-1の頂点に「東の漫才」が君臨。漫才が全国的に認められる「第二次漫才ブーム」の前夜を感じさせる、歴史的な大会となった。

決勝進出組に関東芸人が増え、“東京勢の逆襲”が始まった。

［順位・得点］

	出番順	総合得点	西川きよし	南原清隆	大竹まこと	島田洋七	春風亭小朝	ラサール石井	中田カウス
アンタッチャブル	⑧	673	97	96	95	97	95	96	97
南海キャンディーズ	⑤	639	90	92	86	92	90	95	94
麒麟	⑨	634	89	88	89	92	88	92	96
タカアンドトシ	②	615	86	86	82	91	85	90	95
笑い飯	⑦	615	84	89	82	91	85	89	95
POISON GIRL BAND	⑥	603	87	85	83	81	88	89	90
トータルテンボス	④	587	80	84	79	84	84	88	88
東京ダイナマイト	③	583	82	80	76	83	87	86	89
千鳥	①	582	83	83	81	78	82	82	93

決勝に勝ち上がってくる漫才がどれも磨き抜かれたものとなった結果、70点台が珍しい点数となった2004年。笑い飯とタカアンドトシが同点となり、「高い点数をつけた審査員の数が多い方が上」という規定が作られた。昨年敗者復活戦から勝ち上がって3位となったアンタッチャブルは大きな期待に応える形で爆笑をかっさらい、全員が95点以上をつけた。この時彼らが獲得した最高得点673点は、審査員７人体制の記録としては2019年のミルクボーイまで破られることはなかった。最終決戦が３組になってからの過去２年はいずれも、３番手が優勝している。順番によって有利不利があるかと思われていたところを覆して１番手のアンタッチャブルが優勝。１ネタ目の時、審査員の春風亭小朝はアンタッチャブルを高く評価するとともに「今のより面白いネタ持ってますか？」と声をかけたが、その心配をものともせず、圧倒的な勝利を見せつけた。

［こぼれ名シーン］

頑張れオレたち！
この年は敗者復活戦から勝ち上がった麒麟。漫才中、田村の口から思わず出た「頑張れオレたち！」に拍手がおきた。

出順抽選が番組中に
出順を決める大役を担った吉田沙保里、漫才は好きだがお気に入りのコンビは「特にない」と答え全員がコケる。

同点２組が競る展開
笑い飯とタカアンドトシが同点になり、規定によりタカトシが上位に。「僕らが決勝進出ですって〜!?」とボケる西田。

東京ダイナマイトの刀
日本刀を携え、首にマラボーを巻いて登場した東京ダイナマイト。彼らの存在も新たな漫才のひとつだった。

武智アイズ

「東の漫才」が初めて君臨した歴史的な大会となった

この年はアンタッチャブルさんと笑い飯さんの一騎打ちだろうと言われてました。でも笑い飯さんは決勝で６分半ぐらいネタをやって歯車が狂って、そこに南海キャンディーズが割り込んできたんですよね。ツッコミのフレーズであれだけ笑いを持っていくのは当時のM-1では斬新だったし、ネタだけでなく平場でも魅せたから、大会後の評価も高くなったんでしょう。振り返れば、「優勝・アンタッチャブル、MVP・南海キャンディーズ」の大会でした。

ただ、笑い飯さんの歯車が狂わなかったとしても、この年はアンタッチャブルさんが絶好調すぎました。倒すのは至難の業だった気がします。

[審査員コメント]

「しずちゃん、僕とコンビを組んでいただけませんか」
（南海キャンディーズ審査時／西川きよし）

「完全にネタを2つやっちゃってるんだよね」
（笑い飯審査時／ラサール石井）

「たいがいの男女コンビは女の子をいじめたりブスや言うたりどついたりするんですが、女の子の扱い方が非常に優しくて感じがよかった」
（南海キャンディーズ審査時／中田カウス）

「漫才終わってから面白くなった」
（東京ダイナマイト審査時／大竹まこと）

「1ネタ1ネタがふだんやってらっしゃるよりも1秒くらい早いんですよ」
（POISON GIRL BAND審査時／春風亭小朝）

「ライブ感が一番強かった、巻き込み方がすごかったですね」
（アンタッチャブル審査時／南原清隆）

【決勝までの道のり】

[敗者復活戦メンバー]

青空	カナリア	磁石	ダイアン	なすなかにし	マラドーナ
アジアン	カリカ	品川庄司	ダイノジ	はだか電球	安田大サーカス
イー☆リャン	キャン×キャン	ジパング上陸作戦	タイムマシーン3号	バッドボーイズ	U字工事
イシバシハザマ	麒麟	ジャリズム	チュートリアル	ハリセンボン	りあるキッズ
エージェント	クワバタオハラ	シャンプーハット	ツインズ	パンクブーブー	ルート33
オオカミ少年	ザ・プラン9	18KIN	天津	ピース	レアレア
OverDrive	さくらんぼブービー	スーパーZ	$10	ビッキーズ	レギュラー
大脇里村ゼミナール	サバンナ	ストリーク	飛石連休	プー＆ムー	レム色
オリエンタルラジオ	ザブングル	スマイル	とろサーモン	ブラックマヨネーズ	ロザン

オリエンタルラジオがNSC在学中に準決勝まで勝ち進んだ2004年。アジアンやクワバタオハラなど、女性の台頭も目立つ。「安田大サーカスのクロちゃんが泣いてるところでホッとしました」（今田）と、この時からすでにイジられ役に。

2004年
チャンピオン
インタビュー

アンタッチャブル

これまでに類を見ないフォーマットの漫才で勝負する多くの若手が初出場を遂げた2004年大会。前年、敗者復活戦から勝ち上がってテレビに引っ張りだことなったアンタッチャブルはこの年ストレートで決勝へ進み、関東勢初の優勝を飾った。そして、この優勝は二人の現在の大活躍にも繋がる大きな転機となった。

撮影／TOWA　取材・分／高本亜紀

熱狂と転機
M-1が生み出すもの

山崎弘也

柴田英嗣

——優勝された2004年、どんな思いでM-1に挑んでいましたか?

山崎　生きるにはこれしかなかったですからね、僕らは。第1回大会10位のおぎはやぎですら仕事が増えてましたし、当時は順位とか関係なく、出られればすごいと思われていましたからね。

柴田　お金も貰えるし、仕事も増える。なら、やってみようっていう気持ちが強かったですね。

——前年に敗者復活戦から決勝へ勝ち上がりましたが、山崎さんは当時くりぃむしちゅー・有田哲平さんの作家になろう

手応えかはわからないけど、すごく笑ってもらえていた

と考えていたそうですね。

山崎　そうそう。2003年の段階でほぼ決まってたんですよ。

柴田　優勝後、その話を初めて聞いてびっくりしました。

山崎　その年が最後だと思ってたんだよね？　だから、これが最後くらいの気持ちで出ていて。当時、有田さんとほぼ毎日一緒にいたから、「ダメだったらドライバー兼作家さんで雇ってもらえませんか？」と聞いたら「いいよ」って言われたんで、敗者復活戦で呼ばれた時は一瞬ヤバいなと。

柴田　なんでだよ（笑）。

山崎　もちろん喜ぶべきなんですけど、段取り通りにいかなくなっちゃったなって。まさか選ばれるなんて思ってませんでしたから。

柴田　敗者復活戦で勝ち上がってからも、有田さんの家で一緒に決勝を観るはずだったのに「ヤバい、行けない」って焦ってたしね？

山崎　そう。有田さんに電話して「すみません！　今から出ることになったんで一緒に観られなくなりました」って。で、これで最後だと思っていたら来年も出られますよって言われて。

柴田　え？　って。最後だと思ってここに照準を合わせてたからネタもないし、来年どうすんの？　って逆に焦りました。

自分でもできるかもしれないっていう夢を与えてくれるのが「M-1」

お客さん、もっと笑ってくれないかなと思っていた

――翌年、優勝を果たしますが、2004年の決勝は新しいスタイルの漫才師が多く登場した印象があります。

山崎　たしかに。南キャン（南海キャンディーズ）とかね？

柴田　旋風を巻き起こしましたよね。我々も当日どこで観てたんだっけ？　真似してたよね。

山崎　袖だったのかな。楽屋は今の「M-1」ほど明るい雰囲気ではなくて。

柴田　で、僕らはモニターで1組ずつ観ていて。みんな面白い割にドカンドカンと（笑いが）来てなかったので、お客さん、もうちょっと笑ってくれないかなと思っていました。だから南キャンがドン！とウケた時は嬉しかった。負けちゃうかもしれないですけど、優勝とか以前の問題としてウケたいから。

山崎　盛り上がりたかったよね？

柴田　そう。盛り上がってるほうがやりやすいから、みんなウケてくれ！　と思いながら観てましたね。

我々のネタはビュッフェ感覚で見られる構成なのかも

——敗者復活戦前の9番目に登場して最終決戦へ進みます。漫才をしながら手応えは感じていましたか？

柴田　手応えかどうかはわからないですけど、すごく笑ってもらえていたから、この感じで行けば優勝できるのかなとは思っていました。ネタは2003年で出し切っていたし、舞台でもなかなかかけられない（試せない）状況だったので、いろんなネタの面白いところを繋いでひとつのネタにしたんです。

山崎　我々のネタってビュッフェ感覚でいける構成なんだろうね。みなさんのようにストーリーがちゃんとしてるネタじゃないんで。

柴田　突然こんなこと言うの？　みたいなネタなんで大丈夫だったんです。…こんな話をして怒られませんかね？　我々（笑）。

山崎　けど、あのネタも今やったほうがウケるなって思いますね。決勝はもちろん緊張してたんでしょうけど、楽しんでやっていた気がします。あと、疲れたっていうイメージが残っていて。

柴田　たしかに疲れた！　最後にめちゃくちゃ大きい声出したんですよ。しかも笑いが欲しくて（テンポが）早くなっちゃってね？　あんなに急いでやらなくてもよかったのに。

山崎　私たち、疲れた割にすごく早く終わったんだよね。なかなかいないんじゃないですかね？　ネタを巻いて終わらせたチャンピオンって。

——関東勢初のチャンピオンでもありますが、関西との違いのようなものは感じていましたか？

山崎　お互いに敵対心があるわけじゃないけど、西の人と東の人の温度が違ったというか。

柴田　敵って感じではなかったよね。

山崎　そうだね。我々の人力舎は軽めのリュック、しかもナイロンでできてるんで、吉本の西の人たちが背負ってるものとはちょっと違っていたような気がします。僕らが2、3年目の頃だったと思うんですけど、『爆笑BOOING』（関西テレビ）っていう大阪の番組に出させてもらったんです。お客さんの手が10人挙がると強制終了みたいな中、そんなにウケてないけどギリギリで1週勝ち抜いて2週目に行ったら早々に手が挙がっちゃって。手を挙げた人に感想を聞くんですけど、漫才なのに標準語なのが嫌って言われて。大阪の人はやっぱり標準語だとダメなのかっていうのがどこかに残ってたんです。そうしたら2004年の準決勝、スケジュールが合わなくてNGK（なんばグランド花月）で受けることになって。

柴田　東京から1組だけだったんだよね。

山崎　（2003年に決勝へ行ったことで）お仕事を忙しくさせてもらっていて。久しく大阪に行ってなかったから、当時のことが残ってたんですよ。で、NGKの舞台に出て行って……ウケたねぇ！

柴田　めちゃくちゃウケたね。数年でこんなに？　ありがとうございます！　って我々もすごくノっちゃったよね。しかも3、4番目の出番だったんで、空気もできあがってないから本当に怖かったんですけどよかったですね。

——優勝を手にして、生活もがらりと変わられたんじゃないですか？

山崎　本当に変わりました。けど、2003年のほうが変化はあったかもしれないですね。なんせ、それまでがゼロでしたから。伸び率で言ったらハンパじゃなかったよね？

柴田　2004年は前年のドカン！　に少し乗っかったくらいでした。

山崎　僕はあの一夜で借金が返せました。すごいですよね？　あの4分と少しで。2ネタ合わせても10分もない時間でね？

柴田　賞金1000万円もいただいて。「本当にいいんですか？」って感じだったよね。

チャンピオンを誇るためにもっとでっかい大会に

——優勝後のM-1はどんなふうに観ていますか？

山崎　シンプルに楽しめますよね。ただ、2005年、ブラマヨが優勝した一瞬だけは、ちょっとだけ悲しかったっていうか。元彼になっちゃうな、みたいな寂しさも少しありましたけど。

柴田　僕はでっかい大会にどんどんなってほしかったんですよ。初めのうちは何組もチャンピオンが出てほしくないと思っていましたけど、何万人も参加する大会になれば、そのチャンピオンだって言えるじゃないですか。だから、もっともっと盛り上がってほしいです。

山崎　今年はエントリーが1万組を超えたんでしょ？　すごいですよね。

——多くの人が熱狂するM-1の魅力はどんなところにあると感じますか？

山崎　できそうだなって思えるところじゃないですか？　例えば部長と課長が喋ってて面白かったりしたら「M-1いけるんじゃね？」ってなりますよね。カレーは誰でも作れるけど美味しくするのが難しいのと同じように、漫才は身近だけど難しいものなのかもしれないですね。

柴田　それに漫才は道具がいらない。僕らが漫才をやってる理由も道具がいらないからですし。

山崎　変な話、その通りにやんなくてもいいしね。記念でM-1出ましたっていう人、たまに会いますし、ノリでもできるかもしれないっていう夢を与えてくれるのがM-1なんじゃないですか。

柴田　富士登山的なことなのかもしれないね。

山崎　甲子園、M-1、箱根駅伝。それくらいの盛り上がりを感じますよね。

——漫才も進化し続けていますし。

柴田　ジャルジャルのネタなんてすごかったですよね。会話してるわけでもなく、国の名前を言ってることが漫才になっちゃうっていう。そういうネタを作れる脳みそ、すごいなと思いますよね。僕らなんてベタな設定ばかりだから。

山崎　でも、ベタがあるから新しいネタが出てくるわけよ。土台を作った先人のすごさは今の人たちにも伝えないと。野茂英雄がいたから大谷翔平がいるように、ちゃんと敬意を払わないといけないですよねぇ？

柴田　俺たちが基礎を作ったみたいな言い方だな（笑）。錦鯉なんて50代で優勝できてるからね。あんまりないよね？51歳のチャンピオン。

山崎　初老ジャパンより上だもんね。そのくらいの年齢の人も夢を追えるし、「誰々みたい」を避けることによって、新しいものがどんどん生まれていくんでしょうから。

柴田　それもまた楽しみですね。

アンタッチャブル
山崎弘也（左）1976年埼玉県生まれ、
柴田英嗣（右）1975年静岡県生まれ。
スクールJCA3期生の同期だった2人が、
1994年にコンビ「アンタッチャブル」結成。
「M-1」では2003年に
敗者復活戦から初めて決勝へ。
翌年、優勝を果たした。

注目度や競技性、クオリティが高まってきたタイミングで、
M-1で名を上げてきた決勝常連組と期待の新星がぶつかり合った2005年は、
前期M-1黄金期の中でも特にファンの記憶に深く刻まれる大会となった。
勝敗を左右したのは、M-1決勝の舞台でたびたび言及され、もはや視聴者にとっての評価基準にもなった「展開力」と「爆発力」だろう。オーソドックスと評されたスタイルながら、圧倒的な展開力と爆発力で舞台を制圧したブラックマヨネーズが、最終決戦まで勢いを落とすことなく優勝をもぎとった。初の決勝でセンセーショナルな漫才を披露し、そのまま勝ち切るスタイルは、M-1における理想型のひとつになったといえる。

文／後藤亮平(BLOCKBUSTER)

2005年12月25日　開催

200

決勝初出場で並みいる強豪を“コンプレックス”で抑え込み念願の全国へ

Play Back

「難波まで転がっていくわ！」（ブラックマヨネーズ・吉田）

ファーストラウンド、最終決戦ともに、ふたりの熱を帯びた掛け合いが最高潮を迎えると、吉田のビンタが炸裂。

「オチがバチンと決まりました」（麒麟・川島）

「M-1チルドレン」というキャッチコピーがつくほど大会の顔となっていたが、この年も王座にはあと一歩届かず。

おなじみとなったWボケだが、テンポ感や展開で変化をつけ、新たな笑いを生んでいた。

「M-1の顔」と言えるコンビが勢揃い 後世に残るハイレベルな大会

「小泉劇場」が流行語となり、愛・地球博が開催され、ホリエモンらヒルズ族が注目を浴びた賑やかな2005年。お笑いでも、オリエンタルラジオの「武勇伝」、アンガールズの「ジャンガジャンガ」、レイザーラモンHGの「フォー！」が流行するなど、キャッチーなワードやインパクトが求められるようになっていた。

一方で、当時隆盛を極めていた総合格闘技イベント「PRIDE」のように、M-1は"ガチ"の漫才大会の様相をますます強めていく。その口火を切った笑い飯は、靴を隠された子どもによる「(靴が)ないなーないなー」というワードからWボケをドライブさせていき、高得点を獲得する。2番手のアジアンは、早口言葉を軸に言葉遊びなどを軽快に展開していったが、隅田の顔面イジリが目立ったせいか、70点代を含む厳しい評価に。

3番手は、前年に衝撃的なM-1デビューを飾った南海キャンディーズ。山里はさらに巧みな猛獣使いぶりを見せていたが、観客がじっくり様子を見るような時間もあり、得点は伸び悩む。続くチュートリアルは、徳井の変態的なこだわりがヒートアップしていくバーベキューネタで会場を沸かせ、2001年以来の決勝ながら着実に成長していることを示し

本企画内、番組写真提供／ABCテレビ　その他／河村正和

「ホームページとかあんのけ？」
（チュートリアル・徳井）

最終決戦への切符は逃したものの、松本も素直に評価したほど独自の世界観で確かな足跡を残していた。

ラストイヤーということで並々ならぬ意気込みが感じられたが、最終決戦をあと一歩のところで逃し4位という結果に。

「歌のお姉さんになりたい」というしずちゃんを、山里が巧みなフレーズでツッコむが、前年の衝撃を塗り替えられなかったか。

女性コンビとして初めて決勝に進出したアジアン。聞き心地のいい漫才で、そのうまさが評価されていた。

「結婚しなくて済んでよかったです」
（南海キャンディーズ・しずちゃん）

「最近の日本男児はぬるい」と幕末ごっこで始まるネタは、千鳥らしさ全開だった。

「ワシにはわからん、アホじゃけえ」
（千鳥・ノブ）

「麒麟枠」と呼ばれる、今大会のダークホースがタイムマシーン3号。「動けるデブ」という関の評判は本物だった。

た。会場が温まってきたところで、初の決勝となったブラックマヨネーズが登場。観客を圧倒するほど激しい吉田の屁理屈・難癖と、それに負けない小杉の反論が最後まで高いボルテージでぶつかり合い、司会の今田も「ウケたねえ！」と漏らすほどの笑いを生んだ。

6番手は、初の決勝にしてラストイヤーの品川庄司。2人も負けじと、テンポのいい掛け合いと息の合った動きでたたみかける。続くタイムマシーン3号もコミカルでキレのある動きを見せるが、デブネタの大盛りが仇となり、やや盛り上がりに欠けると指摘されてしまう。

8番手はM-1の申し子・麒麟が登場し、多彩なボケと巧みな構成で魅せていく。そのまま川島も自画自賛したキレのいいオチでネタを締めくくった。ラストは敗者復活の千鳥が登場。「ワシにはわからん、アホじゃけえ」というひとつのワードをうまく転がしながら走り切る。

最終決戦は、ネタをはみ出して見えるほどのケンカ腰で熱量を放った麒麟、Wボケの果てに「ハッピーバースデートゥーユー」を仲良く歌い上げ、不思議な余韻を残した笑い飯、ファーストラウンドの期待を裏切らない吉田の屁理屈と小杉のツッコミが爆発したブラックマヨネーズの3組。優劣をつけ難いハイレベルな戦いを制したのは、今大会で最も勢いに乗っていたブラックマヨネーズだった。

数々の新人賞を受賞していた実力派の漫才師は満を持して初の決勝の舞台で常連組を打ち破った。

2005

[順位・得点]

	出番順	総合得点	島田紳助	松本人志	渡辺正行	大竹まこと	島田洋七	ラサール石井	中田カウス
ブラックマヨネーズ	⑤	659	95	95	93	90	96	94	96
笑い飯	①	633	85	95	90	85	91	92	95
麒麟	⑧	646	88	90	91	90	95	95	97
品川庄司	⑥	626	85	90	87	89	95	91	89
チュートリアル	④	622	85	95	86	84	86	95	91
千鳥	⑨	607	82	80	89	88	86	89	93
タイムマシーン3号	⑦	571	76	75	83	82	82	85	88
アジアン	②	564	75	70	80	82	81	86	90
南海キャンディーズ	③	552	72	75	79	79	79	80	88

トップバッターは不利であると言われるが、今回は松本人志が笑い飯に対する95点について「トップなので5点はサービス」と明言していたことが印象的だった。全体としては、審査員個人による最低得点が70点、最高得点が97点と振れ幅の大きさが目立つが、島田紳助が「笑い飯の85点を基準にしている」と語ったように、基準点そのものがやや低めに設定されている。

そうした中、唯一審査員全員が90点以上をつけたのが、ブラックマヨネーズだ。勢いと爆発力次第で一気に高得点を獲得できるが、展開や盛り上がりに少しでも停滞が見られると点数も伸びないところが、今大会のシビアなところ。また、ネタ以外のパートでハゲネタ、ブツブツネタを展開していたブラックマヨネーズに対し、顔面ネタ、デブネタをメインにしていたアジアンとタイムマシーン3号の得点が伸びなかったところが、審査の傾向としてわかりやすいポイントかもしれない。

[こぼれ名シーン]

「ごっさうれしいです」
最終決戦への意気込みでもしっかりボケる笑い飯・哲夫。結果発表前にも「もっさドキドキしてます」とかぶせた。

山里、結婚宣言
記者会見にて、南海キャンディーズ・山里は「優勝したあかつきには、南海キャンディーズは結婚します！」と宣言。

得点表示でハプニング
1組目の笑い飯の審査で、島田洋七の得点が表示されないトラブルが。島田は「口で言おうか？」と臨機応変に対応。

「ドーラン塗り直したいです」
ネタ中はハゲネタ、ブツブツネタは控えめだったブラックマヨネーズ。合間のコメントでは全開だった。

武智アイズ

一度も決勝の舞台に立ったことがなかったコンビの快進撃！

3組が最終決戦に残るまでは、例年の興奮するM-1だったんですよ。でも、2組が1本目より強いネタを最後まで隠していたのが、この大会を伝説にさせましたね。普通は最終決戦行きたいから、どうしても最初に強いネタをやってしまうのに、それをしなかった笑い飯さんとブラマヨさんはすごい。どっちの優勝か、本当に最後までわからなかったです。

それまでの傾向で言うと、前年活躍した南海や麒麟さんが優勝を持っていくはずだったのに、ブラマヨさんは決勝初登場でそのままかっさらっていった。1発目でも優勝できるし、なんやったら1発目でインパクト与えて優勝しないとしんどい、ということを知らしめた大会です。

［審査員コメント］

「あそこまで展開広がると思ってなかったから、最後はイヤでも笑っちゃったなぁ」

（笑い飯審査時／大竹まこと）


「もう少しひねりや展開がほしかった」

（タイムマシーン3号審査時／渡辺正行）


「4分の使い方バツグン、4分の使い方に感動した」

（ブラックマヨネーズ審査時／島田紳助）


「ネタがちょっと並列的。上がってかないでスタートラインに戻る感じがちょっとしんどかったかな」

（南海キャンディーズ審査時／ラサール石井）


「おもしろいですねぇ」

（チュートリアル審査時／松本人志）


「ありえないネタからあそこまで持っていくのはすごい。9合目までは行ったんですけど、あとひとつ、爆発できなかったかな」

（千鳥審査時／ラサール石井）


「漫才はうまいねぇ。小さいころから漫才を聞いて育ったような気がして、ちょっと昭和のにおいもした」

（アジアン審査時／中田カウス）


「最後のたたみこみがすごかったね」

（品川庄司審査時／島田洋七）


「あんなオチ、見たことない」

（麒麟審査時／大竹まこと）

【決勝までの道のり】

［敗者復活戦メンバー］

アップダウン	ザ・パンチ	飛石連休	イシバシハザマ	天竺鼠	変ホ長調
庵	ザブングル	流れ星	学天即	天津	マラドーナ
オジンオズボーン	さんだあず	鼻エンジン	鎌鼬	とろサーモン	安田大サーカス
カナリア	サンドウィッチマン	ハリガネロック	ザ・プラン9	なすなかにし	ランディーズ
ガブ&ぴーち	三拍子	POISON GIRL BAND	ジパング上陸作戦	にのうらご	りあるキッズ
キャン×キャン	磁石	U字工事	スーパーZ	NON STYLE	レギュラー
コア	ジャリズム	ライセンス	ストリーク	バルチック艦隊	ロザン
号泣	チーモンチョーチュウ	レム色	ゼミナールキッチン	ビッキーズ	
5番6番	東京ダイナマイト	我が家	ダイアン	ヘッドライト	
ザ・たっち	トータルテンボス	青空	千鳥	ベリー・ベリー	

2005年のみ、会場が神宮球場に。フィールドに設置されたステージが空撮される様子は壮観だった。出場者はのちに決勝で活躍する「鎌鼬」時代のかまいたちや、翌年決勝に進出するアマチュアの変ホ長調など、幅広いラインナップに。決勝の中継で悪目立ち（？）していたのは、千鳥を運ぶバンに乗り込もうとした安田大サーカスの団長、安田。

2003年王者・フットボールアワーの再挑戦、初のアマチュアコンビ・変ホ長調と、
初の5人組・ザ・プラン9による決勝進出と、「史上初」づくしとなった2006年。
もうひとつ今大会を象徴したのが、ファーストラウンド中盤での島田紳助による発言
「エネルギーがスタジオに溜まってる気配がするんですよ。誰がどこで爆発さすんかなと
思って」だろう。大会全体の流れを観客や視聴者が意識するようになったタイミングで、
見事に爆発を起こし、流れをつかんだチュートリアル。
最終決戦でもラストに溜まったエネルギーを爆発させた彼らは、
パーフェクト優勝というもうひとつの「史上初」をもたらした。

文　後藤亮平(BLOCKBUSTER)

2006年12月24日　開催

200

“爆発”待ちの決勝で
史上初となる
完全優勝を成し遂げた

「お前、チリンチリン盗まれたんか!? 大丈夫か!?」(チュートリアル・徳井)

昨年以上に妄想を暴走させ、審査員の南原にも「近い将来売れますね」と太鼓判を押されていた。

「おまえがしっかりせーよ、麒麟は!」(麒麟・田村)

昨年の荒々しさはおさまり、川島の「麒麟です」できれいにネタをスタートさせていた麒麟。

「漫才が楽しいから」「あの快感をもう一度味わいたい」と、再びのM-1出場を決めた2003年王者・フットボールアワー。

「もっと聴いてみよう」(フットボールアワー・後藤)

最高のタイミングとネタが生んだ 史上初のパーフェクト優勝

ライブドア事件を契機に勢いを失っていくヒルズ族に代わって、「ハンカチ王子」こと斎藤佑樹や、「イナバウアー」が流行語大賞となった荒川静香など、スポーツ選手の活躍が目立った2006年。

お笑い界ではザ・たっちや桜塚やっくんといったニュースターが現れたが、M-1では何度も決勝で戦ってきた常連組がその実力を見せつける結果となった。

1番手は、2年ぶりの決勝のPOISON GIRL BAND。阿部のシュールな持論に吉田がツッコむでもなく同意していくが、その空気感はトップにはやや不向きだったか得点が伸びない。異例の再参戦となった2003年王者のフットボールアワーは、後藤が岩尾のボケを泳がせるなど、王者らしい余裕を感じさせていた。異例続きの3番手は、決勝初の5人組、ザ・プラン9。5人が縦に並ぶなど、トリッキーなフォーメーションからテンポよくボケを繰り出していく。

続く麒麟は、ボクサーの田村と実況の川島という得意の設定に加え、「お前がしっかりせーよ、麒麟は!」という田村の魂の叫びが飛び出し、会場を揺らした。5番手のトータルテンボスは、渋谷系(?)と称された独特の口調やワードで自分たちの世界に引き込むが、時間を使った溜

「かなちゃんは自己評価高いなあ」
（変ホ長調・小田）

決勝初のアマチュアコンビとして、審査員を悩ませる独特の漫才で存在感を示したが、プロになることは否定していた。

メンバーのなだぎ武は、この翌年の『R-1ぐらんぷり2007』で優勝し、ピン芸人のチャンピオンに。

「ハンパねぇ渋谷系漫才」と紹介されるが、大村は「ふたりとも静岡県御殿場市出身である」と、渋谷系をやんわり否定。

大人系、渋谷系、アキバ系、極道系、アメリカンコメディ系と、あらゆる『ドラえもん』を演じ分けたライセンス。

「お前、マグロ履くの初めてじゃないだろ!?」
（POISON GIRL BAND・阿部）

得点発表と同時に最終決戦への切符を逃す結果となり、西田は「なんとか出してもらえないですかねぇ」とごねていた。

飄々としていた2人だが、吉田はステージ裏でえづくほど緊張していたという。

めがうまく機能しなかったようだった。

ここで、前半を振り返った島田紳助が、「（スタジオに溜まったエネルギーを）誰がどこで爆発さすんかな」と語ったことで、後半への期待が高まっていく。

そのフリを最高の形で受け取ったのが、6番手のチュートリアルだった。福田の冷蔵庫の買い替えに、異常な食いつきを見せる徳井。その反応の一つひとつにドッと笑いが起き、司会の今田耕司も「『爆発』があったんじゃないですか？」とコメント。暫定1位の座についた。

7番手は、決勝初のアマチュアコンビ・変ホ長調。その脱力感と毒舌にじわじわと笑いが広がるが、爆発の連鎖には至らなかったか。そして、満を持して登場したのが、笑い飯。ところが、Wボケの応酬までにじっくり時間をかけたことが、盛り上がりに欠けると評されてしまう。

9番手、敗者復活戦の勝者・ライセンスも、同じく大きなうねりを生み出しきれず、敗退。最終決戦3組が決まった。

最終決戦、麒麟が再び得意のパターンに絶妙なアドリブで笑いを増幅させ、フットボールアワーは勢いよくボケる岩尾に後藤が的確にツッコんでいくが、会場の期待は最後のチュートリアルに向けられていたかもしれない。自転車のベルが盗まれただけで身を持ち崩していく徳井の狂気は、その期待に見事に応え、史上初のパーフェクト優勝を飾った。

2006

第1回目で突きつけられた厳しいジャッジを乗り越え
彼らは決勝の舞台で完全優勝を遂げた。

最終決戦では、フットボールアワー、麒麟ともに得票がなかったため、ファーストラウンドでの得点をもとに、2位が「フットボールアワー」3位が「麒麟」となります。

[順位・得点]

	出番順	総合得点	島田紳助	松本人志	南原清隆	渡辺正行	大竹まこと	島田洋七	中田カウス
チュートリアル	⑥	664	97	95	95	90	98	92	97
フットボールアワー	②	640	90	90	94	90	91	89	96
麒麟	④	627	88	87	91	89	92	86	94
笑い飯	⑧	626	89	89	92	85	90	89	92
トータルテンボス	⑤	613	87	90	88	85	90	83	90
ライセンス	⑨	609	85	85	90	88	89	83	89
ザ・プラン9	③	597	83	80	89	80	90	82	93
変ホ長調	⑦	576	82	75	84	79	85	83	88
POISON GIRL BAND	①	570	76	85	85	75	81	83	85

悪くはないが、どこか突き抜けない。ファーストラウンド前半は、そんな空気が得点にも反映されていた。４組目の麒麟は最終決戦にまで進んだが、この時点で島田紳助は「今日４組終わって、去年よりもジャッジが難しい。有効打がないので、細かいテクニックで判断しなきゃ仕方ない」と嘆いている。

また、今回ほかにも審査員を悩ませたのが、時間の使い方だろう。POISON GIRL BAND、トータルテンボス、笑い飯などは、あえてじっくり時間を使ってひとつのくだりを展開していたが、結果として「盛り上がるまでに時間がかかった」「後半にもっと盛り上がりがほしかった」といった評価に落ち着いてしまった。

その点でも、徳井のキャラクターが浸透してきたタイミングで、「冷蔵庫を買い替えたい」「自転車のチリンチリンが盗まれた」という福田への徳井のリアクションだけでつかんでいたチュートリアルは強かった。

武智アイズ

引退も考えたチュートリアル 渾身の妄想ワールドで満票優勝

僕らが準決勝に出た時、前の出番の変ホ長調がとんでもなくウケてたんです。「これアマチュアで決勝あるんちゃうかな？　いや、さすがにないか……」と考えていたら本当に進出したんで、ガチの大会なんやと思い知りました。変ホ長調は一気に門戸を開いたわけで、優勝したぐらいの価値があると思ってます。

チュートリアルさんの冷蔵庫とチリンチリンネタは聞くところによると、普通の寄席ではそれほどウケなかったらしいんですよ。大会の前日も試したら、反応悪かったみたいで。それが爆笑をかっさらって満票優勝。「今日ウケなくても明日ウケる」と言い切れる芸人は少ない。チュートさんの信念に圧倒されました。

[こぼれ名シーン]

後藤のドヤ顔　フットボールアワー・後藤、「ツッコんだあとドヤ顔で僕を見るのやめてもらっていいですか」と松本人志に言われてしまう。

ディラン登場
ネタ終了後、今田耕司に「ディランさん？」と声をかけられたザ・プラン9のなだぎ武、おなじみのディランで応対。

まさかの敗北宣言？
麒麟・田村が、審査前のコメントで「緊張したんで……ダメでした」と漏らしてしまい、今田と川島があわててフォロー。

自転車で会場入り
オープンカーで敗者復活戦会場を出発したはずのライセンスだが、渋滞のため自転車でテレビ朝日前に現れた。

［審査員コメント］

「マグロ履いたからねぇ。その前がもっと食いつくと思ったんだけど」（POISON GIRL BAND審査時／大竹まこと）

「安心して見てられる聞いてられる。スピーディでネタ数も多い」（フットボールアワー審査時／中田カウス）

「どう評価してええかわからん。びっくりしたで。野球で言うたらボークやで」（変ホ長調審査時／島田紳助）

「ほぼ完璧かなと思いますけど」（チュートリアル審査時／松本人志）

「（このネタを）漫才と見るかどうか……」（ザ・プラン9審査時／渡辺正行）

「もっとウケていいかなと思った。出来はよかったので」（トータルテンボス審査時／松本人志）

「いや〜、期待したんだけどなぁ。『もっと早くつかめ』とみんな思ってたと思うんだよね」（笑い飯審査時／大竹まこと）

「間が空いたところから、もとに戻すテクニックはすごかった」（麒麟審査時／島田洋七）

「最後にドンっていくと点数上がったと思います」（ライセンス審査時／南原清隆）

【決勝までの道のり】

［敗者復活戦メンバー］

アジアン	ザ・パンチ	ダイアン	流れ星	ビッキーズ	ライセンス
えんにち	ザブングル	タイムマシーン3号	なすなかにし	藤崎マーケット	りあるキッズ
カナリア	サンドウィッチマン	チーモンチョーチュウ	難波横山	プラスマイナス	ルサンチマン
鎌鼬	三拍子	千鳥	日刊ナンセンス	平成ノブシコブシ	レアレア
カリカ	磁石	超新塾	にのうらご	ヘッドライト	ロザン
カルパチーノ	ジパング上陸作戦	デニッシュ	NON STYLE	BODY	我が家
ギャロップ	ジャリズム	天竺鼠	バッドボーイズ	ポテト少年団	
キャン×キャン	ジャルジャル	天津	ハマカーン	ボルトボルズ	
銀シャリ	ストレートタイム	東京ダイナマイト	パンクブーブー	マラドーナ	
5番6番	スマイル	とろサーモン	髭男爵	U字工事	

2006年のみ、会場が有明コロシアムに。せっかくの屋根つきなのにオープンの状態で、3500人の観客が見守るなか最後の一枠が争われた。決勝への切符をつかんだのは、ラストイヤーだったライセンス。観客の声援を受けて移動車に乗り込むが、「M」というチープな電飾がついたオープンカーに、松本人志も司会の今田耕司も首を傾げていた。

IST REUNION

当時は平気でみんなスベってましたよね あの大会もチュートリアルさんしかウケてない

アマチュア、5人組、元優勝コンビがファイナリストになり、
始まる前から話題に事欠かなかった2006年のM-1。
はたして大会はチュートリアルの完全優勝で幕を閉じ、
前期M-1は隆盛を極めていった。
今も脳裏に焼きつく戦いの記憶を、6人が再生する。

撮影／飯岡拓也　取材・文／鈴木工

2006年大会とは

準決勝で爆笑をさらった女性コンビ・変ホ長調がアマチュアとして初の決勝進出。03年優勝のフットボールアワーも2年のブランクを経て参戦するなど、注目度の高い大会となった。番組中盤で審査員長・島田紳助が「爆発しきれていない。このままいったら今日は失敗」とコメント。その直後に6番手で登場したチュートリアルが爆発的にウケて会場の空気を変えた。その勢いのまま、最終決戦では伝説のチリンチリンネタを投下。審査員の全7票を根こそぎ獲得した。

チュートリアル／トータルテンボス／ザ・プラン9

M-1ファイナリスト 同窓会① 2006年組

ウケなくて捨てていた代表作「チリンチリン」

福田　2006年ファイナリストのメンバーが集まりました。

徳井　めちゃくちゃ前じゃない？　中古車で考えてみて。18年落ちや。

藤田　絶対乗り換えですよ。もう半額以下になってますよ。

ヤナギブソン　その時の1位と5位と7位が集まったという……。

藤田　キャスティング渋っ！

ヤナギブソン　やっぱりチュートさんの完全優勝が一番印象に残ってますね。ネタはあれでしたっけ。僕の一番好きなバーベキューの串のやつ。

徳井　あれは2005年。

ヤナギブソン　えっ、あれで優勝してないんですか⁉

福田　おまえあのネタ好きやな！

徳井　あの年はブラマヨがえげつなかったから。

藤田　始まる前の下馬評は、2度目の優勝に挑むフットさんVS前年評価高かったチュートさんでしたよね。

徳井　そこに麒麟も入っていたと思うよ。

ヤナギブソン　それで最終決戦は3組が予想通り残った感じでしたね。

藤田　名前出てくるの大阪勢ばかりですね。

福田　当時はフットさん、ブラマヨさん、俺らが「うめだ花月」（大阪の劇場、2008年に閉館）所属やった。

あそこはやりづらかったな〜。

徳井　誰が出てもお客さんが重くて。ほんまに笑わへんから、力ずくで笑かしに行くのよ。それでみんな筋肉ムキムキになってM-1に出ていったから。

大村　あの年は自信あったんですか。

徳井　いや、覚えてないよ。自信があったわけではなかったけど、前の年にちょっといい感じになったから、「これ優勝せなあかんねやろうな」という感じはまぁあったかな。

久馬　チリンチリンのネタができたのは2006年？　その前からあった？

徳井　ありましたありました。チリンチリンの元になるネタは、組んで2年目ぐらいにできたんですよ。一番最初やった時に全然ウケへんかったから、一旦捨ててた。それでずっとやってなくて、M-1で何かやるネタないかなって引っ張り出してきたんです。

チュートさんの『冷蔵庫』！あれ大好き！

藤田　2006年のM-1でやったネタ、チリンチリンと何でしたっけ。

徳井　冷蔵庫。

ヤナギブソン　うわー冷蔵庫！　あれ大好き！

大村　バーベキューとどっちなんだよ。

藤田　1本目が冷蔵庫でしたっけ。順番を逆にするという手はなかったんですか。

徳井　チリンチリンが引っ張り出してきたやつやから、そんなウケるとは思ってなくて。

大村　じゃあ予選は冷蔵庫で勝ち上がってきた？

福田　準決、チリンチリンやったんちゃうか。

徳井　えー、うそー？

福田　M-1スタッフのお偉いさんと決勝のネタ順どうすんのという話になって、俺ら的には1本目が冷蔵庫で、その後がチリンチリンで決定やったけど、「順番、チリンチリンが先ちゃうんか？　出し惜しみしたらあかんのちゃう」と言われたのを覚えている。徳井が言うように、別に出し惜しみしたわけでもないんやけど。

あの年のチュートリアルは今のM-1だと8位？

藤田　当時、ABCのスタッフが芸人の担当について、密着というか介入というかアドバイスしてきて、M-1用の作家みたいな立ち位置になってましたよね。あの感じ、俺はすごい好きでしたね。大してテレビにも出てなかった中、テレビマンの人とタッグを初めて組んで、ひとつの作品を作るみたいな。

大村　密着してくれたスタッフといまだに仲がいいもんな。

ヤナギブソン　そんなのありました？

徳井　トータルだけちゃう？

大村　2004年なんて、僕ら1本目にやるネタ、当日に変えてくれって言われましたよ。

全員　えぇー！

大村　エレベーターガールのネタで、その語感にひっかけて俺が「えれー臭えワキガだろ」みたいなことを言うんですよ。それに対して、「もしワキガの団体から苦情が来たら、俺た

「ずっと爆発してない」って紳助さんがコメントしてた

ちは守れないから……」って。

福田 どこにあんねん？ その団体。

大村 俺らは2本目やれるなんて思ってなかったんで、そのネタしか練習してなかったんです。それで急遽「る」がつけば動詞になるというネタに変えた。でもネタの中に金正日とか出てくるんですよ。

藤田 独裁的に支配することを「キムジョンイる」とか。

大村 そのスタッフが言うには、「金正日からは守るから」。まあ俺たちのを思って言ってくれたんですよね。

藤田 2006年に話を戻すと、POISON GIRL BANDが最初に出て鬼スベりしたんですよ。

ヤナギブソン 確かにお客さんが重かったような気もする。

大村 この当時、平気でスべってましたよね、あの大会もチュートさんしかウケていない。

久馬 自分らの後、チュートリアルがネタやった時に、「あ、こんなに笑うんや」と思った。

徳井 そういえば紳助師匠が「ずっと爆発してない」とコメントしてた。

藤田 とにかく、紳助さんが怖かった……。

徳井 松本さんだって、今や若い子が「まっちゃん」とか呼んでるけど、そんなこと言える空気全くなかったもんね。

藤田 ボケれないですよ。今は平場がボケ合戦じゃないですか。

徳井 今のやつらすごいよな。ネタやって、平場でも1回ちゃんとウケるやんか。

藤田 昔は汗かいて「はい！ はい！ ありがとうございます」。

福田 精一杯やってる感を出すしかなかったもんな。

藤田 今のM-1はやりやすい雰囲気作って、みんながウケる中で誰が一番ウケるかなんですけど、昔は重い空気の中で誰がウケるかという大会だった。

福田 確かに基本的には輝くのが優勝の1組だけで、あとはみんなダメージ負う大会だったな～。

藤田 チュートさんがバカウケした記憶あるじゃないですか。でも今のM-1見て、チュートさんの優勝Vを見返してみてください。今のM-1では8位です。

福田 ほんまにそうやな。

大村 僕らはチュートさんの前に出てて、スべってるんですよ。でも、松本さんが「もっとウケてもよかったのにな」と言ってくれた。あの年、松本さんからいいコメントをもらったのって僕らぐらいで、あれで救われました。それに前年チュートさんが松本さんにいいコメントもらって、翌年に優勝したから、これはフラグ立ったなと。そう思って2007年に臨んだらサンドウィッチマンが（敗者復活から）上がってきやがって……。結局、準優勝になりました。

緊張の楽屋をなごませた変ホ長調の存在

徳井 この年はプラン9さんが5人で出た年でしたね。M-1史上、プラン9さん以外はトリオすらいない？

松本さんから良いコメントもらってフラグ立ったなと

久馬 そうやね。コンビ以外で残ったのはうちらだけ。

大村 2の次が5なんですよ。

久馬 もともと「決勝に残るのはコンビなんやろうな。うちらは決勝に残らんのちゃうかな」という気持ちもあって。

ヤナギブソン その前年の準決勝で、NGKがミシミシ言うぐらいにバカウケしたんですよ。MCのフットさんが終わってから、久馬さんに「これは行きましたね」と言いましたから。

久馬 ほんま「笑い待ちで時間なくなるんちゃうか？」ぐらいにウケた。2006年は前年ほどじゃなくて、準決勝終わった時点で落ちてるわと思ったら、通ったという。

藤田 俺らも同じでした。準決勝あんまりウケなくて、来年頑張ろうと思ってたら受かったんです。

大村 今より準決勝のメンバー多かったよな。東京だけでも30組40組いて、大阪もそれぐらいいたわけでしょ。

藤田 その中の決勝10組だから、相当嬉しかったですね。

徳井 歴史上、5人漫才で評価された人っていないですよね？

久馬　あの優勝トロフィー像がコンビじゃなくて6人やったらね、俺らにもチャンスあるなと思うんやけど。

藤田　でもM-1って「史上初」が好きで、誰が先かみたいな話になりやすいですよね。大人数なら超新塾なのかプラン9さんなのか、双子なら吉田たちなのかダイタクなのか。

久馬　あの年は史上初が多かった年やったもんな。優勝したフットの再挑戦も、アマチュアの変ホ長調も。

福田　俺が覚えているのは、でっかい楽屋で、みんなが緊張してるわけではないけど、そんなに和気あいあいとしていない空気だった。その楽屋で変ホ長調が、モニターに流れている生放送の敗者復活戦を見て、めっちゃ笑うててん。「楽しげにやってんな」といじって少しリラックスした記憶がある。

大村　芸人って人のネタにあんまり笑わないですからね。「笑っていいんだ」と教えられました。

徳井　変ホ長調は楽屋の弁当に「いいお弁当やわ〜」と喜んでもいたなあ。そういえば最近、当時のM-1密着動画をYouTubeでたまたま見たのよ。まさに決勝本番前の楽屋にカメラが入ってきて、みんながピリピリしている中、笑い飯の哲夫がカメラに向かってめっちゃボケてんの。それでその横で弁当を食べていた俺が「なんやこいつ!?」という表情でメンチを切っていた。俺、そんなタイプとちゃうやん？　ああ、出番前はこんな感じなんやなと思った。

藤田　あの日みんなメンタル的に普通じゃなかったですよ。ふざける芸人もいたけど、本当はふざけたくないのにわざとふざけていた。

福田　無理してね。ボケる余裕を人に見せる意味合いも含めて。

「ここに残った10組は月100万円を稼いでいい」

ヤナギブソン　徳井さんはフットの後藤さんと仲いいじゃないですか。終わってからどんな感じやったんですか。

徳井　どんなやったんやろう？　この時はそこまで後藤と喋る仲じゃなかったんで……。

大村　俺、チュートさんが完全優勝した時の後藤さんの空気感を覚えてます。とても近くに行けない雰囲気でした。一所懸命清々しい顔をしようとしてたけど、絶対悔しかったでしょうし。

M-1獲った直後にバイク6台買ったからな

ヤナギブソン　僕は本番後の打ち上げをよく覚えているんですよね。テレビ局で立食パーティーが始まって、紳助さんが遅れてぱっと入ってきた。それで「ここに残った10組は、月100万円もらっても全然ええからな」と言ったんですよ。でも、全然100万円にならなかった。

徳井　ええ話すんのかと思った。

藤田　まあもともと紳助さんがM-1を作ったイデオロギーって「面白くないやつらをふるいにかける」じゃないですか。そう言ってくれたのは「おまえらはやめないでいいぞ」ということですもんね。

大村　チュートさんは当然100万円いきましたよね。この年を境に全然変わりましたか。

徳井　（嬉しそうに）変わった……。大阪でフルタイムで働いてて、もらえるお金はずっと天井があってんけど、優勝して東京来たら天井が抜けた感じはした。

ヤナギブソン　雑誌の記事で福田の所有するバイクがどんどん増えていく様子を見て、ギャラ上がったことは想像できましたよ。

福田　とにかく暇なかったけどバイク欲しくて、M-1獲った直後で6台買ったからな。だからお金の面では夢があったよね。

大村　あとチャンピオンになったことで徳井さんは審査員もやったじゃないですか。あれはどうでした？

徳井　本当に難しかった。自分に正

M-1グランプリ
ファイナリスト同窓会
思い出
チュートリアル
トータルテンボス
ザ・プラン9
2006年
裏話
笑い飯
ナイツ
スリムクラブ
M-1愛
2010年
もっと楽しみたい人はLeminoへ!
動画配信中!

直に点数つけたいやん。ちょっと低い点数やなと思って、でも正直につけたら、「あんな点数つけるんじゃなかったかな……」と後から思っちゃうのよ。

藤田 またこの辺の世代だと、劇場で審査した子たちと会うんですよね。「この人は何点つけた」とか。

久馬 向こうも覚えてるしね。

徳井 俺が審査員やった時の優勝がトレンディー（エンジェル）で、トレンディは面白いけど、M-1としてはこの点数やなという判断で、自分のつけた点数の中で一番低かった。でも、後から「あの点数はこういうことやねん」と言うのも「ごめん」と謝るのもちゃうやん。結果としてモヤモヤするから、もう大変やねん。

ヤナギブソン オファーあっても、二の足踏む人多いんですかね……。僕はめちゃくちゃ審査員やりたいですけど。2006年7位のヤナギブソンとして。

藤田 なんでやりたがってるんだ！「どうしたABC?」ってなるだろ。

あのトロフィーがコンビじゃなくて6人やったら

M-1の名作ネタを封印してしまう理由

徳井 M-1でやったネタってどうしてる？ 封印してる？

ヤナギブソン 2005年の準決勝でウケたネタ、僕らNGKでまだやってますよ。

藤田 うちはもうやんないっすね。あれはなんでやんなくなるんでしょうね？

大村 チリンチリンは優勝以来やってないんですか。

徳井 基本的にはやってない。やってても1回。

福田 あえて昔のネタをやるイベントで、やったことはあるかもしれない。もったいないっちゃもったいないけど、みんな知ってるもんな。

大村 やったらアーティストの名曲みたいに「きたー！」ってなるんじゃないですか？

藤田 あのネタ、中島みゆきで言うところの『糸』ですよ。

福田 でも、お笑いってそれがなくない？ 待ってました感がない。

徳井 （タカアンドトシの）「欧米か！」だったら、「出た！」ってなるけど、からくり系というかシステム系の漫才はつらいよね。

藤田 それにM-1だと4分でギチギチに詰めてるから、そのネタを寄席でやろうと思っても、間がおかしくなるかもしれませんね。

福田 劇場のお客さんはM-1のお客さんより年齢層が上やったりするからね。あんまり早いとついていけない可能性もある。

徳井 あと今、M-1は見てる？

大村 俺はYouTubeで流れる予選動画は全部見てます。

藤田 大村はM-1もキングオブコントも全部見ている。見るのが好きなんですよ。

大村 だって今の若手、単純に面白いじゃないですか。

ヤナギブソン いや！ 冷蔵庫のほうが面白い。

福田 もうええって。

徳井 見ていると一周回ってると感じることない？ 「あれ？ このパターンは俺らからしたらちょっとベタすぎんねんけど、そうか、このパターン知らんねや」という。

藤田 あります！ 去年の決勝でヤーレンズを見て、「懐かしい」と思ったんですよ。我々がM-1に挑んでいた時代、小ボケを連発するコンビが結構いて、なんだったら淘汰されてきたじゃないですか。それがあんな

2023年の決勝でヤーレンズ見て「懐かしい」と思った

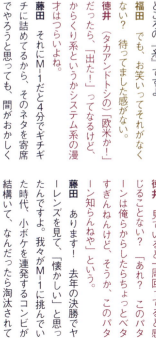

2006年7位のヤナギブソンとして、審査員やりたい

講師としては大阪NSCからファイナリストが出てきてほしい

ザ・プラン9

2001年、それぞれグループを解散したお～い！久馬、浅越ゴエ、鈴木つかさにより結成。翌年、ヤナギブソンとなだぎ武が加入して5人組体制になり、そのメンバーで06年のM-1で決勝進出した。鈴木となだぎの脱退を経て、20年にコヴァンサン、きょうくん、爆ノ介が加入。現在は6人体制で活動する。リーダーの久馬は質の高いネタを量産し、多くの芸人を招く「月刊コント」を定期的に主催。ヤナギブソンは「R-1グランプリ」で3度のファイナリスト経験がある。

ISTREUNION

にウケていて、一周した感じがしましたね。

徳井　ファッションみたいに繰り返していくんやな。

久馬　NSCにブラマヨっぽい子とかもやっぱおるもんね。「ブラマヨとか好きなん？」と聞いたら、「いや別に……」。

ヤナギブソン　「好きです」でいいのに、影響されてない感を出そうとする。

久馬　「ブ？　ブラ、マヨ……？」

藤田　それはブラマヨさんを知らないやつでしょ。逆に失礼ですよ。M-1で考えると、もう全パターンが出ていると思うんですよ。テンポ速い漫才もあるし、すっごいゆっくりで一言一言で殺す漫才もあるし。それがもう一回繰り返されているのかもしれないですね。

ヤナギブソン　20年ぐらい前にバッファローI吾郎A先生が言ってました。「笑いに残されたジャンルはあと1つ。オモんないだけや」。

福田　名言やな！

徳井　思いのほか「めちゃくちゃ新しいな」「見たことないな」が最近出てきてない感じがするから、びっくりするような子が出てきてほしくはある。

大村　芸人が増えすぎたせいで、新しいものの生まれる隙間がなくなってますよね。

久馬　NSCの講師していることで感じる傾向もあって、みんなM-1を

今の若手、単純に面白いじゃないですか

俺らはモテたい・金持ちになりたいテレビ出たいで入ってきたから

トータルテンボス

小学生から同級生だった藤田憲右と大村朋宏が、東京NSC3期生として入学し1997年に結成。01年から参加したM-1は、04年、06年、07年に決勝進出し、ラストイヤーの07年大会で準優勝した。NHK「爆笑オンエアバトル」では、04年度より6年連続でチャンピオン大会に進出し、08年から3連覇する無類の強さを発揮。06年からほぼ毎年、全国漫才ツアーを敢行し、24年は12/20・21のルミネtheよしもとでの公演で千秋楽を迎える。

面白さだけじゃなくて
驚きがないと
M-1じゃないと思う
M-1は視聴率を稼ぐ
人気番組であり続けてほしい

チュートリアル

幼稚園からの幼馴染だった徳井義実と福田充徳により、1998年に結成。「ABCお笑い新人グランプリ」「上方お笑い大賞」「上方漫才大賞」で新人賞を獲得。M-1は01年に決勝進出するが8位に終わり、05年の5位を経て、06年に大会史上初の完全優勝を成し遂げた。徳井は「R-1ぐらんぷり2007」で準優勝し、大河ドラマなどで俳優活動も展開。福田は趣味のバイク、料理を武器にバラエティで活躍する。

目指して入ってきてるから、コンプラをめちゃくちゃ気にしている。「おっぱいとか言っていいんですか？」とか聞かれるんで。

ヤナギブソン　我々が芸人になった時はM-1がなかったから、そこを目標にやってなかった。

久馬　今、M-1用にネタを作ってるもんね。

藤田　今の若い子たちって、「面白い漫才やりたい」で入ってきてるじゃないですか。俺らは「モテたい」「金持ちになりたい」「テレビ出たい」でしたもんね。令和ロマンなんてゴールがM-1で、テレビはもういいみたいな。あの感覚すごいなって思いますよ。ネタなんて極力やりたくないじゃないですか。面倒くせえし。

徳井　いや、そこまでではない。基本、ネタ好きやで。それに今の子はスポーツマンシップに則ってるよね。M-1前になると、舞台でネタ終わって袖はけてきた芸人が、同期らしい仲間と、「どうだった？」「あそこのボケ、逆じゃない？」とアドバイスし合ってるのよ。俺、それが信じられへんくって。昔は仲良くても、ネタのそんなところまで話さんかったから。

ヤナギブソン　それは競技化したゆえの現象だと思うんです。ラップバトルもブレイキングも、大会によって競技化していきますよね。でも最初の頃って、粗くて雑じゃないですか。鳥人間コンテストもすぐ落ちる人いっぱいいたし、2006年のM-1も……。

久馬　どう落ちるかという面白さがあったな。

ヤナギブソン　最初は粗くて雑な分、熱があった気がするんです。その熱が失われていくのかもしれませんね。

2006 FINAL

M-1に期待するのは「笑えないぐらいのネタ」

藤田　最後に「今後のM-1に期待すること」をコメントしていきましょう。俺は昔の芸歴制限10年がいいんじゃないかなと思っているんです。今の子たちって上に15年選手がいるから、漫才がうまくないと勝てない。それで練習してM-1がウマウマ大会になって、アイデアがおざなりになってる印象があって。芸歴制限が10年だから笑い飯みたいなすごいコンビが出てきた気もするし。だから、おじさんが「こんなやり方あったのか!」となるような、新しい発想の漫才を見せてもらえたら嬉しいですね。

大村　確かに今はレベルが高い。でも結局2001年から始めてる1年1年の積み重ねを見て今に至っているわけじゃないですか。ということで、我々の時代にM-1を支えてきた芸人にも、常にリスペクトを忘れないでほしいなと。

藤田　なんだそれ!

久馬　NSCの講師やってて、まだ大阪からのファイナリストがいないので、そこは出て来てほしいですね。で、その子が漫才やった後、僕がファッションショのデザイナーみたいに現れて……。

福田　そんなシステムないのよ。

ヤナギブソン　若い子の漫才を見てると、稽古量とか思いとかが見えてくるじゃないですか。ただ、あまりにも完成度の高い漫才ばかりが決勝に並んでいる気がするんで、寄席でやるぐらいの楽な感じの、遊びがある漫才も見たいですね。普段とちょっとちゃうボケを本番で入れてきて、こっちもリラックスして見れるような。

福田　俺は単純にM-1が視聴率を稼ぐ人気番組であり続けてほしい。それがなくなったら、こうやってファイナリストが呼ばれることもないから、とにかくM-1が続いてほしいです。最後に徳井は？

徳井　面白さだけじゃなくて、驚きがないとM-1じゃないと思うんで、見て笑えへんぐらいのネタが見たいかな。プロってオモロすぎたら、「やばっ」と思って笑わへんので。それとオープニングの歴代チャンピンが流れる映像は、1組の尺をもうちょっと厚めにしてもらって……。

藤田　できないでしょ。年々1組ずつ増えてるんだから。

徳井　うちだけ全く紹介されへんかった年があるのよ。俺がやらかした時、ちゃんとカットされていた。あの削った尺を今足してもらいたいです！

2007年、またM-1に新たな歴史が刻まれる。
サンドウィッチマンが大会史上初めて、敗者復活戦からM-1チャンピオンの座を掴んだのだ。一般的な認知度はまだ低く、アウトローのようなビジュアルのコンビの登場に会場はざわついたが、彼らはそんな空気を一瞬でひっくり返す。
こちらの予想を裏切りながら飄々とボケる富澤と、見た目どおり荒々しくツッコむもどこかチャーミングな伊達、2人はまさにネタ一本で逆転し、M-1ドリームを実現したのだ。一方、出場を重ねるなかで、ネタやキャラクターがすっかり浸透してしまった決勝常連組が、自分たちのスタイルと向き合い、もがく姿も印象的だった。

文：後藤亮平（BLOCKBUSTER）

2007年12月23日　開催

200

史上初、
敗者復活戦からの優勝
大井競馬場からの逆転劇

Play Back

「焼きたてのメロンパンが売り切れんだろ！」
（サンドウィッチマン・伊達）

コワモテなビジュアルで威圧感すらあった2人だが、伊達のネクタイはサンタクロース柄だった。

すでにテレビで人気者の座を確立しながら、漫才師として並々ならぬ気合いで頂点を掴みにきていた。

「ヤング、ヤンガーだ、ヤンゲストだ、俺は！」
（トータルテンボス・藤田）

ラストイヤーとあって、鍛え抜かれたハイクオリティな漫才を見せつけたトータルテンボス。

M-1に新たな伝説を打ち立てたダークホースの逆襲

宮崎県知事となった東国原英夫が「どげんかせんといかん！」とまくし立て、IKKOが「どんだけぇ〜！」と連呼したかと思えば、お笑い界でも「そんなの関係ねぇ！」と小島よしおが大暴れするなど、騒々しさが際立った2007年。M-1も決勝常連組によって醸成されたムードをぶち壊すような展開が待ち受ける。

トップは、常連組の顔・笑い飯。代名詞のWボケは、ひたすらロボットのアクションを見せつけ合うという誰もマネできない領域に進化を遂げていた。続くPOISON GIRL BANDも昨年の決勝最下位という雪辱を晴らすべく、阿部が島根県と鳥取県をリフティングするなど、独自の世界観を磨き上げてきたが、得点は思うように伸びない。

3番手は初の決勝となったザブングル。今ではおなじみの加藤による「悔しいです！」というギャグが、客席から悲鳴が上がるほどフレッシュなインパクトを与えていた。再び常連の千鳥が登場すると、ノブが動物園の飼育員をやりたいという漫才コントの流れに大悟が乗らないというひねった展開のネタに。

5番手にして流れを変えたのは、ラストイヤーのトータルテンボスだ。大村が澱みなくボケ続けると、緩急とバリエー

「ドンタッチミィー!」
(ハリセンボン・春菜)

「(デブ+ヤセ)×ブサイク=爆笑」というヒドすぎるキャッチコピーだが、ネタでしっかり笑いをとる。

「つまらんことするな!」
(千鳥・大悟)

キャッチコピーは「オレ流漫才」。ネタの展開をひねりながらも、千鳥らしい漫才を貫き通していた。

シュールさに磨きをかけてきたネタで、阿部は「初めて漫才中に漫才の神様が見えました」と手応えを感じていた。

「トップバッターにふさわしい1本になった」と西田は自負していたが、基準点の壁を越えられなかった。

「悔しいですっ!!」
(ザブングル・加藤)

ファンレターも来ないなど、パッとしない状況にくすぶっていたダイアンのキャッチコピーは、「お笑い月見草」。

加藤の顔面のインパクトが取りざたされがちだが、審査の際は松尾のツッコミに評価が集まったザブングル。

ションで魅せる藤田のツッコミも冴え渡り、646点という高得点をマークした。その勢いを受けたキングコングは、さらにハイスピードな漫才を披露。6年ぶりの決勝の舞台を大きく使いながら丁々発止の掛け合いを繰り広げ、トータルテンボスを上回る650点を獲得する。

初決勝のハリセンボンも奮闘。低体温なはるかのボケに対し、春菜のツッコミは激しさを増していき、会場を沸かせる。同じく初の決勝となるダイアンも、淡々としたユースケのボケと、津田の張り上げるようなハイトーンのツッコミというコントラストが際立っていた。

そして敗者復活戦から勝ち上がったのは、当時無名のサンドウィッチマンだった。しかし、絶妙に人をイラつかせる富澤のボケと、伊達の荒々しくもフレーズの立ったツッコミで、2人は舞台を支配し、ラストにして1位に躍り出る。

最終決戦1番手のトータルテンボスは、再び手数が多く飽きさせない展開で、堂々たる漫才を見せつけた。2番手のキングコングも、台風リポーターの設定で、台風のように2人がぶつかり合い、客席ごとなぎ倒していく。最後はサンドウィッチマン。富澤のボケも伊達のツッコミもキレが増していき、大きな笑いを起こし続ける。結果、敗者復活戦からの勢いに乗ったまま、サンドウィッチマンが優勝を掴み取るという快挙を成し遂げた。

敗者復活戦から勝ち上がり
優勝したのは無名の漫才師だった。

[順位・得点]

	出番順	総合得点	島田紳助	松本人志	上沼恵美子	ラサール石井	オール巨人	大竹まこと	中田カウス
サンドウィッチマン	⑨	651	98	95	95	95	92	84	92
トータルテンボス	⑤	646	96	93	95	95	90	84	93
キングコング	⑥	650	96	93	97	95	88	90	91
ハリセンボン	⑦	608	86	88	93	84	86	85	86
笑い飯	①	604	85	85	89	85	83	85	92
ザブングル	③	597	86	90	92	84	79	84	82
ダイアン	⑧	593	86	85	89	86	81	82	84
千鳥	④	580	86	80	85	80	87	81	81
POISON GIRL BAND	②	577	75	90	81	82	84	80	85

1番手がどうしても様子見になるなど、前半から流れをつかむことの難しさが改めて浮き彫りになった今大会。4番手の千鳥までは、どのコンビも笑いは起こしつつも突き抜けきれない状況に、島田紳助も「今日はすごい難しい。みんなすごいいいところと、雑なところがあって、どこをとって判断すればいいのか」と頭を悩ませていた。

そんな状況を打ち破ったのが、5番手のトータルテンボスと、6番手のキングコングだ。どちらもテンポよくボケを連打していくスタイルだったことは、M-1における「手数の追求」という流れを後押しすることになったのかもしれない。

そんな2組と同レベルの技術と、敗者復活戦から9番手として登場した勢い、ダークホースとしての目新しさ、キャラクター性など、さまざまな要素がプラスに働いて大会の顔になったのがサンドウィッチマンだった。

[こぼれ名シーン]

津田にクレーム? ダイアン・津田に「ツッコミのほうがちょっと浜田に似てる……イヤな気持ちになりました」と松本人志がコメント。

初の女性審査員
上沼恵美子が女性として初の審査員に。ハリセンボンには「女同士のコンビは恋をすると漫才は面白くなくなる」とも。

梶原の10円ハゲ
キングコング・梶原は、ネタ終了後のコメントでプレッシャーによる10円ハゲを披露し、客席を驚かせていた。

笑い飯の猛抗議
ファーストラウンドで敗退が決まった笑い飯は、「茶の間が怒る!」(哲夫)、「ここから動かんぞ!」(西田)と猛抗議。

武智アイズ

ジンクスをはねのけ敗者復活戦から優勝した初めてのコンビ

決勝戦の順位は下からポイズンさん、千鳥さんで、最後の決勝出場でした。初手がよくなかったんですかね。近年はマヂラブが優勝したけど、当時のM-1は最初に出た大会で上位につけないと、印象を払拭するのが大変だった。そう考えないと、ハネなかったのが説明つかない2組です。

敗者復活戦は、サンドウィッチマンとトロサーモンがめちゃくちゃウケてました。でも、華と人気がなくて上がるのは難しい気がしたら、サンドウィッチマンが突破。どんだけガチやねんと震えました。それまでなかった敗者復活戦からの優勝を、お客さんも運営も待っていた。そこに現れたふさわしいコンビがサンドウィッチマンだったんでしょうね。

［審査員コメント］

「誰の影響も受けず
我流で固めていって、
本流にして
しまっている」
（笑い飯審査時／中田カウス）

「ちょっと
アガってる
ところが
出ちゃったね」
（ダイアン審査時／大竹まこと）

「この4分足らずで
ファンになりました」
（ザブングル審査時／上沼恵美子）

「（途中）ものすごい
期待したんだけど、その期待の
内側にいる感じがした。
『もうちょっとあるだろう』って」
（POISON GIRL BAND審査時／大竹まこと）

「新しい笑いを探すのか、
それとも今の漫才の形で
練習量などを見るのか、
それは僕らの勝手やから。
でも僕は好感持ってて、
うまかったと思いますよ」
（キングコング審査時／オール巨人）

「消極的な人たちに
勇気を与える漫才」
（ハリセンボン審査時／中田カウス）

「最後まで天丼
なのがちょっと寂しいかな。
ショートコント
見せられてる感じが」
（千鳥審査時／松本人志）

「（最終決戦に残った）
3組は技術的に漫才師として
めっちゃうまい。ただその3組の中で
めっちゃおもろかったから、
彼らよりプラスしました。
素晴らしいです」
（サンドウィッチマン審査時／
島田紳助）

「このネタを観るのは
2回目なんですけど、
笑えた」
（トータルテンボス審査時／
ラサール石井）

【決勝までの道のり】

［敗者復活戦メンバー］

アームストロング	キャン×キャン	ジパング上陸作戦	超新塾	はだか電球	ヘッドライト
アジアン	麒麟	ジャルジャル	天竺鼠	ハム	BODY
えんにち	高校デビュー	志ん茶	天津	パンクブーブー	まえだまえだ
オードリー	ザ☆健康ボーイズ	span!	東京ダイナマイト	ピース	マシンガンズ
大脇里村ゼミナール	ザ・パンチ	スピードワゴン	とろサーモン	ヒカリゴケ	モンスターエンジン
オリエンタルラジオ	ザ・プラン9	スマイル	ナイツ	髭男爵	U字工事
勝山梶	サンドウィッチマン	ゼミナールキッチン	流れ星	藤崎マーケット	ラフ・コントロール
カナリア	三拍子	ソラシド	なすなかにし	プラスマイナス	我が家
鎌鼬	GAG少年楽団	タイムマシーン3号	NON STYLE	ブレーメン	
ギャロップ	磁石	チーモンチョーチュウ	ハイキングウォーキング	平成ノブシコブシ	

・2007年からは、敗者復活戦会場としておなじみの場所となる大井競馬場が舞台に。常連中の常連ながら決勝進出を逃した麒麟や、スピードワゴン、オリエンタルラジオなどの実力派たちがしのぎを削る。競馬場らしくファンファーレが鳴り響くなか結果発表となり、勝者のサンドウィッチマンは馬を運ぶためのトレーラーで会場をあとにした。

この年の決勝を言葉で表すなら「新顔」と「ボケ数」の2語になるだろう。
敗者復活戦組のオードリーも含めると、9組中6組が決勝初進出。
前年はサンドウィッチマンが史上初となる敗者復活戦からの優勝を果たし、
ドラマティックな展開に期待がかかる中での潮目の変化とあって、
いやが上にも観るものの期待をかきたてた。そして新風吹き荒れる戦いを制したのは、
4分間に50回超というボケ数の多さで他を圧倒したNON STYLE。
大阪の数多の賞レースや『爆笑オンエアバトル』で結果を残すも、M-1では準決勝敗退で
涙を飲み続けたコンビがたどり着いた超速漫才は、M-1の戦い方の定石を決定づけた。

文／斎藤岬

post card

160 - 0022

恐れ入りますが
63円切手を
お貼り下さい。

東京都新宿区新宿5-18-21

吉本興業株式会社
コンテンツビジネス本部 コンテンツ事業部

ヨシモトブックス編集部

公式M-1グランプリ大全2001-2024
20回大会記念

フリガナ	性別	年齢
氏名	1.男 2.女	

住所 〒□□□-□□□□

TEL e-mail

職業 会社員・公務員 学生 アルバイト 無職
マスコミ関係者 自営業 教員 主婦 その他（ ）

ヨシモトブックス　愛読者カード

ヨシモトブックスの出版物をお買い上げいただき、ありがとうございました。
今後の企画・編集の参考にさせていただきますので、
下記の設問にお答えいただければ幸いです。
なお、お答えいただきましたデータは編集資料以外には使用いたしません。

本のタイトル

公式M-1グランプリ大全2001-2024
20回大会記念

お買い上げの時期

年　月　日

■この本を最初に何で知りましたか?

1 ネットで(具体的に　)
2 SNSで(具体的に　)
3 雑誌・新聞で(誌名　)
4 テレビ・ラジオで(番組名　)
5 書店で見て
6 人にすすめられて
7 その他
(　)

■お買い求めの動機は?

1 出演者に興味をもって
2 タイトルに興味をもって
3 内容・テーマに興味をもって
4 SNS・ホームページに興味をもって
5 その他(　)

■この本をお読みになってのご意見・ご感想をお書きください。

[　]

■好きなお笑い系有名人を3名教えてください(芸人やSNSで活動されている方も)。理由も。

[　]

■著者及び吉本のタレントで誰のどんな本が読みたいですか?

[　]

2008年12月21日　開催

200

歴代最高視聴率を記録した08年
オーソドックスな漫才が
個性派揃いの大会を制した

「漫才楽しい！」

（NON STYLE・石田）

寄席で年間500本の舞台に立ち、磨き上げた技術力で初出場ながら圧倒的な安定感を見せたナイツ。

若林にひっぱたかれ続けた春日のおでこが徐々に赤くなっていく。ネタ後、春日は「いつもより力が入ってましたね」とコメント。

常連3組VS初進出6組 〝新時代〟が幕を開けた

9月に起きたリーマン・ショックを引き金に未曾有の経済危機に陥った世の中にあって、お笑い界は前年から引き続きショートネタブームに沸いていた。『爆笑レッドカーペット』や『あらびき団』で名を上げたエド・はるみ、世界のナベアツらがバラエティを席巻。一方で、前年のYouTubeに続いてTwitter（現X）日本語版も始まり、メディア環境が著しく変化し始めた時期でもあった。

M-1もこの年は変化の年だったと言えるだろう。過去最多の6組が決勝初進出。番組冒頭でも「新時代の到来」とうたわれ、顔ぶれの刷新を印象づけた。

トップバッターは2年連続2度目の出場となるダイアンだ。サンタクロースをめぐるしゃべくりを展開するが、トップゆえの空気の重さにやや苦戦する。一方、2番手の笑い飯は、前半は普段のWボケをフリにしながらボケを交替せず、後半は打って変わってハイペースで交替する構成で、決勝常連らしい戦い方を見せた。

モンスターエンジンは、ヒーロー映画を演じる漫才コントを披露。3位に入るも次のナイツが「ヤホー漫才」で640点を叩き出し、即敗退が決まってしまう。ナイツのネタ後、松本人志が「4分間に何個笑い入れとんねん」とコメントした

「なきゃ立ってないですよ、ここに」
（オードリー・春日）

自分たちのWボケスタイルをフリにするという、決勝常連らしい戦い方を見せるが惜しくも4位に。

「思ってたんと違う!」
（笑い飯・西田）

「神々の遊び」でブレイクし、初登場のモンスターエンジン。

前年から引き続き「お笑い月見草」のキャッチコピーで登場。順位を1つ上げた。

16年後の『THE SECOND～漫才トーナメント～2024』で話題になった「砂漠でラクダに逃げられて～」は、実はこの決勝では言っていない。

「青春ってこんなに険しいんですか」
（ザ・パンチ・パンチ浜崎）

登場直後の挨拶の時点で、栃木訛りに誘われてか早速クスクス笑いが発生。

『はねるのトびら』等ですでに人気を盤石なものにしながらも、M-1に挑み続けたキングコング。

「お口チャックマンか!」
（キングコング・西野）

のに対し、塙は「37個ぐらいだと思います」と即答。これを聞いた西森は「僕ら、ボケ7個ぐらいしかないんですよ」と嘆いた。続くU字工事は北関東ネタで安定したウケをとる。場は盛り上がりつつあったが、ザ・パンチはラストイヤーの気合いが空回りしたのか、今大会最低点となる80点が出てしまった。

そんな中でNON STYLEは、ボケの石田が自身にツッコむというワンセットで連続して笑いを起こし、圧巻のテンポを見せつける。リップクリームを持ち出すボケも減点材料にならないほどのウケ方で、最終決戦進出を決めた。8番手のキングコングも高速漫才の代表格であり、ボケ数勝負の様相を呈する今大会では有利かと思われたが、8位に沈む。最後に、敗者復活組のオードリーが登場。後に「ズレ漫才」と呼ばれるスタイルで狙い通りにウケ続け、終盤で噛んだ春日を若林が「噛んでんじゃねぇよ」とひっぱたくと笑いは最高潮に達した。

最終決戦ではナイツが「SMAP」、NON STYLEが「ホラー」、オードリーが「選挙演説」と、全組が1本目と似たタイプのネタで勝負。結果は、1本目のかぶせに加え、ますますテンポアップして動きも増えたNON STYLEがこの戦いを制して8代目王者に輝いた。

2008

7年間準決勝止まりだったNON STYLE
それでも挑み続け、初の決勝で王者に輝いた。

[順位・得点]

	出番順	総合得点	島田紳助	松本人志	上沼恵美子	渡辺正行	オール巨人	大竹まこと	中田カウス
NON STYLE	⑦	644	94	93	95	90	91	90	91
オードリー	⑨	649	89	95	92	92	91	92	98
ナイツ	④	640	89	93	95	91	89	89	94
笑い飯	②	637	95	89	95	91	91	88	88
U字工事	⑤	623	91	85	93	90	84	88	92
ダイアン	①	619	89	85	90	90	86	86	93
モンスターエンジン	③	614	91	83	85	88	89	88	90
キングコング	⑧	612	88	86	90	89	86	87	86
ザ・パンチ	⑥	591	87	80	88	85	83	83	85

年々少しずつ上がり続けていた平均点が、ついに620点台へ突入。M-1開始以来初めて80点未満をつけられる組が出なかった。80点台に歓声が上がっていた大会初期の審査風景がもはや懐かしく思い起こされる。一方で、合計650点を超える組が6年ぶりに不在だったのもこの年の特徴だ。結果、前期M-1で最も点数差が小さい年となった。ほかの年が70〜110点差程度であるのに対し、2008年は53点差。新顔たちが大接戦を繰り広げたことが数字からも伝わってくる。その激闘が歴代最高視聴率をもたらしたのだろう。島田紳助は番組半ばで「正直言います、もう好みですわ。好きか嫌いかくらいしか違いがない」とコメント。全体のレベルが底上げされたことを如実に表す一言だった。なお、最後の最後で最高得点を獲得したオードリーの若林は驚きながらも「僕はまだしも春日が最高得点っていうのはちょっと信じられません」としっかりボケていた。

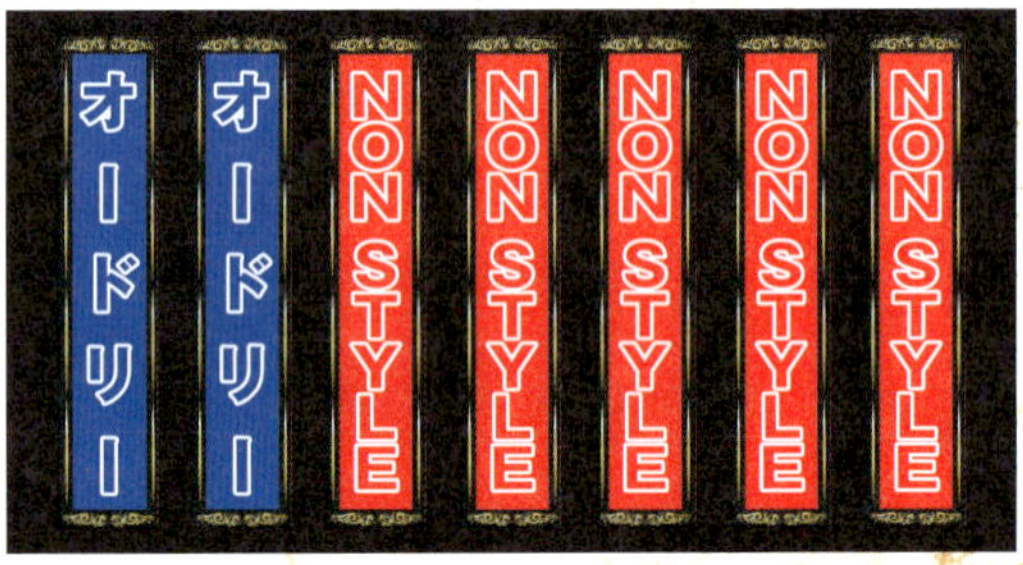

[こぼれ名シーン]

NON STYLE 石田の大号泣
優勝決定の瞬間、石田は顔を覆って大号泣。あまりの泣きっぷりに、井上は「泣きすぎでしょ」と引いていた。

原田ドライバー初登場
この年より敗者復活戦勝者の移動はタクシーに。ドライバーの原田さんとレポーター藤井隆のやりとりが定番化。

上戸彩初司会
上戸彩が司会に就任。敗者復活決定後には春日のギャグ「ウィ」で応じるなど、初回らしからぬ余裕を見せた。

オードリー若林、高得点に唖然
あまりの高得点に目と口を見開き、まさに「あんぐり」といった顔になる若林。20秒は口が開きっ放しだった。

武智アイズ

2年連続出場を果たしたダイアンはトップ出場に苦戦

2005年以降、笑い飯さんがおとなしかったこともあって、突出した優勝候補がいなかった年です。実力が拮抗していて、みんなにチャンスがあった。NON STYLEが競り勝った理由は明確で、ボケ数が多かったから。大きい笑いを起こしたのはオードリーだったけど、ずっと笑いが起きてたのはNON STYLE。どっちを評価するかは審査員さんの好みなので、僅差で運が傾いたんでしょうね。

もったいなかったのは、優勝できそうなネタを仕上げてきたダイアンがトップバッターになったこと。出番が後半やったら、もっと上位に食い込んでいた可能性があります。そのチャンスを逃して、結局売れているのがすごいんですけど。

[審査員コメント]

「来年のオートバックスのCMが浮かびます」

（笑い飯審査時／上沼恵美子）


「このネタをちょっと譲ってほしいですねぇ」

（モンスターエンジン審査時／中田カウス）


「噛んで面白いってどういうことだ」

（オードリー審査時／大竹まこと）


「『こいつら大したことないな』って思うんだよね。それがこいつらの手なんだよね。後からどんどん面白くなってきてやられちゃう」

（ナイツ審査時／大竹まこと）


「最後には（エントリー番号の）『4431』まで面白くなってきた」

（オードリー審査時／松本人志）


「頭で漫才してハートがついていってない感じがするなぁ」

（キングコング審査時／中田カウス）


「よく番組来てくれるんですけど、フリートークがあんまり面白くない。漫才初めて見て、やるねんなって」

（NON STYLE審査時／上沼恵美子）


「正直言います。もう、好みですわ。好きか嫌いかくらいしか違いがない」

（U字工事審査時／島田紳助）


「えぇ……？（苦笑）緊張したのかな？」

（ザ・パンチ審査時／渡辺正行）

【決勝までの道のり】

[敗者復活戦メンバー]

アジアン	銀シャリ	ソーセージ	とろサーモン	ピース	POISON GIRL BAND
囲碁将棋	クロンモロン	ソラシド	流れ星	髭男爵	マシンガンズ
イシバシハザマ	ケツカッチン	タイムマシーン3号	南海キャンディーズ	響	マヂカルラブリー
エルシャラカーニ	磁石	Wエンジン	ノンスモーキン	風藤松原	ミサイルマン
オードリー	ジパング上陸作戦	ダブルネーム	ハイキングウォーキング	ぷくぷく隊	ものいい
オリエンタルラジオ	ジャルジャル	チーモンチョーチュウ	パプア。	藤崎マーケット	ゆったり感
カナリア	スーパーマラドーナ	千鳥	ハマカーン	プラスマイナス	ラフ・コントロール
鎌鼬	スピードワゴン	天竺鼠	ハライチ	ブレーメン	我が家
ギャロップ	スペースゴリラ	天津	ハリセンボン	ヘッドライト	
麒麟	スマイル	東京ダイナマイト	パンクブーブー	ベリー・ベリー	

前年のサンドウィッチマンの躍進を受けて、敗者復活戦に賭ける熱量も観客の期待値もいちだんと上昇。麒麟は出番順抽選会で自ら「麒麟枠」「大本命」と名乗ってボケていた。そのほかにも千鳥やタイムマシーン3号ら大会初期の決勝経験者が顔を揃え、敗者復活戦が初めて開催された2002年の勝者であるスピードワゴンの姿も。

プロデューサーが見たM-1

Kazuya Tanaka

2018年～2019年のチーフプロデューサー

田中 和也さん

2003年からM-1のディレクターになり、2007年には総合演出に。
2017年に笑神籤を導入。
2018～2019年までチーフプロデューサーを担当。

「M-1からどんどん いらんもんをこそげ取り よりリアルな大会に」

芸人の人間くささに触れ M-1にハマってしまった

ディレクターになった2003年当時、実はお笑いのことはなんにも知りませんでした。芸人さんの名前すら知らなかったくらいです。それで「M-1命」みたいな怖い上司に「まずは芸人の名前を全員覚えろ」と言われた記憶があります（笑）。でも芸人さんたちの〝人間くささ〟に触れて、すぐにハマってしまいました。

2007年に総合演出になりました。ただ制作部に来てまだ4年ですし、嫌やったので、実は最初は断ったんですよ（笑）。2010年までは前任が作ったものを踏襲しましたが、2015年にM-1が再開した後は「演出をしない」という演出に変えました。例えば、登場時のVTR。ネタに影響を与えるようなことは……コンビの関係性とか特徴は一切言わず、コンビ名・出身地・名前・戦歴くらいしか紹介しません。また、2017年には〝笑神籤《えみくじ》〟を導入しました。これは演出ではなく、筋書きなしのリアルな緊張感を生み出したかったからです。

過剰な煽りをこそげ取り よりリアルな大会に

2015年以降「演出をしない」方針にしたのには理由があります。

M-1前期が終わって、15年に再開するまでに世の中の流れが変わったと感じました。思ったことを素直に言葉にする芸能人がテレビで注目になり、嘘が通じない時代に変化したと思ったんです。〝リアル感〟を求める世の中になってきているなと気付いたとき「M-1もいらんことせんとこ」と思ったんです。過剰な

M-1グランプリと田中 和也さん

1998 ABCに入社

2003 11月に制作部へ異動。M-1のディレクターになる
（千鳥や南海キャンディーズに密着）

2007 総合演出になる

2010 前期M-1終了

2015 後期M-1開始

2017 演出監修として笑神籤を導入
（霜降り明星の最年少優勝）

2018 チーフプロデューサーになる
（2019年 ミルクボーイ優勝）

1stラウンドで獲得した681点は歴代最高得点。完成度の高いネタに、松本人志は「これぞ漫才」とコメント

離れてからわかった 子どもがキャッキャ笑う 「M-1ってええ番組」

煽りなど〝いらんもん〟をこそげ取っていった結果、M-1もよりリアルになっていったんです。

　M-1初期の2003年から見続けて、潮目が変わったと思うのは2015年のM-1再スタート。そして、2018年に霜降り明星が最年少優勝し、全芸人の魂に火が付いたとき。このあたりから、M-1が国民的行事に向かって走り出したように思います。霜降り明星の最年少優勝をはじめ、2019年のスタジオが揺れるぐらいの大爆笑が起きたダークホース的存在だったミルクボーイの最高得点。それから前期だと、2007年のサンドウィッチマンの敗者復活からの優勝……こういった番狂わせは、制作側の私たちも興奮しますし、みんな裏で泣いています（笑）。M-1は、かかわるスタッフたちの熱量も相当高いんですよ。それはおそらく、芸人たちと深く長くお付き合いをしているから。M-1スタッフには、初期から「芸人さんに寄り添い一緒に大会をつくっていくんや！」という制作イズムが根付いています。

　長年M-1に携わってきて、僕が大事にしていたことのひとつは「ディズニーランドみたいな場所であるべき」という想い。決勝のスタジオは全芸人にとっての〝夢の場所〟です。だからその場所をつくる我々も、恥ずかしいことはできません。それから「笑いやすい空間をどうつくるか」ということ。CMの間もお客さんの熱量が冷めないようにしています。たとえばモニターで予選の様子を流して、今田さんがチャチャを入れてくれたり……。会場が常にあったまった状態であるよう裏演出をしていますが、審査員が登場するとどうしてもピリッとしてしまうんですよね（笑）。

　今はM-1の現場から少し離れていますが、自分が演出をやっていたときは「毎年1個新しいことをしよう」と決めていました。決勝だけでなく大会全体としてまだやっていないことがあると思うので、今後もトライしてほしいですね。ここ数年は、いち視聴者としてM-1を楽しんでいます。毎年「まだこんな新しいスタイルの漫才が出てくんねや」って、予選から驚かされてますよ。一昨年に初めて家族でM-1を観たんですけど、子どもがキャッキャ喜んでるんですよ。あらためて「M-1ってええ番組やな」と思いました。

　テレビ屋としてM-1に期待するのは「ここから1組でも多くスターが生まれたら良いな」ということ。そして、M-1はまだ完成形ではないと思います。「こんなM-1グランプリあったんや」という形をぜひ見せてほしいですね。

取材・執筆／堀越愛　編集／望月沙織　本ページ内、番組写真提供／ABCテレビ　笑神籤画像／©M-1グランプリ事務局

「景気が悪くなるとお笑いがはやる」という俗説があるが、リーマン・ショックに見舞われた前年、M-1決勝は歴代最高視聴率を叩き出した（ビデオリサーチ調べ）。注目度が年々高まり続ける中で、2009年の決勝には決勝経験者7組が揃う。その分、波乱の少ない年になるかと思いきや、一筋縄ではいかないのがM-1だ。トップバッターの過去最高点かつ前代未聞の「100点」獲得、敗者復活戦から勝ち上がった王者など予想外の展開が続き、最終決戦でも虚を突かれる事態が起きる。後々まで語り継がれる年の勝者となったのは、多くの芸人仲間から高い評価を受けながら準決勝で敗れ続けた苦労人・パンクブーブーだった。

文／斎藤岬

2009年12月20日　開催

200

初登場ながら圧巻の漫才を披露し
パーフェクト優勝を達成
多くの芸人に「夢」を与えた

「全然意味がわかんない」
（パンクブーブー・黒瀬）

前段の「野球の審判」「ラグビーのキック」のくだりはウケるも、「チンポジ」がすべてを台無しに。

ハイスピードで展開しながらも、フリの細かさやマイムの巧みさで丁寧に笑いどころを広げていく。

爆発待ちの後に訪れた「100点」という前代未聞の事件

新型インフルエンザの流行、15年ぶりとなる政権交代、過去最悪の失業率……大きなニュースに揺れた1年を反映したかのごとく、この年の決勝はM-1史に残る出来事が相次いだ。

1番手のナイツは言い間違いボケを詰め込み、トップバッターとして過去最高得点を獲得する。続いて、南海キャンディーズがおなじみのポーズで登場。多忙の中でネタを磨いて挑んだ4年ぶりの舞台だったが、点数は振るわなかった。3番手の東京ダイナマイトも、5年ぶりとなる返り咲き。格闘家の勝利者インタビューという彼らしいネタに笑いは起きるも、松本人志が「番組自体がまだふわふわしてる」とコメントした通り、爆発には至らない。ハリセンボンもその流れに呑まれ、暫定席に座ることなく散った。

事件はここで起きる。笑い飯が披露したのは、「鳥人《とりじん》」と呼ばれることになるネタ。30秒を費やしたフリの後、一発目のボケから最後の「手羽真一だよ」まで笑いの量は尻上がりに増え続けた。島田紳助の100点に歓声が上がる。前代未聞にして、未だ並ぶ者のない最高点だ。

6番手は初進出のハライチ。荒れた場にもかかわらず、23歳の新星によるノリボケ漫才は新世代の台頭を印象付け、3

史上初の100点満点が出るも
最終決戦でまさかの「ドラマ」というより事件が発生

2009

「お父さーーーん!!!」
（笑い飯・西田）

ゆっくり滑るように移動する山里に、客席からは声にならない悲鳴が上がる。

「パニック!!」
（南海キャンディーズ・山里）

2年連続決勝進出を遂げたモンスターエンジン。

M-1を観て芸人を志した、まさに新世代。途中で澤部が台詞を間違えるも、素早く本筋に戻す。

ここに戻るまで5年かかりました
（東京ダイナマイト・ハチミツ二郎）

せり上がりから何かしゃべりながら登場。マイクにたどり着く前にボケる手法の先駆け。

「別れません」
（ハリセンボン・はるか）

この年、はるかは肺結核で長期入院。「お世話になった先生に向けてやりました」。

決勝1番手となってしまったナイツ。堂々とした漫才で魅せた。

位に食い込む。一方、この年『キングオブコント』でも決勝に進出したモンスターエンジンは苦戦し、5位に沈んだ。

8番手は、実力者と目されながらもずっと準決勝止まりで苦汁をなめてきたパンクブーブーだ。「売れたら引っ越したい」という体重の乗った入りから、着実にウケを積み上げて2位に入る。そして敗者復活組にして前王者という史上初の立ち位置となったNON STYLEが最後に登場。前年と同じくハイスピードな漫才コントで、最終決戦へ駒を進める。

最終決戦はNON STYLE、パンクブーブー、笑い飯の順となった。先の2組は、1本目と同じく漫才コントで挑む。パンクブーブーのネタは後半にかけて盛り上がり、黒瀬が「壁にじゃねえよ、ゆ！か！に！」と絶叫すると拍手笑いが生まれた。そして3番手の笑い飯が、再び事件を起こす。彼らが選んだ2本目は、終盤30秒で「チンポジ」を連呼する挑戦的すぎるネタだった。今田耕司がこぼした「最後の最後でなんであいつチンポジの話してん」という一言は、観る者の思いを代弁していただろう。

審査員が下したジャッジは、パンクブーブーの満票優勝。思考が追いつかないのか、2人は驚きと戸惑いの表情を浮かべる。チャンピオンが破顔も号泣もしないまま幕を閉じたところまで含め、異例ずくめの大会だったと言えるだろう。

[順位・得点]

	出番順	総合得点	島田紳助	松本人志	上沼恵美子	東国原英夫	オール巨人	渡辺正行	中田カウス
パンクブーブー	⑧	651	94	93	98	88	90	91	97
笑い飯	⑤	668	100	95	98	92	93	92	98
NON STYLE	⑨	641	90	92	98	89	87	90	95
ナイツ	①	634	91	85	93	88	90	91	96
ハライチ	⑥	628	90	88	91	86	89	89	95
東京ダイナマイト	③	614	85	88	90	85	86	90	90
モンスターエンジン	⑦	610	89	83	90	85	87	89	87
南海キャンディーズ	②	607	85	83	90	89	84	88	88
ハリセンボン	④	595	82	80	87	87	85	85	89

現役の宮崎県知事だった東国原英夫が審査員に初就任。事前の話題作りに一役買った。全体としては前年に続いて80点未満が出ず、点数のインフレ傾向に拍車がかかる。ハリセンボンの595点は前期M-1の最下位の中で最も高い点数だ。また、中田カウスがナイツにつけた96点は、現在に至るまで歴代トップバッターに対する最高点。トップバッターで優勝した中川家、令和ロマンをも上回っている。ナイツに対しては島田紳助も「基準点になるから、本当は88点くらいで止めたい」と言いつつ91点をつけた。ファーストラウンドで100点をとった笑い飯が最終決戦で大失速したことも手伝って、最後はパンクブーブーがチュートリアルに続き2組目の完全優勝を成し遂げる。ファーストラウンド1位通過組が1票も獲得しなかったのは史上初のこと。番組エンディングで紳助は「楽な審査だった」と二度繰り返した。それは紛れもなくパンクブーブーへの最大の賛辞だった。

[こぼれ名シーン]

「去年の優勝はオードリー」
前年から続く"フリートーク下手"いじりに加え、審査員から「去年2位やろ？」といじられるNON STYLE。

にらむ笑い飯・西田
２ネタ目終了後、「チンポジにだけは負けたくない」と２人揃って言い募るパンクブーブーを笑い飯・西田がにらみつける。

ラストイヤー組不在
例年必ず１組以上いたラストイヤー組がこの年はゼロ。一方で、決勝初出場が２組と過去最少の年でもあった。

「勘弁してくださいよ」
100点が出た後、控室に戻ってきた笑い飯に、次の出番となるハライチ岩井が「勘弁してくださいよ」とこぼす。

武智アイズ

史上初の100点という快挙と語り継がれる「やっちまった事件」

トピックスは「鳥人」以外ありえないですよね。最後まで爆笑で終わって、完全に笑い飯優勝の空気でした。最終決戦で普通のネタやっておけば優勝してたはずなのに、そこで攻めすぎちゃうのも笑い飯さんらしいというか……。あれでわかったのは、下ネタでは優勝できないということ。勉強になりました。

さすがだったのは、その後をちゃんとマークしてついてきてたパンクブーブーさんです。ネタをあきらめずに仕上げてきたから、「鳥人」で背中が見えないぐらい離された笑い飯さんに食い下がれて、下ネタでこけた時に抜き去ることができた。天才じゃない努力型タイプが優勝できるのも、M-1の良さなんです。

［審査員コメント］

「ハイレベル、今日は。楽しく見てます」

(パンクブーブー審査時／オール巨人)


「まさに今日今のところ第2位。笑い飯が決勝は多分ネタがないので」

(パンクブーブー審査時／松本人志)


「100点つけたらあかんと思ってた。後で困るから。でも困ってもええわと思うくらい感動しました」

(笑い飯審査時／島田紳助)


「番組自体もまだふわふわしてる感じが。誰が悪いわけではなく、爆発って意味では運転手の原田さんくらいで」

(東京ダイナマイト審査時／松本人志)


「笑い飯は、燃え尽きました」

(パンクブーブー審査時／島田紳助)


「応援してたんですけどねぇ……恋をすると……」

(ハリセンボン審査時／上沼恵美子)


「ちょっとガラ悪かったかなぁ」

(モンスターエンジン審査時／中田カウス)


「若いのにいい味があってきちんと自分たちを出して、いい感じですね」

(ハライチ審査時／渡辺正行)


「Wikipediaで鳥人を調べてみようかな」

(笑い飯審査時／松本人志)

【決勝までの道のり】

［敗者復活戦メンバー］

アームストロング	かまいたち	上々軍団	ダブルネーム	ハイキングウォーキング	見取り図
朝倉小松崎	ギャロップ	志ん茶	チーモンチョーチュウ	ハマカーン	メメ
アジアン	キングコング	スーパーマラドーナ	千鳥	風藤松原	U字工事
いけばな教室	銀シャリ	スマイル	チャド・マレーン	藤崎マーケット	ゆったり感
囲碁将棋	コマンダンテ	スリムクラブ	天狗	プラスマイナス	ラフ・コントロール
井下好井	さらば青春の光	ソーセージ	天竺鼠	プリマ旦那	レモンティー
鬼ケ島	三拍子	ソラシド	トレンディエンジェル	ヘッドライト	ロシアンモンキー
オリエンタルラジオ	磁石	ダイアン	とろサーモン	POISON GIRL BAND	我が家
ガスマスクガール	ジャルジャル	タイムマシーン3号	流れ星	ポテト少年団	和牛
カナリア	ジャングルポケット	Wエンジン	NON STYLE	ミサイルマン	

この年、敗者復活戦が初めて地上波で生放送された。翌年の決勝を騒がすスリムクラブ、後期の常連となる和牛や見取り図らが初出場。なお、NON STYLEがこちらに出場していたため、決勝でのトロフィー返還はカットに。スタジオとの中継時、今田に振られた石田は「まさか僕もこっちにおるとは思ってなかったです」と応えた。

ブーブー

黒瀬純

あの忙しさを人生の中で経験できてよかった

それぞれが語る
M-1グランプリの
記憶と魅力

2009年
チャンピオン
インタビュー

パンク

2009年、初めての決勝進出で優勝を掴んだパンクブーブー。芸人を続けるか否かという岐路に立ちながら予選で掴んだ手応えを自信に変え、〝勝てる〟漫才を追求。優勝した翌年には自分たちらしい漫才で敗者復活戦から最終決戦へ進んだ。当時、そして優勝後のM-1への思いをそれぞれに聞いた。

撮影／TOWA　取材・文／高本亜紀

佐藤哲夫

決勝に行けなかったら芸人を辞める頼みの綱だった大会

笑い飯さんが出した100点で冷静になれた

ウケなかったらマイナスになる今よりシビアな大会だった

――当時はどんな思いでM-1と向き合っていましたか?

2005年辺りからは毎回ラストチャンスだと思っていました。正直なところ、僕らはすでに30歳を超えていましたし、周りの若手と比べて芸歴も重ねているほうで。仕事の場も限定されていたし、若い子たちに回ってくるオーディションの話は来ない。チャンス自体がほとんど回ってない状況になりつつあったんです。だから（島田）紳助師匠が「M-1」は10年で踏ん切りをつけるために始める大会だと言われた通り、（出場資格がなくなる）10年までにとにかく決勝へ行きたいと強く思ってましたし、決勝に行けなかったら芸人を辞めるつもりでした。それくらい頼みの綱としていましたね。

――となると、2009年に初めて決勝へ行けた時はホッとした気持ちもあったのですか?

それは全くなかったです。当時は今よりもお祭りムードが少なかったというか。今は決勝に出てたら何かしらプラスのイメージになりますけど、以前は面白いか面白くないかがはっきりと出たシビアな大会で。ウケなかったら面白くないヤツだと思われてしまったりとマイナスになることも多かったんです。だから決勝が決まってから2週間くらいは決勝でスベる夢で何度も起きますし、手の皮がボロボロになって。病院へ行ったら緊張で手汗をかき過ぎで剥げていますと言われました。人生で初めてでしたね、あんなに緊張したのは。

――前年の2008年は準決勝で非常にウケたものの、敗退してしまった。悔しさもあったのではないですか。

めちゃくちゃウケましたからね（笑）。ただ、あそこでやっていることは間違ってないと確信できました。その時にやったネタはめちゃくちゃウケたし、自分たちにも合っている。まだ結果は出てないだけで方向性は間違ってない。ならば、あとは決勝行きを決めて本番で結果を残すだけだなと思ったので、2009年はウケたそのネタをベースにネタを作ろうと。で、そういうネタを量産したんですよ。当時、新ネタライブが多くて（決勝用のネタを）煮詰めることができなかったので、新ネタの中で前半部分は毎回設定とかを変えて、後半は同じ流れに持っていくというパターンの漫才を何本も作って。そこから、出来がよかったネタ2本をチョイスして仕上げていったんです。

彼はセリフが長くなると言えない（笑）

――色んなネタからいいところだけを抽出して1本にしたと。ネタは佐藤さんが作られていますが、例えばやりとりの中で出てくる黒瀬さんのツッコミ台詞まで細かく決めているんですか？

今もそうですけど、土台となる部分やフリとなる部分、流れ上、絶対に言ってほしいことやボケとして入れにくいものは指定してます。けど、彼はセリフが長くなると言えないんだよなぁ（笑）。「覚えにくいな」とか言い始めるので、2行以内に納めることを意識してあとは自由にやってねって。セリフを喋るのも苦手なので、台本上は簡単にして面白く味付けしてねって（台本を）渡してるんです。相方から自然に出てきたことがいいグルーヴにもなることも、もちろんあるんですけど、邪魔なものも生まれるんですよねぇ。『バカバカ！』とか『～～やろが！』とかは、彼が急に言い始めたもの。僕がネタを作ってると話すと、「あのツッコミも考えてるんですか？」と聞かれるんですけど、それは心外（笑）。彼のセンスは尊重してますけど、相方が最後にぐにゃぐにゃっと言うヤツは僕が指示したものではありません、と言っておきたいですね。

――（笑）。2009年の決勝、ファーストラウンドで笑い飯さんが100点を取ったあとの出番でしたが、その時の心境は？

あの100点で気持ちが楽になりました。それは諦めとは違っていて、元々は決勝でウケて面白いという印象を残すことが目標だったんです。だけど、いざ会場に入ると1000万円が目の前にありますし、憧れのスーパースターが審査員席で自分たちの漫才を見るわけじゃないですか。そうなると、やっぱり優勝を夢見ていつもと違うことをして逆転優勝を狙ってやろうかっていう気持ちが出てしまうんですよ。けど、あの100点が出たことで冷静になって、自分たちが今までやってきたことをしっかりとすれば絶対にウケるし、審査員の方々も視聴者のみなさんも会場のお客さんも面白ければちゃんと評価してくれると考えられるようになりました。

ここから先10年は生きられるやんと思った

――それほど100点というのは衝撃的な得点だったと。

笑い飯という才能の塊のようなコンビには、センス的に到底叶わない。なんせ僕らは笑い飯だけではなく、たくさんの後輩がバンバンと売れていく中で取り残されていた人間ですからね。持って生まれた環境とそこで培ってきたセンスの違いは、いろいろと見せつけられました。そんなセンスがある人たちと勝負する時、自分もセンスを持ったかのような漫才で勝負したら食われてしまうだけ。だから構成だったり技術的な部分だったりでカバーしながらやるしかないと思っていましたし、この時も自分自身の役割を果たすことに終始したのがよかったんじゃないかなと思います。最終決戦も冷静でした。優勝も答え合わせというか。芸人を辞めることを考えていたので、優勝した時は〝あぁ、ここから先10年は（漫才師として）生きられるやん〟って思いましたね。

――優勝後、翌年のM-1にも挑戦して、敗者復活戦から勝ち上がりました。

優勝したネタは王道の漫才コントを自分たちなりのボケとテンポで追究したものだったので、僕たちのオリジナリティがあるネタではなかったんです。一生、漫才師でい続けるためには自分たちなりの走り方が見える漫才の形が必要で、「あぁ、パンクブーブーのパターンね」って言われる漫才をやりたいなということで出ました。だから、決勝で2本もネタができて満足です。もちろん勝つに越したことはないんですけど、あそこで世の中に僕らのパターンが広まったんじゃないかなと思います。

――さらに熱狂を帯びるM-1を今どう見ていますか？

エントリー数が1万組を超えたそうですけど、本気で優勝を目指して戦っているのは100組くらいなんじゃないですかね（笑）。だけど、芸歴5～7年目くらいの人たちは漫才がめちゃくちゃうまい。ぐんと世代が変わったように感じます。はっきりとした原因はわからないですけど、ネットの普及によって情報量が増えたこと、今の世代の子たちが物心ついた頃には『M-1』があったというのが大きいんじゃないかなと思います。その辺りの漫才師は、僕らが若手の頃になかった技術や当時新しい技法とされていたものを取り入れながら、さらに先の進化した漫才を作っているのでぜひ注目いただきたいですね。

佐藤哲夫
1976年4月3日大分県生まれ。
吉本興業福岡事務所6期生となり、
2001年に黒瀬純とコンビ
「パンクブーブー」結成。
2003年に福岡から東京に拠点を移す。
『THE MANZAI 2011』チャンピオン。
現在はNSC東京にて講師も務める。

王者として観てくれる人がいる以上いいネタをやり続ける

決勝進出者発表で呼ばれた時周りが喜んでくれたことが嬉しい

――当時はどんな思いでM-1と向き合っていましたか?

M-1で結果を出せないなら芸人を辞めるしかないと思っていました。相方は実際に辞めようかなと言っていましたし、決勝に行くなり何かしら結果を残せないなら、この先、漫才師としては無理なんじゃないかって。で、M-1用のネタを作って準決勝くらいまでは残れるようになったものの、なかなか決勝には行けなかった。その頃は周りの芸人が支えになったと言いますか……。毎年、準決勝終わりにガリットチュウの福島(善成)とかが来て「めっちゃウケてたから絶対決勝行くよ」って神輿にあげてくれるんですよ。けど、大体その神輿は結果発表で外されてましたね。1回、準決勝終わりにPOISON GIRL BAND・阿部(智則)から「どうせ俺ら落ちてますよ」って言われて。…なぜか僕らも落ちてるほうに入れられてたんですけど(笑)。そうだな、って何人かで飯を食いに行ったんですよ。そうしたら、僕の携帯電話に吉本の社員さんから連絡があって。ちょっと期待しながら出たら「そこに阿部さんいますか?」って言われて。決勝に行ってたのはポイズンだったんです。で、阿部が謝りながら帰っていったのはめちゃくちゃ覚えてます。あれ、悔しかったですね。M-1って賞レースにおいて頂点の大会なので、懸ける思いはやっぱり強くて。2009年の決勝進出者発表で僕らが呼ばれた時、みんながすごく喜んでくれたんですよ。それが一番嬉しかったですね。

――面白いと言ってくれる周囲の芸人に救われていたと。

そこしか(希望は)なかったですね。当時出てる番組は『爆笑オンエアバトル』くらいでしたけど、漫才で高得点を取らないとオンエアされなかったじゃないですか。『爆笑レッドカーペット』には自分たちからオーディションに行かせてくれって言ってから出られるようになったんですけど、若手に声がかかるオーディションには呼ばれない。自分たちでチャンスを掴みにいかないとなかったんです。

そういうこともあったから2009年に初めて決勝へ行けた時はめちゃくちゃ嬉しくて、(進出者発表が終わって)3時間くらいずっと泣いてました。泣き過ぎて、M-1のカメラマンさん、先に帰っちゃいましたからね。

取っ払いのバイト代でテレ朝へ

――(笑)。そして、決勝では初進出で優勝を果たします。

嬉しかったですね。歴代チャンピオンの中で僕らが一番、優勝した当時、貧乏だったんじゃないですかね? 僕は阿佐ヶ谷の家賃5万6千円のところに住んでましたし、相方は優勝した1週間後、料金が支払えなくて電話が止まってましたからね。決勝前日も次の日の電車賃がないから新宿の焼肉店でバイトしていて。そこは取っ払いだったんで、働いてもらったお金でテレ朝に向かったんです。決勝は後にも先にもないくらい緊張して。僕らは新参者でしたけど、これまでに決勝へ行っている人たちはABC放送のスタッフとも仲良く喋っている。うらやましいなと思いながら楽屋にも入らずネタ合わせばかりしてました。けど、コンビ名すら噛むくらい緊張してて。実は僕ら、本番でネタを飛ばしてるんですよ。相方も飛んだんですけど、お互いに飛んだとこが一緒だったから慌てることもなく進められたっていうのは奇跡でしたね。

――一度の決勝進出で優勝できると思っていましたか?

思ってなかったですね。1回目の決勝で爪痕を残して、2回目の決勝で優勝するというのが僕らのプランだったので。あと、ファーストラウンドで笑い飯さんが100点を取りましたよね。僕ら、最終決戦前はネタ合わせをしてたので(笑い飯さんを)観てなかったんですけど、100点が出たってことは笑い飯さんが優勝なんだろうと。じゃあ、決勝までは来たし、あとはウケるだけだと思えて気楽に出来ました。まさか自分たちが優勝できるとは思っていなかったので、僕、(最終決戦の審査発表前の)CM中、西田さんにおめでとうございますって言っちゃったんですよ……。だから優勝してもあまり喜べなかった。相方も喜んでなかったと思いますね。

面白い漫才ができたら出ようと話していたラストイヤー

――そして翌年、ラストイヤーでもう一度挑戦して敗者復活戦から勝ち上がります。

面白いパターンの漫才ができたら出ようか、くらいだったと思います。で、パンクブーブーらしいネタができたから、じゃあ出ようかと。あのネタができなかったら出てなかったんじゃないですかね。

——らしさといえば、パンクブーブーさんの漫才は黒瀬さんの独特なツッコミも印象的です。

ネタを作っている相方が書いているワードを基本言うようにしてますけど、こうじゃないなと思った時は3回目くらいから気づかれないようにちょっとずつ変えて、自分の感じに染めていっています。『バカバカっ！』『なんとかやろが！』みたいなのは、ネタ番組とかでアドリブとして入れたりはします。けど、M-1ではやらないですよ？　やったら、相方に「何それ。やめて」って言われるだけですからね。

——今、M-1はどんなふうに観ていますか？

毎年（博多）華丸さんとバッドボーイズの佐田（正樹）、スパローズ森田さんとかみんなでお酒を飲みながら観るのが恒例行事になっていますね。で、大吉先生の点数にああでもない、こうでもないって言って。とろサーモンは九州勢なので、2017年は最終決戦で審査員の票がめくられるたびにみんながちょっとずつ立ち上がっていって。優勝が決まった時はよっしゃーって喜びました。その動画を、村田（秀亮）に送りましたね。その頃くらいまでは知り合いが多かったので手に汗握ってましたけど、今は関わりのある人も少ないのでただ楽しく観てます。

——参加する漫才師のみならず、多くの人が熱狂するM-1の魅力はどんなところにあると思いますか？

人生がかかってるのがやっぱり面白いんでしょうね。僕も優勝して家賃13万円のところに引っ越せましたし、優勝直後はどんだけ乗るんだっていうくらいタクシー移動をしてて。1、2カ月は夜中に家帰ってシャワーだけ浴びて、ベッドで寝ると起きられないから斜めにした座椅子で寝て…っていう毎日でした。今あの頃に戻れと言われたら絶対に嫌ですけど、あの忙しさを人生の中で経験できてよかったと思っています。僕にとってM-1は人生が転換したきっかけですから。それに、いまだにチャンピオンだと声をかけてもらえるのは、大会自体がどんどん盛り上がっているからこそ。もちろん王者として観てくれるたくさんの人がいる以上、いいネタをし続けなきゃいけないという責任感もあります。今挑戦してる人たちもきっといろんな経験して新たな漫才師がどんどん生まれるんだろうと思うと、これからのM-1もすごく楽しみですね。

黒瀬純
1975年福岡県生まれ。
吉本興業福岡事務所8期生となり、
2001年に黒瀬純とコンビ
「パンクブーブー」結成。
2003年に福岡から
東京に拠点を移す。
『THE MANZAI 2011』
チャンピオン。

9

M-1グランプリが終わる——その情報を耳にしたときの感情を後に振り返ると、あるものは「『終わっちまえ』と思った」と言い、あるものは「眼の前が真っ暗になった」と言う。芸人たちの愛憎を一身に受け止めてきた大舞台は、この年で一度幕を下ろすこととなった。誰もがラストチャンスに賭ける中、その思いがひときわ強かったのは9年連続9回目の決勝出場となった笑い飯だろう。だがその勝利を阻まんと、思わぬ伏兵が立ちはだかる。何をしでかすかわからない、はぐれ者めいた男たち——まるで2002年の笑い飯自身のようなコンビの出現が、最後の決勝をかきまわした。

文／斎藤岬

2010年12月26日　開催

2010

常に漫才を進化させてきた、
M-1グランプリの象徴的存在が
悲願の優勝を果たした——

前年のNON STYLEと同じく、前王者が敗者復活戦を勝ち上がり決勝戦へ。2本目のネタは2分半程度と短かった。

審査員の心をつかみ、笑い飯を焦らせた伏兵。最終決戦直前、真栄田は「今年のM-1はセキュリティが甘い」と一言。

思わぬ伏兵の出現で 混迷した前期M-1最終年の戦い

1603組から4835組へ。漫才人気の捲土重来を期して始まったM-1は、10年で巨大な存在へと成長した。初回の3倍に膨れ上がったエントリー数は、その証左だろう。そして2010年、芸人たちの命運を賭けた戦いの場は、当初の目的を達成したとして、終わりを迎えた。

1番手のカナリアは「ドレミの歌」に乗せた漫才を披露。転がり込んだラストチャンスだったが、600点の壁を超えられない。続くジャルジャルは、漫才衣装らしからぬ黒Tシャツ姿で現れ、その見た目通り掟破りなネタをやってのける。台本の存在に言及するメタな漫才に審査員は困惑。点数発表直前までざわついた。

最初の爆発を起こしたのは3番手のスリムクラブだ。真栄田の最初のボケまで40秒、それに対する内間の返しには10秒以上。大きな笑いが起き、彼らの言葉を待つ空気が一気に醸成される。今大会の〝掘り出し物〟がこの瞬間に決定した。

トリッキーな組が連続した後は、打って変わって正統派しゃべくり漫才の銀シャリの出番。漫才師然とした立ち姿も美しく、緩急の効いた橋本のツッコミが冴える。同じく正統派と目されるナイツは、時事ネタに言い間違い、さらに「ヤホーで宮崎駿を調べてきました」と2年前の

本企画内、番組写真提供／ABCテレビ その他／河村正和

2010

大型新星、スリムクラブ現るも「ミスターM-1」こと笑い飯が悲願を達成。

「でも知ってるからなぁ……」
(ジャルジャル・後藤)

「このチンポジ野郎ー!!」
(パンクブーブー・佐藤)

秋から『ピカルの定理』が始まり、ブレイクの最中に2年連続で決勝進出。

紹介VTRでの「なにわの漫才師ジャルジャルが決勝で大暴れや！」発言もフリに聞こえてくる、掟破りのネタで勝負。

昭和めいた雰囲気ながら、「ヴィレッジヴァンガード」「CD-R」など漫才では珍しいワードが飛び出す。

「人違いですよ」
(スリムクラブ・内間)

最後の大会で初出場にしてトップバッターとなったカナリア。

スポーツ界の1年の出来事を振り返る時事漫才。前半のボケを後半で再利用する構成の妙を見せた。

「吸うものは吸うように発音すべき」と持論を展開する又吉に、綾部のストレートなツッコミが決まる。

「やったー!ビキビキ、ビッキーズ!」
(笑い飯・哲夫)

決勝のくだりも取り入れ、3年連続ファイナリストとしての集大成を見せた。〝9度目の正直〟が懸かる笑い飯は、前年の「鳥人《とりじん》」を彷彿とさせる「サンタウロス」のネタで挑む。後半にかけて速度と飛距離を増すWボケは圧巻のウケをとり、ほぼ全員が90点台後半という結果に。危なげなく最終決戦進出を決める。

前年に頭角を現したハライチは、パワーアップしたノリボケ漫才で挑むも5位で敗退。一方、この年『キングオブコント』決勝を沸かせたピースは、漫才でも実力を発揮する。又吉が「魂」を吸い込む場面では、死神とあだ名される風貌も相まって拍手笑いが生まれた。そして最後に、前王者のパンクブーブーが敗者復活で登場。日本語の構造を活かした〝何か起きていそうで何も起きていない〟漫才で、前年を上回る高得点を叩き出す。笑い飯と並ぶ1位タイと発表されると、佐藤は「このチンポジ野郎――!!」と叫んだ。

〝ダークホース〟スリムクラブ、〝決勝のヌシ〟笑い飯、〝前王者〟パンクブーブーという熾烈な三つ巴となった最終決戦で、勝利をもぎ取ったのは笑い飯だった。ネタは「小銭の神様」。M-1の申し子が、最後の最後でとうとう王座についた。これほど「有終の美」という言葉が似合う場面もないだろう。晴れ晴れとした二人の顔は、10年にわたる夢の舞台の幕引きにふさわしかった。

[順位・得点]

	出番順	総合得点	島田紳助	松本人志	南原清隆	大竹一樹	渡辺正行	宮迫博之	中田カウス
笑い飯	⑥	668	96	96	98	97	90	95	96
スリムクラブ	③	644	91	96	93	91	88	91	94
パンクブーブー	⑨	668	97	97	94	91	95	98	96
ピース	⑧	629	88	89	87	89	89	92	95
銀シャリ	④	627	87	90	89	89	87	93	92
ナイツ	⑤	626	92	88	90	90	88	91	87
ハライチ	⑦	620	87	86	89	90	90	90	88
ジャルジャル	②	606	86	87	88	89	87	90	79
カナリア	①	592	81	85	86	87	85	88	80

ジャルジャル、スリムクラブと変化球が続き、審査員席のざわつきは会場全体に波及する。ことにスリムクラブの衝撃は尾を引き、島田紳助はナイツの審査時にも「あそこから点数おかしくなったんですよ。漫才として上手いのか下手なのかわからなかった」とコメント。他方、前期最終年にして初めて審査員を務めたさまぁ～ず大竹はパンクブーブーを「さすがチャンピオンですね。期待値を超えてくる」と褒めるも、ほかの誰よりも低い点をつけていることを今田に指摘される。「あのコメントやったら98点くらいやないと」とツッコまれ、「全体に低くつけすぎちゃって！」と弁明。同じく初登板となった雨上がり決死隊（当時）・宮迫も最終決戦の投票後に「ボタン押すとき、震えてしまって……」とぼやいた。歴戦のプロであってもそれほど苦心する、ネタの審査という行為の難しさ、正解のなさを余さず映し出したのもM-1の功績のひとつだったと言えるだろう。

[こぼれ名シーン]

国技館での準決勝 例年は東京・大阪それぞれで行われる準決勝が、国技館での1日開催に集約。中川家らによるトークショーも併催された。

スリムクラブに怯えた笑い飯
優勝者記者会見で西田は「スリムクラブが怖くて怖くて……ひやひやしました」と心中にあった焦りを語った。

立ち上がる中田カウス
ジャルジャルの漫才をどう評するか、審査員は苦悶。落ち着かないのか、中田カウスは点数発表間際に立ち上がっていた。

前年は首の筋を攣った佐藤
最終決戦終了後に感想を聞かれたパンクブーブーは、前年の優勝決定時に佐藤が首をつっていたことを明かす。

武智アイズ

9年連続出場という偉業を成し遂げたミスターM-1

大会が終わると知って、大事な家族を失ったぐらい目の前が暗くなった年ですね……。この年はこれまで頑張ってきた笑い飯優勝でいいでしょうという雰囲気の中、それをなしにするぐらいスリムクラブが追い上げてきた。笑い飯さんからしたら、とんでもない邪魔が入ってたまらなかったんじゃないですか。

M-1最後の年で、笑い飯がラストイヤーでなかったら、スリムクラブの満票優勝もあったかもしれません。それは贔屓という意味ではなく、スリムクラブは笑い飯が９年間積みあげたものと戦わなければいけなかったということ。最後の最後でM-1に愛されたのは笑い飯さんやったんでしょうね。

[審査員コメント]

「漫才らしい漫才」
(銀シャリ審査時／中田カウス)

「これはねぇ、漫才ととっていいのかってところがちょっとありましたね」
(ジャルジャル審査時／松本人志)

「時間が惜しくないのかな」
(スリムクラブ審査時／松本人志)

「今日の中ではパンクブーブーが1番です」
(パンクブーブー審査時／島田紳助)

「さすがチャンピオンですね。期待値超えてくる。まぁ91点ですね」
(パンクブーブー審査時／大竹一樹)

「本当に僅差で、スリム飯って書いたろうかと思った」
(最終決戦にて／松本人志)

「2人でわたり合ってるのが漫才なんですけど、1人よがりになりすぎたかなぁ」
(ハライチ審査時／中田カウス)

【決勝までの道のり】

[敗者復活戦メンバー]

グリーンランド	初恋クロマニヨン	井下好井	お湯	ギンナナ	磁石
三四郎	ななまがり	ボルトボルズ	天狗	平成ノブシコブシ	東京ダイナマイト
ラフ次元	デスペラード	ダブルアート	ロシアンモンキー	とろサーモン	ゆったり感
あどばるーん	ミルクボーイ	エリートヤンキー	ブレーメン	笑撃戦隊	タイムマシーン3号
土佐駒	マキシマムパーパーサム	ブロードキャスト	ハイキングウォーキング	チーモンチョーチュウ	モンスターエンジン
どぶろっく	トンファー	LLR	スーパーマラドーナ	千鳥	囲碁将棋
天使と悪魔	マテンロウ	えんにち	かまいたち	マヂカルラブリー	パンクブーブー
スマイル	和牛	トレンディエンジェル	プラスマイナス	プリマ旦那	
ダブルネーム	セルライトスパ	ギャロップ	天竺鼠	POISON GIRL BAND	
メトロクラフト	ミサイルマン	アームストロング	ジャングルポケット	ウーマンラッシュアワー	
デニス	ソラシド	三日月マンハッタン	風藤松原	我が家	
シャイニングスターズ	エレファントジョン	ボーイフレンド	バース	アーリアン	

3回戦の後に準々決勝が新設され、準決勝出場者数が例年よりも大幅減。ただし準々決勝敗退組にも敗者復活戦出場権が与えられたため、過去最多の67組で争うことに。のちの王者ミルクボーイもこの措置によって初めて敗者復活戦に出場している。会場からの中継では、千鳥が「シンプルに口が臭い」を披露する一幕も。

/スリムクラブ

2010年大会とは

前期M-1最後の大会となった2010年。予選に準々決勝が新設され、準決勝は国技館で開催。敗者復活は準々決勝敗退組も参加できるなど、初めての試みが多い攻めた大会となった。決勝は初出場が5組並ぶフレッシュな顔ぶれに。前年惜しくも優勝を逃した笑い飯が有利というムードの中、ダークホースのスリムクラブと敗者復活で上がってきたパンクブーブーが猛追。最後は笑い飯が悲願の優勝で幕を閉じた。

笑い飯／ナイツ

M-1ファイナリスト 同窓会❷ 2010年組

みんなM-1のファンだから
笑い飯さんが優勝した時は嬉しかった

10年目の集大成として行われた「最後の大会」は
笑い飯の優勝で大団円を迎えた。
その光景は伏兵のスリムクラブ、
優勝候補の一角だったナイツにどう映っていたのか。
3組が歩んだ前期M-1の歴史を総括する。

撮影／TOWA　取材・文／鈴木工

未来ノートに書いた「松本さんから96点」

哲夫　内間、どう思います？　こういう風に集まれて。

内間　やっと集まれたなと。2010年、みなさん大変でしたね。

西田　何が大変だった？

内間　まず、あの舞台に立てるのかどうか……。僕ら初めて決勝に行ったのが2010年で……。

真栄田　今、内間はM-1より緊張してます。

塙　2010年を振り返ると、そもそもスリムクラブさんが決勝来た時、嬉しかったんですよ。2003年ごろに芸人の友達の家に行ったら、スリムクラブさんの2人が来て4人でお茶したことがあって。そこで「絶対僕らはM-1の決勝に行く」という未来ノートみたいなものを書いていて、すごいコンビだなと思っていたんです。そうしたら本当に決勝行って鳥肌が立った。そのノートの計画だと、2010年よりも前に行く予定だったんですか？

真栄田　2009年でしたね。でもその頃は『エンタの神様』をクビになって一発屋になってた時期で、仕事がなくて沖縄帰ろうかなと思うぐらいだったんですよ。そこでM-1の準決勝落ちて、うわっと凹んでいる時、スタッフさんに「来年おまえらの年になるぞ」と言われたんです。聞いたら敗者復活戦にギリギリ落ちていたらしくて、もう1年頑張ろうと切り替えられました。あとそのノートには「決勝で松本さんが96点入れる」とも書いていて、最初の点数が96点だったんです。だからファーストステージで涙が出てきました。

土屋　ノートを書くタイプに見えないのにすごい。

真栄田　今も書いてますね。闇営業だけ書いてなかったんですけど。

土屋　それ予言してちゃダメでしょ。

塙　それにしても漫才が衝撃でしたよね。

哲夫　スローというか、ゆったりした間の使い方で。

塙　2008年に初めてM-1に出た時、ヤホー漫才で僕たちが一番ボケ数が多いと思ってたら、NON STYLEがちょっとした間で膝を叩く漫才で、さらにボケ数が多かった。もうボケ数でも勝てない、他に何かないかなと思っていたら、2010年はスリムクラブがボケ数少ない漫才をやった。まるでNON STYLEがフリになっているかのように感じたので、余計覚えてますね。

真栄田　スピードはそんな意識してはなかったんですよ。本当に内間がやりやすいようにしていったらああなった。居酒屋で飲んでる時、あんな感じなんです。内間は昔は自信がなくて自分を否定してたんで、誰かの真似をして早口だったんです。でも嘘ついてる人って面白くないじゃないですか。それで「おまえのままでいいよ」って合わせていきました。だからM-1のネタをやってたライブで、ネタ中に止めたこともあります。

西田　あれは内間の間やもんな。

内間　最初、自分の役割ってなんだろうと思ったら、一応ツッコミの立ち位置だったんですね。フットの後藤さん、NON STYLEの井上さんみたいに、ちゃんとしたツッコミしないといけないなと思って頑張っ

スリムクラブがいて鳥肌立った

ちゃったんですけど、どうやら違かったみたいで。真栄田さんは僕にそのネタの状況を感じろって言いますね。変な人に絡まれたら、僕の情報処理能力が遅いんで、どうしてもゆっくりと対応してしまう。その状況を味わっていたらあの間になってきたんです。戦略というか、ただ絡まれただけ。

塙　本番はスリムクラブが漫才をやってる時に、もう無理だなって正直思ってましたね。番組が最終年にわけわからない攻め方をしてて、あの年だけネタ中にワイプを2つ抜いていたんですよ。裏でそれ見てると、紳助さん、松本さんとか、むっちゃ笑っていた。それ見た時に戦意喪失して、「これはもうスリムクラブが優勝する。僕らはもうついな」と話したのを覚えてます。

真栄田　笑い飯さん、ナイツさんは格上のソルジャーたちという印象なんで、僕らは戦うというより、自分らがちゃんとできればいいという気持ちでした。でも本番前、せりあがりのエレベーターに乗る時、ここしかないと思っていたから、めっちゃ緊張してたんですよ。そしたらこいつがポンと肩に手を置いて。「今までありがとうございました」

西田　ネタ終わったら消えてなくなるやつや。

哲夫　周りの人に聞いても、「内間？　そんな人、聞いたことない」。

真栄田　「緊張してるでしょ。めっちゃこのネタ好きで笑ってるから、俺だけ見ていてください。松本さんを見たら緊張するから、絶対見ちゃダメです。上戸彩さんはちょっと見ていいです」と言ってくれたんですよね。

「最後は笑い飯だろう」という空気があった

西田　あの大会、ナイツは何回目だった？

土屋　決勝は3回目でした。

塙　2008年はヤホー漫才、2009年は言い間違いを進化させた自己紹介の漫才をやったので、2010年は新しいことやろうと思っていました。でも今見たら全然面白くないんですよ。

土屋　詰め込んでやったけど、スリムクラブがウケた時には「今日はもう違う」でした。

塙　もう勝負する型ではなかった。もともとM-1始まった時、決勝見たら自分より年下のキングコング、麒麟がテレビに出てるのが悔しくて、そのおかげで頑張ろうと思えたんです。だから2008年は勝手に打倒キングコングで、そこに勝てたことだけはもう誇りでしたね。2009年もトップバッターのわりにはよかったです。順位は前年の3位から4位になったけど、出来は前年よりもよかったし紳助さんにも褒めてもらえたから、それはすごい嬉しかった。ただ、2010年は結果も6位で、一番何もないです。ここに呼ばれても僕らのことは何も話せない。

　でも、笑い飯さんが優勝した時は嬉しかったですね。「最後は笑い飯さんだろう」という空気がありましたよね。

闇営業予言してちゃダメでしょ

哲夫　終わってから、みんなが「おめでとう」と言ってくれたのが嬉しかった。

真栄田　みんなM-1のファンですから。

内間　もっと早めに優勝してもよかったんじゃないですか？　前の年とか。

哲夫　その年は2本目やらかしたんで。

戦略というか、ただ絡まれただけ

塙　チンポジ、まるで4分やっていたかのように語られますけど、結構チンポジの部分って少ないんですよね。

西田　あれ「チンポジ」ってネタじゃない。「ラグビー」というネタだから。

塙　出番は5番目でしたっけ？　順番もよかった。

哲夫　9年出てるから、「このネタやったら5番手、6番手でいきたいな」という時にかぎって1番を引いたりしたこともあったのよ。2009年と2010年は、これぐらいの番手でやりたいなというのが引けた。

西田　でも最後の審査発表はわからんかったもんね。

哲夫　票が割れてて、紳助さんの1つ手前の松本さんが「笑い飯」で4票。俺ら優勝したなと気づいて、「やった！」と思った瞬間、紳助さんがスリムクラブに票を入れて、やったという気持ちが制限された。

真栄田　西田さんが「やっとや」みたいに感想を述べてて、あれは感動しましたね。あんまり感情出さないから。

西田　審査員が心情的に入れてくれ

はったんやけど、「優勝するとは思ってなかった」みたいな顔をしてはるなと思った。でも関係あれへん。優勝したから。

準決勝のウケで決勝進出を疑ったことはない

塙　M-1で苦しかったのはいつですか。

哲夫　トップバッターを引いてしまった時は苦しかったですね。俺らのネタってトップらしくないから。

西田　トップをとった時にかぎって、（最終決戦と）ネタをセットで用意した年で。一応やるかってやったら、あんまりトップっぽくなかった。

哲夫　トップが2回で、2番手も1回あった。

土屋　最終3組まで残ったのは何回あるんですか？

哲夫　5回。だからかけたネタは14本。ファーストラウンド9回、最終決戦5回で14ステやからな。最近、全国区のテレビ収録に行って、出番前に緊張したりすんねんけど、M-1については「なんで俺、あんなんできてたんや」と思うな。とんでもない緊張があったはずやのに。あの時は頭がいってたのかもしれない。

塙　普通、あのセットにビビって、あの出囃子がかかると一瞬頭が飛びますよね。自分も「コロコロコミック」をコクチコクチコミックと読み間違えるなんて、こんなくだらないボ

ケをゴールデンでやっていいのか？」と迷ったんですよ。俺はずっと言ってるんですけど、千葉の田舎あたりにSASUKEのようなM-1本番のセットを作ったらいいと思う。

土屋　「山田軍団 黒虎」みたいに芸人が通って……。すごい練習した若手が一度も決勝行けないこともある。笑い飯さん、準決勝のウケで「これ怪しいな」みたいな時はなかったんですか？

西田　体感ではないな。

土屋　それすごいですよ！

哲夫　唯一準決勝で失敗したかなというのが2002年。ガンと天井を突くような、行けた！　というウケ方じゃなかったんですよ。

西田　なんなら3回戦の方がウケた。

哲夫　審査員の人に聞いたら、準決勝だけで審査したらおまえらあかんかったと。1回戦、2回戦、3回戦とか、全部合算して選んでくれたみたいで。

西田　それに全部違うネタやってたから。

哲夫　2002年の準決勝だけ、変に新ネタやりたくなって。人形劇の人形と下で操る人をやるネタで、あんまりウケてない感じやった。でも決勝行けると決まった時は嬉しかったな〜。当時はよしもとのレギュラーライブのメンバーに上がって、1年ぐらい経ったぐらいで。

西田　3回目のテレビ出演がM-1だった。まだチケット手売りしていた

2010 FINAL

から。

哲夫　M-1に選ばれたら、今後漫才の仕事でお金もらえそう、という感じやったね。

土屋　それからM-1決勝に出続けて、敗者復活は行ったことないですもんね？

哲夫　そうなんよ。

西田　あの時期に外で漫才なんてするもんじゃない。敗者復活で勝った人がみんなの代表みたいな感じだった？

土屋　そうですね。あと、それぞれ自分に近い人を応援してました。

塙　2007年であれば、キングコングを応援する大阪の芸人、トータルテンボスを応援する東京の芸人、他事務所はみんなサンドウィッチマンを応援してる感じで。

あの時期に外で漫才するもんじゃない

真栄田　2010年に笑い飯さんが優勝した瞬間、敗者復活の映像があって、それは大阪の芸人がみんな喜んでジャンプしてました。

哲夫　「2009年、敗者復活の会場は笑い飯が優勝だと思ってた」という話も聞いたよ。

内間　僕、その場にいました。芸人がウケてるから、モニターの音声が聞こえないんですよ。それで改めてオンエア見たら、そんなにウケてなかった。

哲夫　全国的にはスベってるけど、敗者復活の会場だけウケていたんやな。

名前を呼ばれた人が光って見えた

哲夫　ナイツは苦しかった時ある？

塙　もう出られないとなった時、来年から寂しいけど出なくていいんだという解放感はありましたね。

土屋　だから、出られる状態の間はずっと苦しかったです。

塙　年末になると、「やばい。またネタを作らなきゃいけない」という気持ちは常にありましたから。

哲夫　義務教育のテストみたいな感じね。

真栄田　僕がきつかったのは、決勝進出者の発表ですね。そこで名前呼ばれなかった時はもう本当に……。呼ばれた人が光って見えた。

2016年も準決勝の反応がよくて、名前を呼んでもらえたんです。でも決勝で銀シャリがめちゃくちゃウケて、「俺たちはウケない」という心の声が聞こえてしまった。俺らのネタは3日ぐらいで出来たんですよ。ルミネtheよしもとで2回しか試してない。それで決勝行ったから、めっちゃ練習している銀シャリに申し訳なさがあって。変に弱さが出たのか、始まりからスベってるんですよね。苦しさを感じながら漫才をやって、終わったら、「いい加減にしてください」と上沼さんに怒られた。あれは心のおごりが見えたのか……。

西田　俺らも怒られたな。2004年の決勝でネタを6分ぐらいやった時に。舞台はけてきたらすぐテレビ局のスタッフに捕まって、「おまえらのせいで優勝発表が放送できなかったらどうなんねん!」と怒られた。

哲夫　そもそもそれぐらいの尺のネタやってん。その年だけは一所懸命練習して、早口で喋って、4分半まで短くした。どこを切るとかじゃなくて。

西田　それで本番、普通の口調でやったら6分になっていた。麒麟も6分ぐらいやってたから、やっていいもんやって思ってたんやけど。そこから時間が厳しくなっていった。

哲夫　あの年優勝したのがアンタッチャブルさんで、ネタが3分ちょいぐらい。短いところに大爆笑を詰め込んだ方がやっぱりインパクト強いし、短さを感じさせへん。

西田　もうちょっと欲しいと思わせて、満腹になる前に終わらせる。

哲夫　6分やると、最後の2分はみんな不安になるから。「こいつら止めへんのちゃうか?」って。

昔はドキュメンタリー今はバラエティー

土屋　旧M-1と新M-1の違いって何でしょうね。

西田　新M-1の方が、ぱっと明るい感じしますね。

哲夫　最初は照明も暗かったし、笑かすよりも厳かさのほうが強かった。

塙　特に第1回はそうでしたね。赤坂泰彦さんが司会で、中川家さんを石川家と呼んだり、ハリガネロックさんをアメリカンロックと言い間違えた年。あれを参考にわれわれの漫才が生まれました。

紳助さんがいるといないとで違う

哲夫　あの頃、審査員はどんな気持ちやったんやろうね。ネタの最中、パッって紳助さんを映したらブチぎれてたで。

西田　なんであれ映すんや。モニターに凄惨なニュースが映ってるぐらいの顔をしてた。

塙　いや、あれがよかったんですよ。

哲夫　スリムクラブは旧M-1も新M-1も両方出ている。違いは感じた?

内間　はい。昔はドキュメンタリーで、今はバラエティーというか。カラーが違う感じしますね。

真栄田　再開してポップになりましたよね。昔は暗いというか渋いというか、怖かったです。

哲夫　紳助さんがいるといないとで違う。

真栄田　それはあるかもしれません。2016年、僕らはそんなにいい出来ではなかったんですけど、笑い声が来るのが不思議な感じで。昔だったらもう耐えられなかったかもしれ

銀シャリに申し訳なくて

M-1を14ステやからな なんであんなんできたんや

最後まで結果わからんかったもん でも関係あれへん。優勝したから

ない。

土屋 昔は予選からして、裏がもうピリついてた。

西田 最近は結構もうなあなあというか、仲いい感じみたい。今出てる若い子なんて、M-1見てこの世界に入ってきたわけでしょ。

塙 そうでしょうね。第1回から24年も経ってるんで。

哲夫 今、NSCの講師やっていると、「このネタ、M-1でやったら予選受かりますか」と聞いてくる生徒がいるもんね。それに対しては、「今までで何回も擦られたテーマやから、もしかしたら毛嫌いする審査員おるかもわからん。けど、そんなの別にどうでもいいという審査員もおると思うから、わからん」と答えます。

西田 去年ラストイヤーで終わってしまった後輩と喋ってたら、「M-1を見て芸人になろうと入ってきたけど、1回も決勝まで残らなかった。自分の人生にM-1が絡まないまま終わったのがまだ信じられない。何していいかわからないです」と言ってた。

塙 オリンピックみたいなもんですもんね。

哲夫 最近思ったのは、テレビとして見た時、M-1はF1を超えたんやなと。F1のファンはF1が大きな存在かもしれないけど……

西田 ワンばっかりで、もうわからない。

哲夫 どういうことかと言うと、最初、M-1の優勝者はシャンパンファイトをやってたわけですよ。存在が上であるF1のパロディーをやっていたのが、もうやらなくなった。ということは、M-1はもうM-1だけでいけると判断されたんでしょう。

土屋 なるほど。シャンパンファイトなくなったのがいつですか。

哲夫 2004年か2005年ぐらい。

土屋 早っ！ わりと早くに超えていた。

グランドチャンピオン大会があったら出るか？

哲夫 芸歴制限が撤廃されたら、改めて出場する？ 個人的には優勝したから、もう出なくてええやろうと思いますけどね。

西田 確かに出ないかな。

真栄田 芸歴制限がなかったら出たいですよ。スリム飯で。

哲夫 なんかそんなユニットやったな。

真栄田 勝ち上がっていくの好きなんですよ。またあの快感を味わいたいのはありますね。青春、スポーツみたいな感じがするので。

内間 僕は今年やりましょうと言われたらちょっと考えますけど、来年だったら……という感じですね。

哲夫 やりたいの1人だけや。

塙 グランドチャンピオン大会があったら出ます？

西田 どのへんが出るかにもよる。「あの人が出るんやったら、それ出るしかないでしょ」もあるし。

哲夫 あったらあったで審査が難しいからね。国民投票だったらM-1の雰囲気じゃないし……。

塙 もう4分のネタをやる体じゃないというのもありますし。

土屋 しばらく競技みたいな漫才してないもんね。

哲夫 最後にそれぞれの「今後、M-1に望むこと」で締めたいらしい。内間はどうですか。

内間 埋もれたものを発掘するイメージがあって、僕らも救われたし、感謝しかないんで、今後とも発掘してくださいという気持ちですね。マジでありがとうございます。

真栄田 内間と似てますね。ミルクボーイを見た時、めっちゃ面白かった。ああいう見たことないものを見たい。参加者も増えてると思うんですけども、やばくて、かつ俺たちを超えないぐらいの漫才師が現れてほしい。

土屋 僕は漫才協会の理事になってしまったので、漫才協会の若手が決勝に行ってもらいたいんですよ。予選に1回だけ、浅草東洋館を使っていただけないかなと。そういうチャンスがほしいですね。

塙 決勝の日、松本さんの楽屋前にいる、今日だけしか来ないみたいな関係者を少し減らしてほしい。すご

笑い飯

大阪のインディーズシーンで活躍していた西田幸治と哲夫が2000年7月に結成。無名ながら「M-1グランプリ2002」で3位となり、一気に知名度を上げた。以降、「M-1グランプリ」で9年連続決勝進出し、10年に優勝。14年には「第49回 上方漫才大賞」大賞を受賞した。西田は「千原ジュニアの座王」「IPPONグランプリ」（優勝）などで大喜利の強さを遺憾なく発揮。哲夫は仏教の啓蒙活動、学習塾の経営、農業など、多方面で活躍する。

ネタの状況を味わっていたらあの間になってきたんです

勝ち上がっていくあの快感をもう一度味わいたい

スリムクラブ

大学在学中に先輩後輩として知り合った真栄田賢と内間政成が、それぞれ沖縄で芸人として活動。その後東京に進出し、2005年にコンビを結成した。08年、真栄田は『エンタの神様』の「フランチェン」キャラでブレイク。「M-1グランプリ」は07年から参加し、09年に準決勝、10年に決勝へと駒を進めた。大会復活後は16年に決勝進出している。現在、真栄田は「探偵！ナイトスクープ」のレポーターとして活躍。内間は著書に『等身大の僕で生きるしかないので』（ダイヤモンド社）がある。

あまりホワイトになりすぎないでほしいよね

「この人やばいな」というところをM-1はずっと扱ってもらいたい

い人数がいるんで、トイレに行きづらかった。

　真面目な話をすると、他のネタ番組が台本を提出して、「ここはやめてくれ」とか「ここのボケはちょっと」という時代になっちゃっているので、M-1だけはなるべく何言ってもいい場であってほしいですね。人が考えないこと、人が言わないことを流すからテレビは面白いわけで、M-1がそこを気にし始めるとつまんなくなっちゃう。「このネタやばいな」「この人やばいな」というところをM-1はずっと扱ってもらいたいというのはあります。

土屋　あまりホワイトになりすぎないでほしいよね。

西田　これからもっと盛り上がって、M-1に出た芸人が年老いていった時、手当てを支給してほしいですね。そのためにもっともっと続いてほしい。

哲夫　今日のテーマ、2010年でしょ？　僕はカナリアが出ていたこと忘れないでほしいですね。

西田　DVDも歌ネタでカットされてるしな。

哲夫　気の毒なんですよね。今、安達と溝黒は別々の道で頑張ってるんで……。

土屋　「今後のM-1に望むこと」ですよ！

ナイツ

大学の落語研究会で先輩後輩だった塙宣之と土屋伸之が2000年に結成。事務所の方針で浅草に送りこまれ、内海桂子と三遊亭小遊三に師事。寄席を中心に活動し、ボケ数の多い漫才で頭角を現す。「M-1グランプリ」は01年から参加し、07年に準決勝、08年から3年連続で決勝に進出した。15年の敗者復活では「俺ら東京さ行ぐだ」の歌にツッコむ漫才で注目を集める。芸術選奨文部科学大臣新人賞（17年）、浅草芸能大賞（22年）など多数の受賞歴を誇る。

2010年に終幕した『M-1グランプリ』が、5年間の沈黙を経て、衝撃の復活——。
この年、M-1始動の第一報は、強烈なインパクトとともに日本中を駆け巡った。
出場資格は、従来のコンビ結成10年以内から15年以内へと拡大し、2010年に
一度は夢が潰えたコンビの出場も可能となり、日本全国からプロ・アマ問わず
3472組がエントリー。審査員には、歴代王者から9名が顔を揃えたことも大きな話題に。
決勝ステージでは、名実兼ね備えたコンビに交じり、
当時まったく無名だった超新星コンビも出場。
フレッシュでありながらも、5年という時代の変化を感じさせる大会となった。

文／山本泰行　編集／望月沙織

2015年12月6日　開催

201

M-1　衝撃の復活――
新たな漫才ブームとともに
漫才ドリームが再び巻き起こる!

Play Back

「ウチらハゲてる時点で人生半分以上損してるから」

（トレンディエンジェル・たかし）

トレンディエンジェル

頭を光らせながら敗者復活会場から出場、決勝の舞台でハゲネタを連発。

和牛

結婚式を抜け出した花嫁になりきった川西の“演技力”と、正論で切り返す水田のやり取り。

サイコな誘拐犯と誘拐された息子の父親。緊張感ある設定から繰り出される無茶ボケが刺さる。

ハライチ

大混戦となった5年ぶり大会。ラストにまさかの劇的ドラマが！

5年間の充電期間を経て行われた決勝ファーストラウンドは、M-1の復活だけでなく、未知の漫才を厭《いと》わずに、ただただ面白い4分間の漫才を決する舞台であることを強烈に印象付ける幕開けでもあった。

〝誰も知らない超ダークホース〟として紹介された、当時は全く無名だった男女コンビ・メイプル超合金は、結成3年目とは思えない落ち着きを見せ漂っていた重い空気を一蹴。〝犬を飼いたい〟というシンプルなネタに、絶妙なワードセンスでトップバッターながらその存在感を示すと、2組目には、馬鹿よ貴方はが〝おにぎり屋〟を舞台に、シュール&ダークなM-1では馴染みのない狂気じみたネタを披露。フレッシュな2組のスタートに今田をして「5年ぶりという感じがすごくします」と言わしめた。

ここで会場の空気を一変させたのはスーパーマラドーナ。〝落ち武者〟を伏線に、きわどいボケを連発する〝叙述トリック〟ともいえる構成で、笑いとともに漫才の凄みをも見せつけ暫定1位に。続けて、決勝初出場となった和牛の「結婚式を飛び出して好きな人に会いに行く」ネタが炸裂。川西の女性キャラと水田の屁理屈で笑いを取る技術力の高さに当時、驚き

「えこひいきになったらアカンので、2点引いてます」(笑い飯・哲夫)

"血まみれの落ち武者の霊"という強烈フレーズで引き込み、ギャップある展開からの伏線回収が見事。

「カミナリ坊主の添い寝節」などセンス抜群のワードセンス

聞いたことがあるようでないことわざで笑いを生み出すフリースタイル漫才が炸裂！

太らせる能力者と痩せさせる能力者の壮絶バトル!?　滅びの呪文は…タニタ!!!

「オリンピックでも4年に1回。この5年待ちわびてました」(銀シャリ・橋本)

料理の"さしすせそ"を笑いへ転換。さしみ醤油、しょうゆ、酢醤油、せうゆ、ソイソース…全部、醤油!?

「馬鹿ほど噛みました」と笑い飛ばすカズレーサーはおそろしいほどの余裕を見せつけ、異彩ぶりを発揮！

無表情から繰り出される「大丈夫なの？」「大丈夫だよ」「大丈夫？」「大丈夫さ」の連呼が、コワ面白。

敗者復活戦を勝ち抜いてきたトレンディエンジェルが優勝！

をもって爆笑した人も多いはず。

そしてここからM-1決勝進出経験コンビが底力を見せつけることとなる。ジャルジャルは、ありそうでないことわざやイントネーション、スピード感あるWボケで、颯爽と拍手と笑いをかっさらい1位通過を決める。5年ぶりの決勝進出となった正統派漫才の銀シャリ、テレビ的な笑いも取れるノリボケ漫才のハライチが持ち味を発揮すると、10年ぶりの決勝進出を決めたタイムマシーン3号は「あらゆるものを太らせる能力者」というコント漫才で爆笑の渦を作り出し暫定3位に食い込む。

しかし、2015年のM-1は、敗者復活を勝ち上ったトレンディエンジェルがここから主役をかっさらう。斉藤さんのハゲネタという力技と凄まじい勢いでまさかの2位通過を決める。

最終決戦は、1番手の銀シャリがツカミとオチで魅了する正統派漫才を見せつけるが、言い間違えを正していくというネタは、ジャルジャルの1本目を想起させるものに。3番手のジャルジャルは、終盤に畳みかける怒涛のWボケで会場を爆笑で包み込むも、1本目のインパクトは上回れない……そんな中、敗者復活の勢いそのままに、「モテる方法を指南する」というネタでこの日最高の笑いを奪ったトレンディエンジェルが見事グランプリに輝いた。

2015

[順位・得点]

	出番順	総合得点	笑い飯 哲夫	パンクブーブー 佐藤哲夫	NON STYLE 石田彰	サンドウィッチマン 富澤たけし	チュートリアル 徳井義実	ブラックマヨネーズ 吉田敬	フットボールアワー 岩尾望	ますだおかだ 増田英彦	中川家 礼二
トレンディエンジェル	⑨	825	91	92	92	93	88	93	89	93	94
銀シャリ	⑥	818	92	89	87	92	95	89	92	91	91
ジャルジャル	⑤	834	93	93	94	94	96	90	96	89	89
タイムマシーン３号	⑧	816	88	91	94	93	88	89	90	90	93
スーパーマラドーナ	③	813	90	93	88	91	89	90	93	87	92
和牛	④	806	88	90	88	90	90	86	92	92	90
メイプル超合金	①	796	89	89	89	92	91	85	89	85	87
馬鹿よ貴方は	②	791	90	90	83	93	89	83	90	85	88
ハライチ	⑦	788	87	88	86	89	89	83	85	89	92

歴代M-1王者9人による唯一無二の審査となった2015年大会。1位通過となった9人中７人が90点台をつけたジャルジャル。岩尾、徳井の96点をはじめ6人が最高得点をたたき出し、「拍手笑いが最も多くて感動した」と石田に言わしめた。

同じく7人が90点台をつけたのがトレンディエンジェル。敗者復活の盛り上がりをそのまま決勝の舞台に持ち込み、頭部だけでなく勢いを点数につなげたステージ力の強さも光った。

下位に沈んだものの、１番手のメイプル超合金、2番手の馬鹿よ貴方はといった当時無名だったコンビもツメ跡を残し、出順次第では上位に食い込んだのでは？ という展開だった。

また、ファイナリストが芸歴同期の芸人から審査を受けるというのも今大会ならではの特徴。笑いの量、会場の空気感だけでなく、現役漫才師たちがシビアに審査する姿も注目の大会だった。

武智アイズ

M-1が復活！ 史上最もポップな大会に

M-1が復活して、昔のようにピリッとした空気になるのかなと想像していたら、過去最大ポップな大会になりました。

要因としては、松本さんと紳助さんがいないから、歴代チャンピオンの審査員が陽気にボケていたこと。あと決勝のお客さんの数を昔よりも増やしたらしいんですよ。その環境で、トップのメイプル超合金が盛り上げたのもあって、明るく楽しい雰囲気になったんでしょうね。

敗者復活から選ばれたトレンディエンジェルは、応援の熱量が半端ないムードの中でネタをやって、めちゃくちゃ風が吹いてましたね。みんながのびのびやる空気に、もっともフィットしたコンビだったなと思います。

[こぼれ名シーン]

ジャルジャル 「人間として普通なんで、ネタで頑張らんとどこで頑張んねんっていう変なコンプレックスを抱えて芸人やってるんです」（福徳）

ハライチ
ネタ後に緊張感をあらわにしていた澤部。ひときわ落ち込みが激しく、マイクを向けられても答えられない状態だった。

トレンディエンジェル
準決勝では「本当にウケていたので悔しい思いをした」とも話していた、怒りをバネに敗者復活を勝ち上がっての劇的優勝。

メイプル超合金
「ヤバい人や」と徳井に称されたカズレーザーは「アニメ『コブラ』にあこがれて、普段もこの格好です」と言ってのけた。

［審査員コメント］

「M-1ってこんなんでしたっけ!?でも笑ってしまいました」

（サンドウィッチマン富澤）


「サイコサスペンス調のネタでこんなに笑わせてもらうこともなかなかない」

（ハライチ審査時／笑い飯　哲夫）

「（メイプルの）赤い人、
ホントにヤバい人だと思う」（チュートリアル徳井）

「ここでいうことではないんですけど、

（ジャルジャルの）後藤くんは僕の横のマンションに住んでいるんです」

（チュートリアル徳井）

「最後の1分間、
大丈夫か
大丈夫じゃないかで
費やしたのはすごい」
（馬鹿よ貴方は審査時／フットボールアワー岩尾）

「完全に漫才師になっていた。理想的な笑いの取り方」

（ジャルジャル審査時／NON STYLE石田）

「同期なんです。
これまでも本当にいろんな漫才にチャレンジして、
悔しいなって思うくらい笑いを取っていた」
（タイムマシーン3号審査時／NON STYLE石田）

「最近の若者は
みんな心に
闇を抱えて
いるのかな？」
（スーパーマラドーナ審査時／
パンクブーブー佐藤）

「ああ言えばこう言う…

大好きです！」

（和牛審査時／ますだおかだ増田）

【決勝までの道のり】

［敗者復活戦メンバー］

相席スタート	かまいたち	セルライトスパ	天竺鼠	ニッポンの社長
アインシュタイン	学天即	ダイアン	東京ダイナマイト	POISON GIRL BAND
尼神インター	さらば青春の光	ダイタク	とろサーモン	モンスターエンジン
囲碁将棋	笑撃戦隊	チーモンチョーチュウ	ナイツ	トレンディエンジェル

今大会より六本木ヒルズアリーナへと場所を変え、その模様は生放送された。20組が参戦し、視聴者投票による選出方法を採用。23000票台のナイツ、とろサーモンを退け、39753票を獲得したトレンディエンジェルが勝ち進んだ

敗者復活からグランプリをかっさらったトレンディエンジェルの人生一発逆転の漫才ドリームから1年。その夢をかなえるべく3503組がエントリーし全国で予選を繰り広げた。審査員は昨年から一新し、オール巨人、松本人志、上沼恵美子らかつての顔ぶれに。「いろんなコメディを観ていても日本の笑いは世界でもトップクラス。日本の笑いは凄い」大会の冒頭で巨人がそう語ると、M-1ならではの緊張感が大会を包むようだった。スリムクラブ、ハライチ、スーパーマラドーナ、銀シャリ、和牛ら決勝経験者に、初出場組が勢いを見せつけていく展開の中、抜群の安定感で笑いを重ねていく銀シャリが主役に。新しくて奥深くて、ただただ面白い、そんな漫才の魅力が詰まった大会となった。

文／山本泰行　編集／望月沙織

2016年12月4日　開催
201
新しくて、奥深くて、ただただ面白い。
そんな漫才の底知れぬ魅力に
おもいきり酔いしれる

「ドーナツ、レモン、みんな、ファイヤー…バラバラやん！」（銀シャリ・鰻）

ドレミのうたの"ドーナツ"、"レモン"を動物や職業に言い換えていく。誰もが知る童謡で、大人から子供まで笑えるネタを展開した。

合コンを野球の配球に例えた恋愛ネタ漫才。ネタ運びに、バッター役・山添の振る舞いが絶妙にマッチし笑いを振りまいた。

川柳をモチーフに茨城弁と独特の間合いでのドツキ漫才。激しくドツくツッコミに、今田は上沼を気にかけていたが、高得点をマーク。

盛り上がる漫才熱とともにしゃべくり漫才が雪辱！

前年、敗者復活からの優勝という漫才ドリームに乗せられるかのように、漫才熱が一気にあふれた2016年M-1。審査員にはオール巨人、中川家・礼二、博多大吉、松本人志、上沼恵美子が揃った。

アキナは、親が離婚することになった"貫禄のある5歳児"を山名が演じて1番手からバカ受け。決勝初出場とは思えない落ち着いたネタ運びを見せつけ、上沼から「大好き！」と大絶賛を受ける。続くカミナリは茨城弁独特のテンポで繰り出される川柳ネタ。激しくドツくツッコミが徐々に大きな笑いを生み出す。

3番手は男女コンビ・相席スタート。合コンを野球の配球に例えるネタで、上沼に「男女コンビでしかできない垢抜けたネタで素晴らしい！」と絶賛した。

会場の雰囲気を爆発させたのが4番手の銀シャリだ。磨き上げられたボケとツッコミの応酬は笑いのうねりを作り出し暫定1位に躍り出る。2010年に準優勝して以来、2度目の決勝となるスリムクラブは、間をタップリと取った独特の世界観が健在。決勝常連のハライチは、RPGゲームの世界観を見事に笑いへと昇華させていく。7番手のスーパーマラドーナは閉じ込められたエレベーターを舞台にした"密室漫才"。巧みなストー

トップバッターが5歳児キャラで舞台を飲み込んだ!

「足がガタガタ震えて、ネタの途中で舞台から落ちてしまいそうになりました」と本音でガチな緊張ぶりを語った秋山。

岩井が考案したRPGゲームを澤部が体験していく。コマンドのたびに澤部がツッコみミスを誘発する。

身勝手すぎる彼氏とのドライブデート。「車乗ったら性格変わってしまうことがあるねん」(水田)「誰が助手席で変わってまうねん。ハンドル握ってから言え」(川西)

「世界一キレイな逆ギレを見た」(和牛・川西)

登山で18歳以下の特徴がまだ出ていない天狗を発見するネタを、間をタップリと取りながら披露。彼らしさを爆発させる。

田中の一人芝居(?)を生かした巧みなストーリーテラー

エレベーターに閉じ込められてもキリっとしていた挙動不審な男性の顛末は…? 右肩上がりに盛り上がり、ラストの大オチでどよめきさえ起こった。

中学時代の思い出から、「マンガやん!」「能やん!」「浄瑠璃やん!」とツッコミとボケが交錯。「めちゃくちゃ楽しかったです!!」(森田)

「家族のトーナメント表みたいなのがあるじゃないですか?」(スリムクラブ・真栄田)

「………家系図!?」(スリムクラブ・内間)

2016で惜しくも準優勝に終わった銀シャリの優勝で幕を閉じた

リーテリングとも呼べる構成で、予想を遥かに越えた大オチへと導き暫定2位に。

8番手のさらば青春の光は〝中学時代の思い出〟という親近感あるネタの入り口から「マンガやん!」、「能やん!」とツッコミとボケを自在に変幻させ、暫定3位に食い込む。だが、ここで登場したのが敗者復活戦から勝ち上がった和牛。身勝手な彼氏(水田)と、川西扮する彼女。ドライブデートという設定を巧みに使って細かな笑いをちりばめ、ファーストラウンド最終盤で爆発させ、銀シャリに1点差に迫った。松本をして「優秀ですね。他もネタを見てますけど、全部面白いですからね」と唸らせたのが印象的だった。

最終決戦は、銀シャリ、和牛、スーパーマラドーナの3組。チャンバラ時代劇をテーマにボケ数を増やしたスーパーマラドーナ、超身勝手彼氏とドン引き彼女で軽妙に魅せる和牛、そして、語源のうんちくについて、畳みかけるしゃべくりを披露した銀シャリ。まさに三つ巴の熱戦に、「まだ決められない」(松本)、「3組とも好きやから…」(巨人)、と審査も大いに難航。疲労困憊の上沼は「帰りたい!」と大声で本音が。

拮抗する審査の果て、3票を獲得した銀シャリが栄冠に。「しゃべくりでいくぞという表明のネタ」で優勝を手にし、昨年の雪辱を晴らした瞬間、二人の目は確かに潤んでいた。

2016

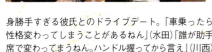

［順位・得点］

	出番順	総合得点	オール巨人	中川家 礼二	博多大吉	松本人志	上沼恵美子
銀シャリ	④	470	96	91	93	95	95
和牛	⑨	469	95	95	91	93	95
スーパーマラドーナ	⑦	459	90	95	92	89	93
さらば青春の光	⑧	448	87	90	90	90	91
アキナ	①	446	92	89	89	87	89
ハライチ	⑥	446	91	88	89	85	93
カミナリ	②	441	91	90	90	89	81
スリムクラブ	⑤	441	85	89	88	90	89
相席スタート	③	436	87	88	87	84	90

1番手のアキナに92点（オール巨人）、続くカミナリは90点台が3人と、初出場組が高得点をマークするという波乱の展開を予感させた今大会。審査員の基準点は高設定となり3位通過のスーパーマラドーナでさえ459点というハイアベレージに。振り返れば最終決戦には平均90点越えが必須という高難易度な大会だった。審査員全員から90点台を獲得したコンビは1位通過の銀シャリ（470点）と、敗者復活枠で2位通過を果たした和牛（469点）の2組。拮抗したが銀シャリは礼二を除く5人中4人が最高得点をつけた。最終決戦では、松本に「もう、好きなネクタイで決めたろかな」と言わしめ、ネタを終えた後も審査員全員が苦悶の表情。結果、巨人、大吉、そして上沼の3人が票を投じた銀シャリが優勝を決めた。礼二からの「忙しくなっても漫才だけは続けてください」というエールは、王道漫才で王者になった銀シャリへの期待が、そのままあふれたようだった。

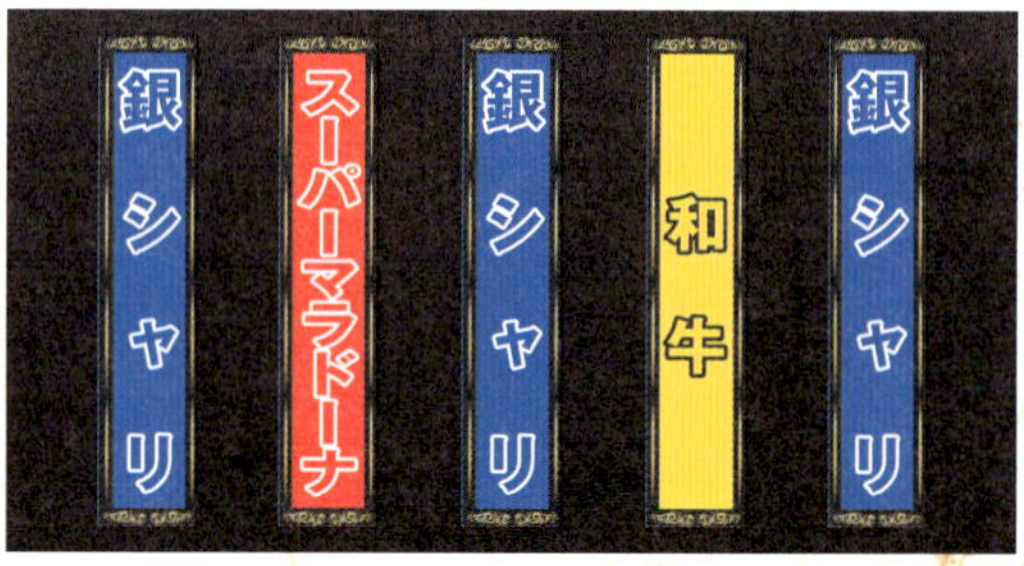

武智アイズ

お客さんの世代が替わり ウケるネタも変わった

スーパーマラドーナが最終決戦に残れて優勝に一番近づいた年なので、個人的に感慨深い大会です。体感で言うとお客さんがかなり温かったんですよねえ。前期「M-1」で審査員にウケていたような尖ったボケは、あんまりピンと来てなかったけれど、わかりやすいボケはめっちゃ笑ってくれた。たぶん前期「M-1」から時間が流れて、お客さんの世代が入れ替わったんじゃないですかね。

ネタとしては、さらば青春の光の「能」とあまりウケてなかったけれどスリムクラブの「天狗」が相当面白かったと思うんですよ。ただ、この年はお客さんがポップすぎて、合わなかった。違う年であればハマっていたかもしれません。

［こぼれ名シーン］

カミナリ ネタ後、ドツキ漫才への風当たりを気にしつつ「仲良くできました。絆が違うんで、全然大丈夫です」と竹内。

スリムクラブ
「前回優勝したと思たやろ？私も思たよ？でもその思い上がりがネタに出てたね」と言う上沼に言葉を失った。

スーパーマラドーナ
平場でも挙動不審なボケをかましていた田中。最終決戦前も「今思いついたギャグ」を披露し大舞台でツメ跡を残す。

銀シャリ
優勝後「今までは夢物語でしたが、昨年の2位で実感が湧いてスイッチが入った」と優勝を確信して臨んだことを明かした。

［審査員コメント］

「いやぁ腹立つなぁ。面白いなあ」

（銀シャリ審査時／松本人志）


「爆発力、すごい」

（カミナリ審査時／中川家礼二）


「声がいいんです。声とスピードがマッチしている漫才」

（アキナ審査時／博多大吉）


「ふだん漫才師ではないのに、技術がすごい」

（さらば青春の光審査時／博多大吉）


「さすが、安定感抜群」

（スーパーマラドーナ審査時／中川家礼二）

「親しいから言うけど、
どないしたんや！
しっかりせんかい!!
（審査員席から一喝）」
（スリムクラブ審査時／上沼恵美子）

「彼女の声がきれい！

聞きやすい！

入ってきやすい！

顔はもう一つ。

でもそれがちょうどいい」

（相席スタート審査時／上沼恵美子）

「従来の
澤部くんの
ノリツッコミを封印して
これだけできるのは
素晴らしい！」
（ハライチ審査時／オール巨人）

【決勝までの道のり】

［敗者復活戦メンバー］

霜降り明星	とろサーモン	南海キャンディーズ	学天即	和牛
東京ダイナマイト	錦鯉	かまいたち	マヂカルラブリー	アインシュタイン
ゆにばーす	三四郎	ミキ	インディアンス	大自然
Aマッソ	ジャルジャル	メイプル超合金	ニューヨーク	アルコ&ピース

3位には昨年のM-1でブレイクしたメイプル超合金、2位にミキ、勝ち抜いたのはミキに4万票近くの差をつけた和牛だった。なお、今大会がラストイヤーとなる南海キャンディーズは無念の欠場だった。4位にとろサーモン、11位にマヂカルラブリー、15位に錦鯉、18位に霜降り明星と、のちの優勝者が顔を並べた敗者復活戦だった。

M-1 ファイナリスト 同窓会 番外編

2016年組

面白かったら笑う それくらい気楽に観る大会でいい

4組の初出場組が新しい風を吹かせる中、最終決戦へ駒を進めたのはいずれも前年ファイナリスト3組。激闘を僅差で制しチャンピオンとなった「銀シャリ」と、初出場組だった「さらば青春の光」、そしてM-1への挑戦権をまだその手に持つ「アキナ」の3組が、当時の大会の雰囲気やお互いの印象についてそれぞれ語る。

終わってからはもうセコンド気分だった

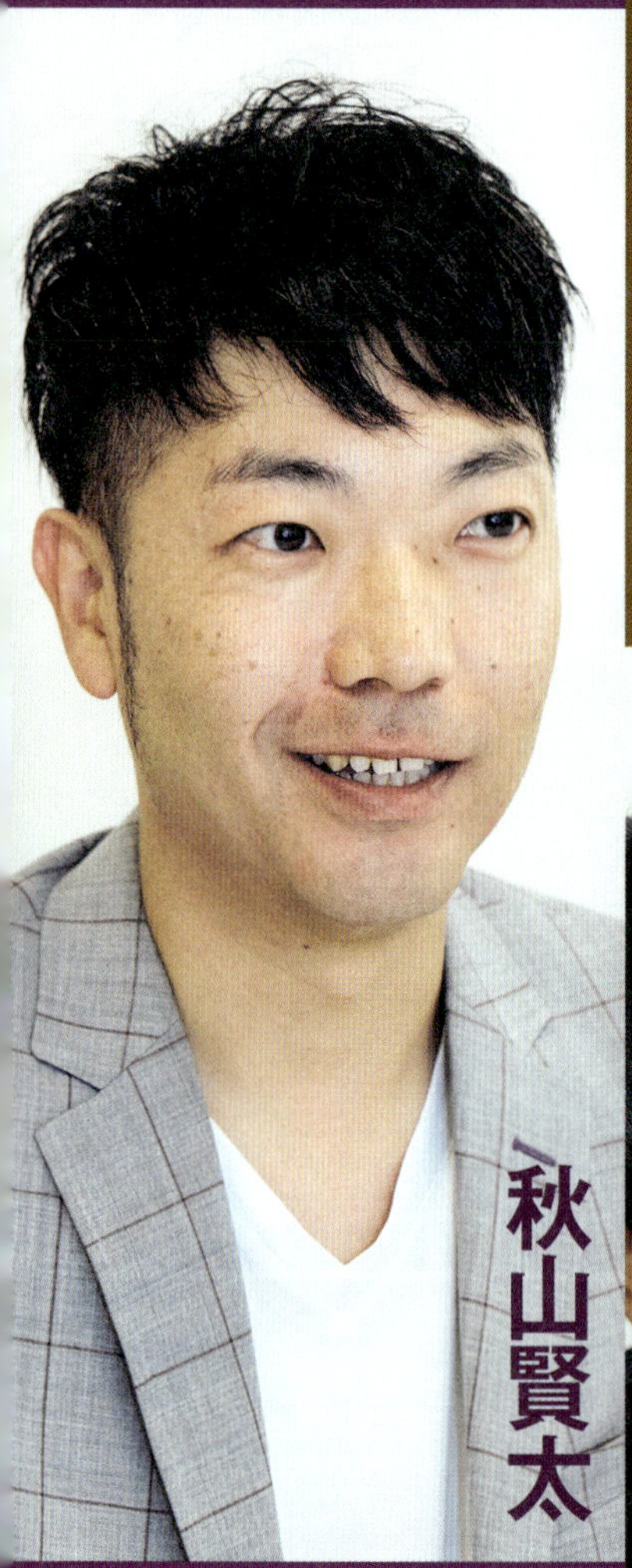

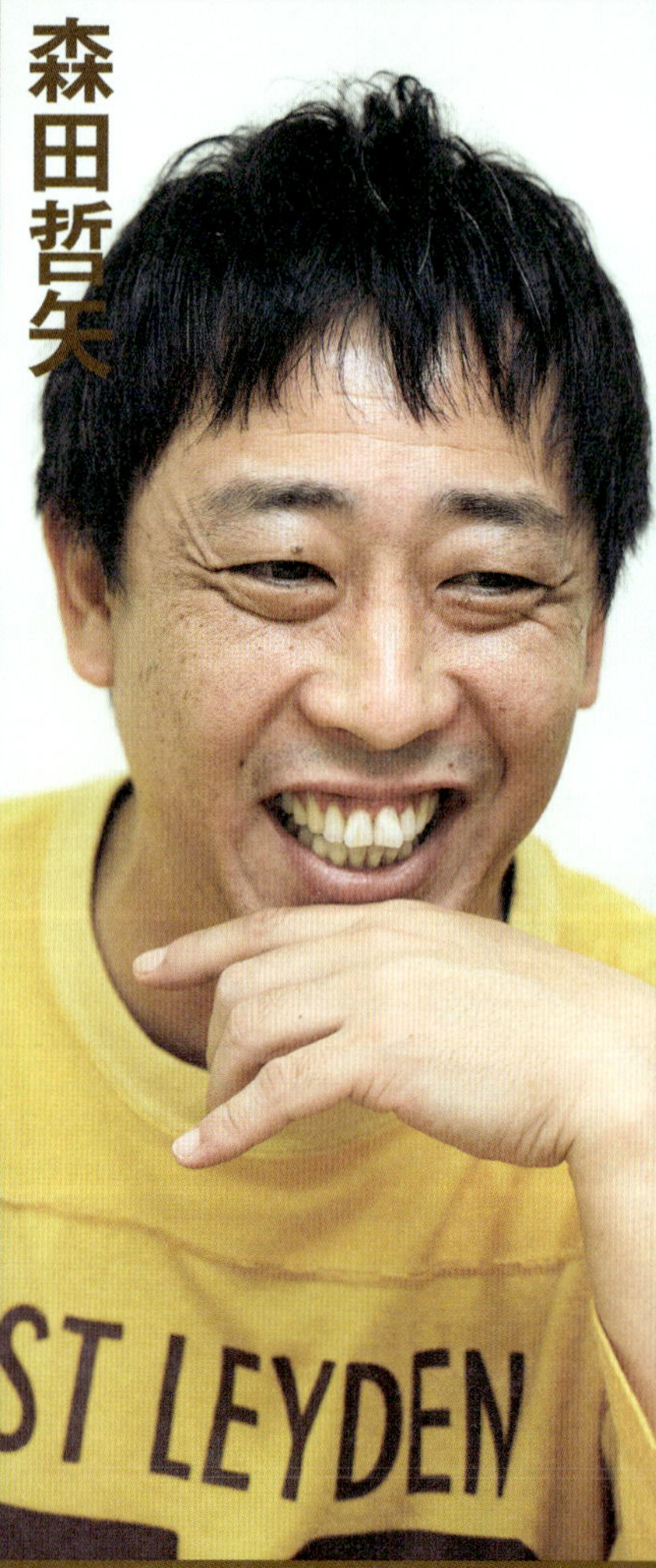

さらば青春の光

IST REUNION

アキナ

ラストイヤーの芸人が年々うらやましい

鰻 和弘

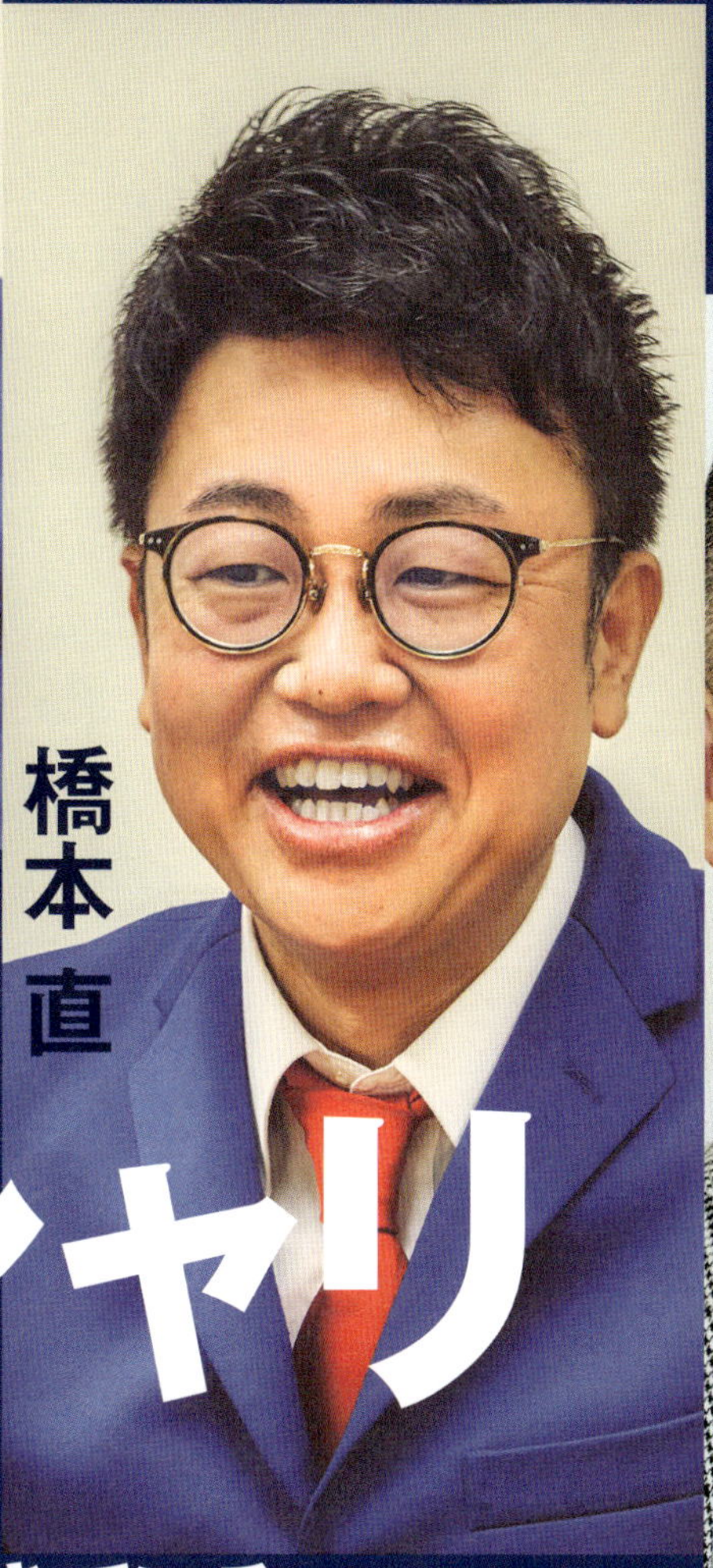

橋本 直

山名文和

銀シャリ

M-1のおかげで圧縮して成長できている

2016年大会とは

復活して2回目の大会は、審査員が前年の優勝経験者9名体制から、松本人志を筆頭に前期M-1審査員を含む5人体制に。アキナ、カミナリ、相席スタートの初出場組が続いて健闘する中、会場の空気を大きく動かしたのが2年連続出場の銀シャリ。8組目のさらば青春の光が暫定3位に食い込むも、その直後、敗者復活戦から上がってきた和牛に振り落とされた。最終決戦は連続決勝進出の関西勢3組が票を奪い合い、銀シャリが勝利をもぎとった。

2016 FINAL

いいライバルに囲まれて
ありがたい気持ち

優勝した時よりおもろいなぁって
言われるのは嬉しい

銀シャリ

2010年、そして再開された2015年から2年連続で決勝へ進出し、念願の優勝を遂げた銀シャリ。大阪を拠点として数多ある番組ロケを全うしながら向き合ってきた漫才。優勝してもなお漫才師として進化し続けるのは M-1の優勝結果が影響しているという。

撮影／TOWA　取材・文／高本亜紀

初めて決勝に行けたときは「間に合った」と思った

――銀シャリさんは2010年、2015年と決勝へ進出し、2016年に優勝しました。

橋本　初めて決勝に行けた時は〝間に合った〟と思った感覚が残ってます。たしか決勝メンバーが発表されたあと、この年で一旦M-1が終わると発表されて。

鰻　よかった！　間に合ったって思ったんでしょうね。

橋本　再開されてからは以前のM-1の雰囲気が戻っているかわからない状態だったので、僕らだけじゃなくみんな手探りで。（参加資格も）芸歴15年にはなりましたけど、先輩が一気にいなくなって自分たちの世代がぎゅっと出てたので楽屋が穏やかでした。

鰻　2015年は審査員が歴代チャンピオンだったのでワクワクしましたね。

橋本　たしかに歴代仮面ライダー集合！　みたいな感じでしたもんね。この年は（敗者復活戦から勝ち上がった）トレンディエンジェルがめっちゃウケてたんで、そりゃ優勝やろと思ってました。初代チャンピオンの中川家さんじゃないですけど、再開された年のチャンピオンで今後のM-1の空気が決まると思っていたから、ネタの着想だけじゃなく寄席で培ったものと（本番の）現場でウケる楽しさと破壊力というか、「目の前のみんなを楽しませたら勝ちや」という良さが入ったなって。だから、今のM-1の流れはトレンディが作ったのかもしれないですね。

――2016年の決勝ではファーストラウンドで審査員の（博多）大吉さんに「やってることは昨年とそんなに変わってなのになんでこんなに面白いのか」、松本人志さんに「腹立つわぁ。おもろいな」と言われていましたね。

橋本　松本さんの言葉はめっちゃ印象に残ってますし、飛び上がるほど嬉しかった。最高の賛辞をいただいたなと思っています。大吉さんの仰る通り、やってることはな？

鰻　何も変わってないんですよ。

橋本　ただ、前年で決勝に行けたことで自信が出たんかもしれないですね。ああいう場は「もっとこうしたかった」みたいなんが多少はあるもんなんですけど、2016年のファーストラウンドは完璧でした。

鰻　一番の出来でした。

橋本　ただ、歌ネタなので版権の関係でサブスクでは観られないんですよ。ほんまはこの1本目の勢いが優勝に繋がったので。

鰻　観てほしいんですけど、僕らのネタは2本目しか観られない。けど、観られないことで伝説になってほしいですね。あとね、みなさんの記憶からは忘れられてるかもしれないですけど、僕ら、2016年の準々決勝と準決勝がイカつかったんです。ドーン！　とウケたんですよ。

橋本　……自分で言うん？

鰻　（笑）。予選は記憶しか残ってないんで言うとかんとなと思いました。

橋本　けどまぁ、ウケてたから決勝も緊張してなかったというか。やれば絶対に大丈夫だという信頼できるネタでしたし、いい順番を引いたので優勝の可能性があると思ってました。決勝の1週間前くらいの夜中に僕ら、NGK（なんばグランド花月）でネタ合わせしてたんです。鰻が帰ったあと、一人でおったら和牛の水田（信二）、スーパーマラドーナの武智さんがおって。

鰻　2人とも残ってたんや。

橋本　そのあと3人で飲みに行ったのを覚えてますね。最終決戦でその3組になった瞬間、みんなと目が合って笑い合って。もちろん自分たちが優勝したかったですけど、いいライバルに囲まれてありがたい気持ちもありました。で、トップバッターのスーパーマラドーナさんがウケて、さらに和牛もウケて。あの年は誰が優勝してもおかしくなかったことが、今、僕らが漫才をゴリゴリにできてるきっかけになってるんかもしれない。ダントツで優勝してたら、もしかしたら今、漫才をサボってたんかも。論争が起きるくらい世間のみなさんの意見が割れたことで、完全な燃え尽き症候群にならんかったんかなと思います。

鰻　僕はずーっと腹立ってますね。

橋本　…誰にですか？　それは。

鰻　自分に対して！

橋本　そやろな（笑）。けど、結果的によかったです。振り返ったら一番イカついチャンピオンは銀シャリやったんちゃうかと最終的に言われるように、チャンピオンの名に恥じないように、今、漫才を試行錯誤できてますからね。

鰻　優勝した時よりおもろいなぁって言われるのは嬉しいです。

橋本　いまだに今年の2本はこれやなって思ってしまうというか。もう戦いたくはないんですよ？　けど、脳が癖づいて、今年のネタではこれとこれかとか考えてしまいますね。

トップバッターで盛り上げた アキナのおかげ

――一緒に決勝へ進んだアキナさん、さらばさんの印象は？

橋本　アキナはトップバッターでしたよね。アキナがウケて空気を明るくしてくれたから、僕らもウケたんやと思います。

鰻　たしかにめちゃくちゃ盛り上がったよな。

橋本　アキナのオールマイティさのおかげでしたね。さらばは昔からの友達みたいなもんで天才。普段コントをやってるのに漫才コントをせず、しゃべくり漫才をするところがすごいし、着想も面白い。優勝した年はBKB（バイク川崎バイク）の家で森田によくネタの相談していました。僕のセリフが3、4つ続くところで、森田に「真ん中のひとつ、鰻さんに譲ってラリーにしたほうがドンドンってウケますから。あんたが思いついたから言いたいっていう気持ちはわかるけど、鰻さんに渡しなはれ」って言われたところも決勝でウケましたからね。さらばは世代のトップランナーだと思ってます。だから、優勝を目の前で観てもらえたのも嬉しかった。最終決戦前、舞台袖で森田に「何番がいい？　みんなウケてるから2番とかもある？」って聞いたら、「いや、落ち着いてください。3番です、絶対」って言われたのを今思い出しました。

鰻　え、それ知らんかった。絶対に3番やろ。

――今もM-1は欠かさず観ていますか？

鰻　もちろんです。一昨年は広島で単独が終わってから、テレビの観られる個室で橋本と二人、打ち上げしながら観ました。

橋本　決勝の日に単独入れるなんてM-1関連の仕事したくないんかみたいな噂が出たんですけど、劇場のほうが早く押さえられていただけで……。昨年は囲碁将棋・文田と木崎パニーニと観ました。

鰻　僕は家で猫と観てました。うちの猫、おっきい音がしたら鳴くんですけど、令和ロマンで爆笑が起きた瞬間にニャー！　って鳴いて。

橋本　猫鳴いたら優勝？

鰻　うん。今年の優勝は令和ロマンかって思いましたね。

僕らもまだ途中 「M-1」は成長加速装置

――今や年末の風物詩となっているM-1ですが、多くの人を惹きつける魅力はどこにあると思いますか。

鰻　戦いが好きなんじゃないですかね、単純に。

橋本　甲子園とか好きやもんな、みんな。諸先輩方の功績もあってお笑いが成熟しすぎたというのもあるんでしょうけど、世間のみなさんもここはどうだとか意見を持って観るじゃないですか。けど、漫才の原点は面白かったら笑うというものなので、もっと気楽に観ていただきたいなとも思います。

鰻　たしかに、手に汗握って観るようなもんじゃないんでね。みなさんには楽しんでもらえたら！

――では、銀シャリさんにとってM-1とは？

鰻　なんなんですかねぇ。いまだに答えは出てないです。なんせ僕らはまだ途中なので。

橋本　ただ10年、15年、20年くらいかかるものが、M-1のおかげで圧縮して成長できてるようには思います。だから成長加速装置ですね。

銀シャリ

鰻和弘（左）1983年大阪府生まれ、橋本直（右）1980年兵庫県生まれ。NSC大阪25期の同期2人が、2005年にコンビ「銀シャリ」を結成。「第40回NHK上方漫才コンテスト」優勝。「M-1」には2005年から参加し、2010年、2015年、2016年へ決勝進出。2016年優勝。

M-1はもっと粗削りの大会でも
いいんじゃないか
いろんなパターンの漫才を
試してきたけどめっちゃむずい

アキナ

トリオを解散し、コンビを組み直して間もなく、賞レース戦線に姿を現すようになったアキナ。転んでも起き上がるしぶとさを武器に快進撃は続き、2016年にはM-1ファイナリストの座を勝ち取った。それから4年後。再び戻ってきたM-1の舞台で見たものとは——。七転八起の物語の中にいるアキナが、現在地を語る。

撮影／飯岡拓也　取材・文／鈴木工

オッサン感がむちゃむちゃ増した

——今年、アキナさんはM-1に参加しないと聞きました。これは卒業なんでしょうか？

山名　卒業かどうかは別に決めてないんですけど、今年はコントに集中しようと思っていて……。僕ら、年齢が44歳と41歳なんです。0から1をつくる能力が発揮できるのは、マックス55歳、前倒しで50歳までという感覚が僕の中にあって、ほんなら僕の場合あと6年しかない。だとしたら、残りの人生でまだまだしたいことがあるのに、賞レースだけにとてつもなくパワーを使うのはどうなのかと思って、今年はM-1に出るのをやめました。あと僕ら組み直しなんで、2020年に決勝行って以降、オッサン感がむっちゃ増してるんです。

——それはM-1にとって有利に働くんでしょうか。

山名　全然有利じゃありません。若手の劇場で舞台に立った時のグルーヴ感がなくなってきて、アウェイ感が生まれてますね。

秋山　去年の予選、普通はお客さんが前のめりで見てるのに、僕らが出てきたら背中を椅子に深く沈めていて……。安心して見てくれてるんでしょうけど、それも込みで温度差を感じました。

——先ほど「2020年」のキーワードが出ましたが、印象深い大会ですか？

山名　それはもちろん。人生で1番嫌な日だったんで。最近スピリチュアル整体に行って体を揉んでもらっていたら、急に「あなたは4、5年前に人生で一番嫌なことがあったでしょ？」と言われたんですよ。間違いなくM-1決勝の舞台やと。でも爪触られながら「もう悪いものは取れてる」と言われました。

秋山　取れてるのになんでわかった

IST REUNION

んや……？　僕もしこりは残ってます。戻れるなら当日の朝に戻って、ネタを変更したいですね。

——去年、秋山さんはあの出番映像を見返したと聞きましたが。

秋山　その時の思いが鮮明に蘇っただけで、それ以上でもそれ以下でもなかったですね。別にスベってるとかじゃなくて、準決勝のウケ方と全然違うので、「あれ？」という焦りが顔に出ているなとは思いました。

山名　あの日を境に、漫才に対する感覚もだいぶ変わったんです。それまでは楽しくやっていて、2016年は「もともとあったコントを漫才でもできるんちゃう？」で試してみたら、功を奏してスルスルッと決勝行かしてもらった印象でした。2020年では初めから漫才として作ってみたものがうまくいって、決勝行けたらおもくそ失敗して……。そこから漫才に対する取り組みがだいぶ変わって、いろんなパターンに挑戦してきたんですけど、めっちゃむずいです。コントに対しては自分のしたいことをそのまま投影できるんですよ。でも漫才はバチンッてハマることが少なくて、まだ試行錯誤してます。

秋山　漫才のほうがやってて難しいですね。「そもそもスタイルってなんやろ」と考えだすと、M-1出てる人はみんなあるんですよ。笑い飯さんだったらダブルボケだったり。じゃあ自分らってなんやねん？　と思ってしまいますね。

山名　またスベったことで誹謗中傷がおもくそ届いたんですよ。あれがコントだったら、「スベったな〜」言うて幸せに生きていたと思うんです。それに対して、あれはたまたまできた一本の漫才が準決勝でウケて、決勝行けて、やった！　という芯のない状態で、「自信を持って作ったネタやから仕方ない」と言い切れるものではなかった。それで叩かれたから「バレたんや」と凹んだんでしょうね。それは今になってわかってきたんですけど。

一年ぐらいは引きずった 20年大会での「スベり」

——他の賞レースではなく、M-1だから怒って文句言う人が一部いるってことですよね。

秋山　また僕らが優勝候補の一角だったんですよ。三連単予想に名前がめっちゃ入ってたので、余計にそこが引っかかったのかもしれない。「どこが優勝候補やねん！」でより叩かれた。

——あの出来事はモチベーションになりましたか？

秋山　正直モチベーションにはなってないです。

山名　ただただ傷ついて凹んだだけです。引きずりましたね。最初の一年ぐらい、寄席でも漫才指定がない限りコントしてました。ただ、あれを通して、やらなかったしゃべくりを始め、いろんなネタを作って漫才に向き合ったんで、そういう意味ではモチベーションになったかもしれません。

——アキナさんは出場資格がまだ残っていますが、同期や後輩が卒業していくのはどう見ていますか。

山名　「みんな出られないのに、うわ、アキナまだ出れるんや」と思っちゃいますね。

——それは喜び？

山名　喜びではない。割合でいうと、苦しみの方が大きいです。

秋山　ラストイヤーの芸人を年々見てると、気持ちよく終えてる感じがして、うらやましいなと思います。悔しがってはいるんですけど、やりきった感がそれぞれ出てるので。

——それぞれの同期がM-1で活躍してきたのは、どう感じていました？

秋山　銀シャリが2010年、ラストのM-1で決勝行ったんですよ。その当時って、僕らの世代は「あのメンツに俺らが割って入っていけるわけがないやん」と心のどこかで思っていた。それが予選始まると、銀シャリが決勝行くんじゃないかと噂になって、ほんまに行った。「すげえな！」と思ったのと同時に、「悔しいという気持ちになんねや」とか「ジャルジャルが行くとは聞いてないけどな」とか、いろんな感情が湧きましたね。しかもあれがラストやったんで、出られない自分は負けた……と落ち込んだのも覚えてます。

山名　僕は、同期の活躍に関しては「行け！」とも思ってましたね。かまいたちと和牛がバチボコやりあった2019年は、不参加だったので家でピザ頼んでビール飲みながら楽しく見てたんですよ。で、気がついたら終盤熱くなってきて、最後、ベロンベロンになって泣いてました。「M-1かっこいい！　俺も来年出よう」と思いながら寝ました。

いいネタなんて年1本できるかどうか

——もしM-1にルールを導入できるんだったら何を足します？

秋山　賞金をもっと増やしたい。一人1000万円で合計2000万円。今の金額じゃ労力に見合ってない気がするので。

山名　今、3回戦、準々決勝、準決勝で配信が3回入るじゃないですか。下手すると3本ネタが要るんですよ。でもいいネタなんて年1本できるかどうかなので、このまま配信を続けるなら、大会を3年に1回にしてほしいです。

秋山　あと出場資格を10年以内に戻してほしい。

——そうするとアキナさん出られなくなるじゃないですか。

山名　全然いいです。

秋山　それはしょうがない。でも、ほんま10年以内が一番いいと思います。15年にすると、しっかりした人が残っていくイメージがあるので、もっともっと粗削りでいいのかなと。

山名　出場資格は10年以内。で、開催は3年に1回です。

秋山　ほとんどの芸人が3回しか出られない！　むちゃくちゃな大会になるな。

アキナ

NSC大阪校25期の秋山賢太と26期の山名文和が2012年に結成。15年、「NHK上方漫才コンテスト」で優勝し、17年、「NHK新人お笑い大賞」で大賞を受賞。コントをメインに活動しながら、M-1には復活した15年から参加。24年まで10年間で決勝進出と不参加が2回で、準決勝、準々決勝、3回戦敗退もそれぞれ経験した。イラストを描くのが趣味の秋山は絵画個展を開催。山名は書をたしなみ、「文郷開」名義で活躍する。

「M-1」は、まず決勝に行けると思っていなかった

漫才でしかできないことをやったほうがいいと思ってネタを作った

さらば青春の光

2012年から4年連続で「キングオブコント」決勝に駒を進め、若手コント師として存在感を確立していたさらば青春の光は、その一方でM-1グランプリにも挑戦し続けていた。そして2016年、初めて決勝に進出。漫才衣装らしいスーツに身を包み、披露したネタは審査員から高い評価を受けた。ただ一度踏んだ決勝の舞台を、彼らはどう振り返るのか――。

撮影／飯岡拓也　取材・文／斎藤岬

コントのニンがあるからM-1はノープレッシャー

――M-1が開催されていなかった時期に「キングオブコント」（以下、KOC）決勝常連になり、コント師としてのイメージを確立されました。それでも2015年の大会復活後、M-1に出られたのはなぜでしょう？

森田　いや～、別に売れてなかったですからね。2008年にコンビを組んだときから、1000万円もらえるチャンスがあるなら出たほうがいいっていう貧乏根性で出てました。それに賞レースってやっぱりちょっとたぎる部分があるんですよ。しかもその時期にはもうコントのニンがあったんで、M-1はノープレッシャーで出られましたし。

――M-1がノープレッシャーって、漫才師からしたら考えられないですよね。

森田　そうっすね、漫才に対する冒涜の可能性もありますよね（笑）。

――毎年どれぐらい時間をかけて漫才のネタを叩いていたんですか？

東ブクロ　直前しかやってないよな。

森田　秋のKOC終わりから取りかかって、2～3本作って2本残りゃいいよね、ぐらいの感じですね。

――決勝に進出された2016年は、それまで4年連続でKOC決勝に出られていたのが2回戦敗退となった年です。結果として漫才に時間をかけられて、初のM-1決勝進出につながったのかなと思ったのですが。

森田　めっちゃテンパってましたよ、この年。1本は良い設定が出て準々は通ったものの、これやと次は勝たれへんと思ってて。だから準決用に新ネタ作るっていう博打をするしかなくて、3日前のライブで初めておろしました。客が3人しかいなくて、エンディングでお客さんに「準決で今日のネタやろうと思ってるんですけど、どう思います？」って聞いたら、一人の女の人が「ダメダメダメ、ダメだよ」って（笑）。でももうそれしかなかったんで、3日間でブワッと手直しして行きました。

IST REUNION

——東ブクロさんはKOC予選が終わった後、「じゃあ次はM-1だ」という気持ちになりましたか？

東ブクロ　M-1は決勝行けるとまず思ってないんで、そこの欲はほんまになかったです。みんな1年かけて漫才だけ仕上げてる中でおこがましいというか、「今年は賞レースに縁がなかった年やな」と思いながらやってました。準決のネタも、漫才というもの自体がフリになってるようなところがあったんで、僕らがトップバッターやったら絶対ウケてなかった。だからほんまにラッキーやったと思います。

3位で暫定席に座ったら一気に緊張がやってきた

——いざ進んだ決勝では、周りの漫才師たちと温度差は感じましたか？

東ブクロ　衣装のことちゃう？　森田がジャケット着るかベストだけで出るかずっと迷ってて、ハライチの岩井（勇気）さんとかに聞いてたやん。

森田　決勝のためにスーツを買ったんですよ。ベストの上にジャケットを着ようと思ってたんですけど、当日の楽屋で「ベスト着ないほうがいいですかね？」って周りに聞いたんです。今考えたら完全にノリというかハライチの悪ふざけで、「いや、ベストだけのほうがいいんじゃない？」って言われて。俺ら漫才してないからわからんし、ブクロにも「ベストだけのほうがいいって言われてんねんけど」って聞いたら「漫才師の人が言ってるんやったら、そうなんかなぁ」って言うから、結局それで出たんですよね。みんなはそんなノリがあったこと忘れてて、俺らがせり上がってくるのをモニターで見て「ほんまにベストで出た！」「キャバクラのボーイかよ、ネタ入ってこねぇよ」とか言ってたらしいです。

東ブクロ　ちゃんとスーツ着て漫才するのがM-1決勝ぐらいやったからな。準決勝はTシャツにジャケット羽織っとくか、って感じやったし。まぁナメてはいますよね。そんな気持ちで出てるやつ、いないでしょう。

——いくらノープレッシャーでも、決勝本番は緊張したのでは。

森田　3組目の相席スタートがめっちゃウケたのに点数があんまり伸びなかったんですよ。それを見たときに「あ、俺らも多分点入らんわ」と思いました。相席は俺らと違ってずっと漫才やってましたけど、男女コンビでちょっと変則的やないですか。今年はこういうのが受け入れられないんやと思ったんですよね。ブクロがめっちゃ緊張しててネタ合わせも集中してない感じやったんで、「あかん、もう緊張してもしゃあないわ」って言って出ました。

東ブクロ　ネタどうこうよりも、あのセットでせり上がってきてあの音楽が流れて漫才マイクまで行くところを想像したら、「あれは緊張するな」と思っちゃったんですよね。でも結局、どうせ無理やろうと思ってたんで、本番直前は大丈夫でした。それよりも、意外と点数が入って暫定席座らせてもらってから「あれ、ヤバい、2本目やらなあかんかもしれへん」って緊張が来ましたね。俺ら、2本目を用意してなかったんで。

森田　用意してないことはないよ？

東ブクロ　仕上げてはなかったやろ。

森田　準決と決勝でネタを変えたんですよ。準決でやった「ハロウィン」のネタは決勝のお客さんにハマらないんじゃないかと思って。俺らはKOCもやってきたから、賞レースの準決勝と決勝で客層が違いすぎることはわかってたんですよね。自分たちをあんまり知らん決勝のお客さんにウケるのは、前年の準々でやった「能」やろうな、と。2本目があったら「ハロウィン」をやるつもりでした。でもファイナルには行くわけないと思ってたから、ネタ合わせをほぼほぼしてなかったんですよ。だから3位の席に座ったら急に緊張しました。

——審査員からは「漫才として理想形」「技術もすごい」と激賞でした。

森田　ありがたいっすよね。騙せましたね（笑）。コントのネタをそのまま漫才コントに落とし込むのはやめようと思ってたんです。漫才でしかできないことをやったほうがいいと思って作ってたんで、そこを評価していただいたのかなと思いました。

敗退後は盟友・銀シャリのセコンドに徹していた

——優勝された銀シャリの橋本さんと森田さんは昔から交流が深いです。

森田　この年もネタの相談に結構乗りましたね。決勝のネタで橋本さんがフレーズで笑いを取りに行くところがあって、「いや、これは鰻さんにあげたほうがいいっすよ」とか言ってました。本番でも、自分たちが負けてからは銀シャリさんのセコンドに徹してたんですよ。最終決戦の順番決めがあるじゃないですか。銀シャリさんが3番を選んだ後、舞台から降りてきはって真っ先に俺のとこに来たんですよ。「3番でいいやんな？」って聞かれたんで、「絶対大丈夫っす、3が絶対いいです」って言って送り出したのは覚えてます。

——東ブクロさんは鰻さんと何かしゃべりました？

東ブクロ　こっちはネタの話は一切してないですね。鰻さんは「東京ってAV女優が街歩いてるんか？」ってずっと聞いてきてました。

——鰻さんらしいですね（笑）。最後に、もしM-1の芸歴制限が撤廃されたらまた出ますか？

森田　出ないでしょ！　しんどいですよ。賞レースはあくまで売れるための踏み台やと思うんすよね。今の俺らが売れてるとも思わないですけど、テレビもネットもライブも自分たちの動き方でやらせてもらってて、そこにしがみつかなあかん時期ではないかな、って。KOCは良いネタができたらいずれ1回ぐらい出たいなとは思いますけどね。

東ブクロ　そもそも、予選会場に車で来てエントリーフィーより高い駐車場代払って帰るやつは決勝行かないでしょ。みんな電車で行って暑い中並んで……みたいなところがあるから頑張れてると思うんで、今の自分たちは雰囲気が違いすぎると思いますね。

森田　もう1000万円を安いと思っちゃってるわ、こいつ。

東ブクロ　いや、でも心の底からガッツポーズできひんやろな、とは思うよ。

森田　なんでやねん。できるやろ、お前。日本一やぞ。

さらば青春の光

松竹芸能の養成所で先輩後輩として知り合った森田哲矢（左）と東ブクロ（右）が2008年にコンビ結成。12～15年、17～18年と6度にわたり『キングオブコント』ファイナリストに。13年に個人事務所「ザ・森東」を設立し、森田が社長、東ブクロが副社長を務める。「M-1グランプリ」は08年の結成時より参加し、09年、15年に準決勝進出。16年に初めて決勝進出を果たした。現在のレギュラー番組に『さらば青春の光がTaダ、Baカ、Saワギ』（TBSラジオ）、『さらば青春の光の青春デストロイヤー』（NBCラジオ佐賀ほか）。

2016 FINAL

M-1の復活から3年。高まる漫才熱と呼応するように、
漫才の多様化とさらなる進化を強く感じさせた2017年大会。
4094組が参加した予選大会は、各地でチケットが即完売という注目度の高さを見せた。
ネタ順をその都度くじで決める「笑神籤《えみくじ》」が新たに導入され、ファイナリストも
敗者復活組を含めて10組となり、現在のレギュレーションとなったのもこの年だ。
ジャルジャルが2年ぶりに決勝の舞台に舞い戻り、和牛、カミナリが連続出場する中、
初出場6組と大混戦を繰り広げ芸歴15年目ラストイヤーのとろサーモンが悲願の栄冠を手に。
芸人たちの悲喜こもごもが随所に表出し爆笑の果てにあったのは感動のフィナーレだった。

文／山本泰行　編集／望月沙織

2017年12月3日　開催

多様化し進化を続ける漫才を
10組の決勝進出コンビが体現！
悲願の栄冠という感動のフィナーレに

Play Back

「おまえに壊滅的な被害を与えるからな」（とろサーモン・久保田）

「誰も気づいてないと思うんですけど（この衣装）ミッキーマウスを意識しています」（久保田）

「誰が陸にホオジロザメあげたんだよ」（竹内）
「誰が海にクマをぶち込んだ⁉」（石田）

「見た目冴えないメガネと、邪悪なちびまる子ちゃんでやってます」（ゆにばーす・川瀬）

「3、4人はお付き合いしたことあるっちゅうねん！」（川瀬）
「3人か4人やったら、ちゃんと覚えとけ！」（はら）

笑神籤で出順を決める新レギュレーションを導入

漫才熱の高まりからM-1への注目度が増した2017年。出順を直前のくじに委ねる笑神籤が新たに導入され、松本が冒頭で「これはなかなか厳しいですね」とファイナリストたちを慮《おもんぱか》る場面も。

これまでにない緊張感が漂う中、1番手は結成5年目ゆにばーす。〝営業先で同じ部屋に宿泊することに〟という男女コンビを生かした設定のネタを痛快に披露し、最高の出だしを切る。

2番手には2年連続出場のカミナリが登場。賛否あるドッキ漫才をさらに洗練させて会場を沸かせると、3番手には今年がラストイヤーとなるとろサーモンが高得点をたたき出し暫定1位に。

ここで笑神籤が出したのは敗者復活枠のスーパーマラドーナ。合コンでハチャメチャな仕切りをするというネタで絶え間なく笑いを起こし、暫定2位に。

キングオブコント優勝で波に乗るかまいたちは〝こわい話〟に対してゾッとする濱家とイライラする山内が膨大なボケをすべて笑いに仕留めていくしゃべくり漫才を披露し、同点2位に並ぶ。

巧みな漫才が続く中、6番手で登場したのはマヂカルラブリー。野田のいびつな動きに、村上が解説交じりのツッコミで笑わせる当時あまりにも斬新すぎたネ

「こわさの種類が違うねん！」
（かまいたち・濱家）

小朝から「勝ちきるネタではなかった」と言われ、山内は「厳しい…！」

「自分チョキばっかりやね」「カニやからや！」
（スーパーマラドーナ・田中／武智）

「コンパ初めてで、仕切るの初めてやけど頑張るから」と振る田中に「それ大丈夫なん!?」という武智の不安が的中する

大会をとおして終始、優勝への自信を見せていた和牛。「自信あるんでおもいっきりやらしてもらいます」（水田）

ネタは野田の一人ミュージカル。「（上沼にキレられて）こんなに怒られることあります？」（村上）

昴生の絶叫ツッコミに「なんや兄ちゃん、知ったかぶりっこか！」（亜生）「かわい〜な〜」（昴生）

漢字を知らない亜生に昴生が漢字を教える

上沼からのエールに「僕ら売れると思ってるんで」（新山）「それイメージ悪くならへん？ …売れます！」（石井）

ネタ後に、「もっと笑ってもらうために、こちょこちょこちょ」と今田を笑わせる後藤に。一方で、息も絶え絶えの福徳

敗退後、審査員に「背筋伸びてるやん！」と笑いを取った後藤

タは、上沼の「本気でやってるっちゅうねん!! こっちも！」と名場面のひとつとなった〝伝説の逆上〟を引き出す。

そんな空気を一変させたのは当時結成3年目、無印（ノーマーク）と紹介されたさや香。ハイテンションに振り切った新山のキャラクターは観客との一体感をもたらし、巨人に「新山くんのキャラをお客さんが受け入れた」と言わしめる。

続いて、兄弟漫才のミキ。亜生のテンポ感に息ピッタリの昴生の絶叫ツッコミが心地よささえ感じさせ、暫定1位で最終決戦進出を決めてしまう。さらに9番手として登場した、本大会まで3年連続決勝進出の和牛は「ウエディングプランナー」ネタで観客から拍手喝さいを浴び暫定1位を塗り替え最終決戦進出を決める劇的な展開に。

そして、10組目は、満を持して登場のジャルジャル。「ピンポンパンポンパ〜ン」「1個多いわ！」と「変な校内放送」にツッコミを入れていくという新体感のネタでこの日の会場を最もうねらせる。最高得点となる95点を出した松本を「僕は一番面白かった」と唸らせるも、結果はまさかの最終決戦進出ならず。

波乱が続く中での最終決戦。小朝が「ミキは剛速球、和牛はコーナー狙いのストライク、とろサーモンはボールになるスライダー」と称した3組から、4票を獲得したとろサーモンが、悲願の優勝を果たした。

2017
出場資格ギリギリの15年目で とろサーモンが栄冠をつかんだ

[順位・得点]

	出番順	総合得点	オール巨人	渡辺正行	中川家 礼二	春風亭小朝	博多大吉	松本人志	上沼恵美子
とろサーモン	③	645	88	93	93	93	93	92	93
和牛	⑨	653	92	92	93	94	94	93	95
ミキ	⑧	650	93	94	91	92	91	94	95
かまいたち	⑤	640	95	89	94	90	92	91	89
スーパーマラドーナ	④	640	94	91	92	91	93	90	89
ジャルジャル	⑩	636	93	88	89	90	91	95	90
さや香	⑦	628	87	91	90	90	90	90	90
ゆにばーす	①	626	89	87	90	91	92	87	90
カミナリ	②	618	87	86	89	90	91	85	90
マヂカルラブリー	⑥	607	86	89	88	89	88	84	83

1番手ゆにばーすのネタ終わりで松本は「お客さんの反応がものすごくいいでしょ。実力か反応か測りかねている」と懸念を示していたが、観客が沸く中でも獲得点数が1組に集まることなくバラけ、拮抗した大会となった。最高得点をたたき出したのは和牛。上沼の95点を筆頭に小朝、大吉の94点など優勝してもおかしくないほどのハイアベレージだった。賛否が目立ったのはジャルジャル。「僕はばっちりだった」と自身最高得点を出した松本と、「違う展開を期待した」大吉らとの点数差が響いた結果に。和牛に加え審査員全員から90点台を獲得したミキが敗退し、栄冠に輝いたのは、会場の空気を支配したとろサーモン。なお、ファイナルステージ3位からの優勝は大会史上初のこと。「ラストイヤーに力が入るどころか、さらっとふざけられて」素晴らしいと讃えていた審査員渡辺が感極まって涙を流したシーンは印象深かった。

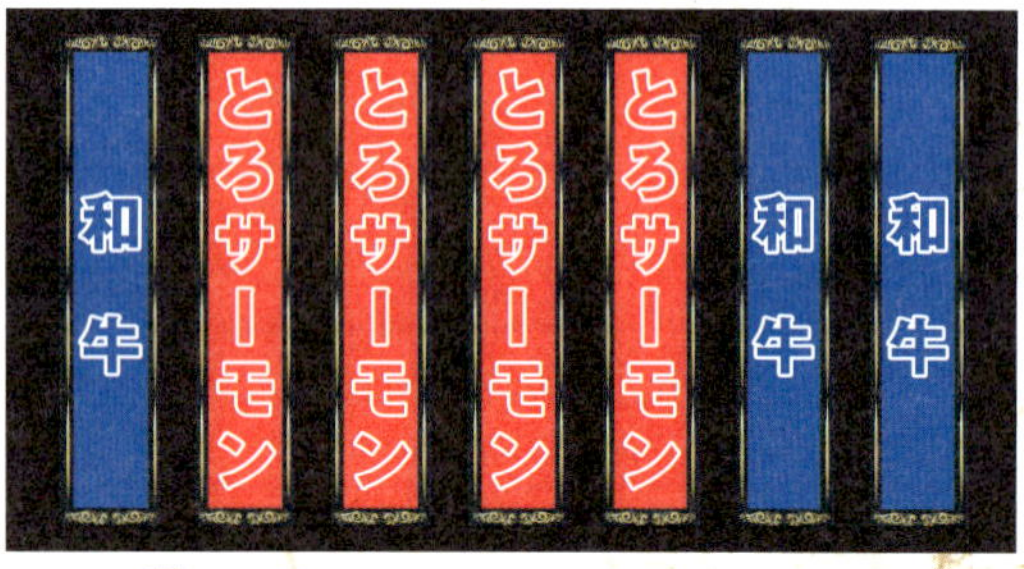

武智アイズ

ネタと人間性で勝負した とろサーモンが優勝

この年から笑神籤が導入されました。順番が決まっていたら、前の出番を見て心の準備も対策もできるんですけど、もう用意したネタを全力でやってあとは天に任せるだけ。何番手で呼ばれてもベストパフォーマンスできるかどうか。順番が決まってた旧M-1は前後の組との戦いだったのが、笑神籤になってからは自分らとの戦いになりました。

優勝したとろサーモンは、ダントツで漫才がうまかったです。ガチなのかアドリブなのか境目を見せず、肩の力を抜いてやっている感じを出していた。みんながネタだけで勝負する中、ネタプラス久保田の人間性で勝負したことで、優勝を勝ち取っていきましたね。

[こぼれ名シーン]

マヂカルラブリー 上沼が「好みじゃない」「よお決勝に残った」とボロクソ批評。野田は「もうやめて」と悲鳴をあげ、最後は服を脱いだ。

さや香
敗退したものの「スターになれる気がする」という上沼のコメントを受け二人で「僕たち、売れます」宣言。

かまいたち
ファーストラウンドで惜敗、悔しさをにじませつつ「キングオブコント王者として見させてもらいます」と山内。

とろサーモン
当日は村田の誕生日。「サンパチマイクの前で、これは何かあるんじゃないかな、と」と運命的なものを感じていたそう。

[審査員コメント]

「ドッかんでも
どっと沸きますよ！
その力がある」
(カミナリ審査時／上沼)

「いつも久保田の
テンション次第。
今日は、安定していたと
思います」
(とろサーモン審査時／礼二)

「会うたびに絶対
決勝に行くって
言ってくれていた。
敗者復活で勝って、
グッと胸に来た」
(スーパーマラドーナ審査時／巨人)

「勝てるネタではなく、
勝ち切るネタが必要」
(かまいたち審査時／小朝)

「勢いがあって、
新鮮で、
シュッとしてるのに
あそこまで
ボケられるとは…」
(さや香審査時／渡辺)

「トップバッターで
つけられる
最高得点です」
(ゆにばーす審査時／大吉)

「ごめん、聞かないで」
(マヂカルラブリー審査時／上沼)

「僕は、一番
おもしろかった」
(ジャルジャル審査時／松本)

「意外と新しい
試みをやっていて…
感心しました」
(和牛審査時／松本)

【決勝までの道のり】

[敗者復活戦メンバー]

ランジャタイ	三四郎	囲碁将棋	ハライチ	大自然
笑撃戦隊	東京ホテイソン	天竺鼠	南海キャンディーズ	ニューヨーク
からし蓮根	アイロンヘッド	霜降り明星	アインシュタイン	相席スタート
Aマッソ	セルライトスパ	見取り図	さらば青春の光	スーパーマラドーナ

20組による激突を制したのは2位のハライチの倍近くの視聴者票を集めたスーパーマラドーナ。「M-1のことを一番思っている!!」と並々ならぬM-1愛を叫び会場へ。決勝進出組が相次いで下位に沈む中、3位は天竺鼠。アインシュタイン稲田は「優勝は目指していません、顔を見せたいだけです」と言い放ち4位ながらインパクトを残す。

平成最後の漫才頂上決戦には4640組が参戦。
準決勝のレベルが上がり、より厳しさが増した決勝進出のハードル。
ジャルジャル、スーパーマラドーナ、和牛ら最終決戦進出経験コンビが順当に
勝ち上がる中、見取り図、トム・ブラウン、霜降り明星は涙の初進出を決めた。
4分間に凝縮されるのは、ストーリー性ある構成か、ボケ数による笑いの量か——。
そんなM-1史におけるひとつの転換点ともなった2018年大会は、“漫才”という概念を
覆しさえする笑いも炸裂した。そんな中、主役となったのは結成5年目、初の決勝で優勝を
もぎ取った霜降り明星。これまでの漫才をリブートしながら新たな漫才を作りあげた。

文／山本泰行　編集／望月沙織

2018年12月2日　開催
201
ストーリー性のある構成か、
ボケ数による笑いの量か——
4分間に凝縮した笑いがぶつかりあう

Play Back
「なんで静止画ベースでしゃべり続けるねん」（霜降り明星・粗品）
霜降り明星
決勝戦初出場。せいやが舞台を駆け回り、粗品がマイク前でツッコミを入れまくる。

スーパーマラドーナ
4年連続4回目。実は怖い人という田中のスーパーサイコキャラを活かした。「人生で一番大事な舞台やぞ！」（武智）

決勝戦初出場、彼女がほしいリリーが繰り出す無名の人物名を後になって突っ込むという伏線回収が新鮮。

見取り図

実力伯仲の混戦を制したのは？ 決勝戦初出場で優勝!!

平成最後の開催となった2018年大会。前大会の顔ぶれが過半数を占め、2015年に再始動してからのM-1を盛り上げてきたジャルジャル、スーパーマラドーナはいよいよラストイヤーに。審査員には富澤たけし、塙宣之、そして立川志らくが新たに参加したことも話題となった。

1番手は結成12年目で決勝初出場となる見取り図。劇場経験が豊富で、安定したしゃべくり漫才と、「マルコ牧師って誰～!?」と斬新な振り返りツッコミで観客を掴む。続いては4年連続4回目で今回がラストイヤーのスーパーマラドーナ。武智が演じるサイコキャラを田中がさらに凌駕するサイコっぷりで覚醒していく漫才コントでホラーを笑いに転換してみせる。

2年連続決勝進出のかまいたちは〝ポイントカード〟から大きな笑いの渦を作る漫才を魅せ、志らくは「上手いし面白い」と絶賛。4番手はラストイヤーとなったジャルジャル。らしさ全開で〝国名わけっこ〟ネタで会場をどよめかせる。SNSでは〝ドネシア〟、〝ゼンチン〟がトレンド入りする盛り上がりだった。

常連組が続く中、ラストイヤーで悲願の初決勝となったギャロップ。安定感のある漫才で実力を垣間見せるも、自虐ネタに「M-1の4分間の筋肉が使いきれ

「イン」（ジャルジャル・福徳）

「ドネシア〜」（ジャルジャル・後藤）

「M-1史上最悪の客です」（かまいたち・山内）

2年連続3回目の決勝でラストイヤー。国名わけっことという、独自の言葉遊びネタを強烈に耳と記憶に刻みつけた。

タイムマシンがあったらをテーマにし、ポイントカードというワードでヒートアップ。

敗者復活。2人のキャラを活かしたスピーディーなしゃべくり漫才。「こんな会話誰にも聞かれたないわ！！」（昴生）

ラストイヤー。ハゲている林が自虐する「同じ人間なのになんでどこでこんなに差が出たんや」（林）

2年連続2回目。男女コンビ　テーマパークロケをテーマにしたコント漫才。

「序盤で舌が会場に飛んで行ってしまった」（ゆにばーす・川瀬）

決勝戦初出場。唯一の吉本勢以外。サザエさんの中嶋くんを5人合わせて合体!?　インパクトを残した。

「ゾンビになりきるちょっと手前で殺してほしい」（和牛・水田）

4年連続4回目。コンビがゾンビになるコント漫才を披露。

2018
平成最後の大会で平成生まれの霜降り明星が王者に

ていなかった」「4分のネタではなかった。惜しい」との評価も。2年連続決勝進出のゆにばーすは、男女コンビを活かしたネタを披露するも、満足のいかない結果に川瀬名人は悔しさを滲ませた。

ここで登場したのが敗者復活のミキ。2人のキャラを活かしたスピーディーなしゃべくり漫才が笑いを連発させ、息の合った兄弟漫才で会場の雰囲気を変える。

結成10年目で決勝戦初出場となったトム・ブラウンは「合体！」「ダメ〜」という異次元のネタで松本から「もう1本見たかった」と言わせるなどインパクトを残す。爆笑は起きるがうねりが起きない。そんな焦燥感さえ感じ始めたとき、9番手に登場したのは霜降り明星。動きまくるせいやに、粗品のツッコミで笑いを取るスタイルで、笑いのうねりを起こし、会場を掌握。塙に「吉本興業の宝」と言わしめ、暫定1位に躍り出る。ファーストステージのトリに登場したのは、2年連続準優勝の和牛だ。コンビがゾンビになったら…というコント漫才で優勝候補という下馬評に負けない爆笑をかっさらい最終決戦進出を決める。

最終決戦は、まさに持ち味のぶつかり合い。底なしの実力を発揮したジャルジャル、和牛を制し、ボケ数を増やし巧みなツッコミでさらに勢力を増した霜降り明星が史上最年少王者に。「やったやった！」と喜ぶ姿は新時代の到来を感じさせた。

M-1グランプリ2018 M-1 Grand Prix 2018

[順位・得点]

	出番順	総合得点	オール巨人	中川家 礼二	ナイツ・塙	立川志らく	サンドウィッチマン 富澤	松本人志	上沼恵美子
霜降り明星	⑨	662	93	96	98	93	91	94	97
和牛	⑩	656	92	94	94	93	92	93	98
ジャルジャル	④	648	93	93	93	99	90	92	88
ミキ	⑦	638	90	93	90	89	90	88	98
かまいたち	③	636	89	92	92	88	91	90	94
トム・ブラウン	⑧	633	87	90	93	97	89	91	86
スーパーマラドーナ	②	617	87	90	89	88	89	85	89
ギャロップ	⑤	614	87	90	89	86	87	86	89
見取り図	①	606	88	91	85	85	86	83	88
ゆにばーす	⑥	594	84	91	82	87	86	80	84

全審査員90点以上が出たのは、最終決戦1位と2位の霜降り明星と和牛のみ。霜降り明星へは「年を取ったらまた面白くなるんじゃないかな」(富澤)と将来への期待も。2位の和牛は、「発想が天才的。ベテランの域に達しているしゃべくり」(上沼)「安定感というか、最後裏切らない」(松本)との声がある中、塙からは、「毎年、優勝候補と言われる中でこれだけのネタを作る話術がすごい」と4年連続4回目で確実に成績を残している彼らへの賛辞が惜しみなく続いた。審査が分かれたのは4番手のジャルジャルと8番手のトム・ブラウン。ジャルジャルは、巨人に「何がおもろいのか分からないけど面白かった」と言われるなど、面白さに理由なんて必要がないことを証明するも、点数には微妙な差として反映される。そんな中、勢いをそのまま最終決戦に持ち込んだ霜降り明星が会場の雰囲気を掴み切り、4票を獲得。僅差の最終決戦を制した。

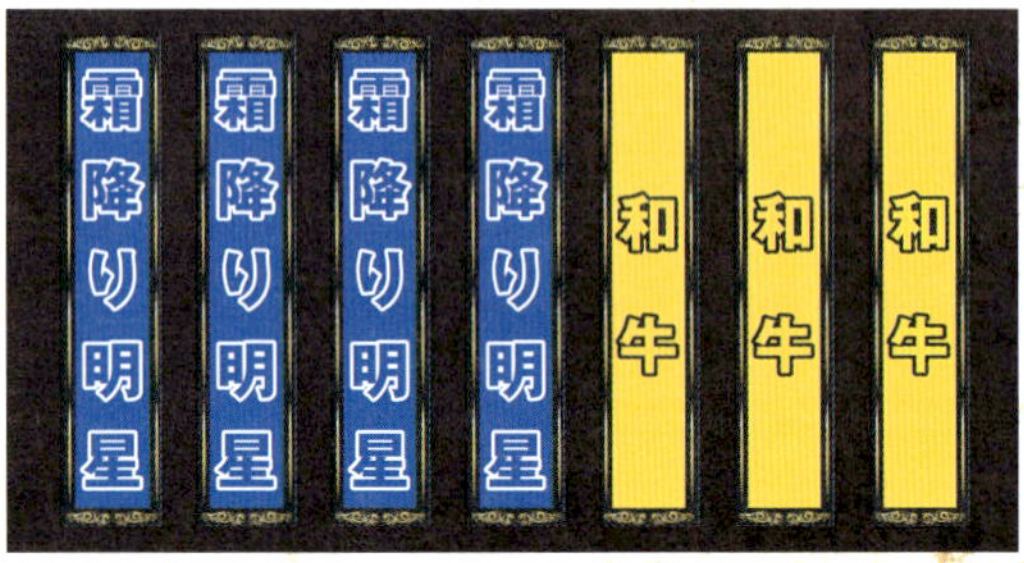

[こぼれ名シーン]

スーパーマラドーナ 暫定ボックスの田中は、カメラが向くたびに「テッテレー」とどっきりスタイルのギャグを振りまき続けた。

ジャルジャル
スピード、テクニック、一つ間違えれば台無しになるネタ…ラストイヤーも漫才に革命を起こし続け確かな足跡を残した。

トム・ブラウン
敗退が決定した際"土の中から加藤一二三が出てくる"と2本目の予告(?)を。「見たかった…」と審査員から惜しまれた。

霜降り明星
優勝決定の瞬間、せいやが喜びを爆発させる横で、粗品は「母ちゃん、父ちゃんに感謝を言いたい」と思わず涙。

武智アイズ

霜降り明星が若さで大会を制圧

この年はお客さんがめっちゃ重たかったです。トップバッターの見取り図が面白いネタをやっても爆発しきれなかった。ラストイヤーだった僕らは2番手を引いた時点で、「M-1とは縁がなかったんやな」と思いましたね。その後、かまいたち、ジャルジャルがこじ開けて、やっと例年のM-1の温かさに戻った気がしたんですけど、ボロボロにスベる組もいて、「やっぱり重いんだ」と悟りました。先輩が苦戦してる中、霜降り明星は若さとパワーで持っていった印象です。

僕ら含めて空気に飲まれた組。見取り図、かまいたちの耐えた組。霜降り、ミキ、和牛の突き抜けた組と、はっきり3グループに分かれた年でした。

［審査員コメント］

「ラストイヤーになんでそんな暗いネタすんねん」（スーパーマラドーナ審査時／松本）

「プロの芸人を笑わせる芸。コント55号を思い起させる」（ジャルジャル審査時／志らく）

「物凄く上手いし面白い。ただ上手さを感じすぎてしまった」（かまいたち審査時／志らく）

「途中から聞くの辞めました。2本目？すごく見たい」（トム・ブラウン審査時／富澤）

「上手い。これだけ話せるのは力がなかったらムリです」（ミキ審査時／巨人）

「横（コンビ）の意識から縦（お客さん）の意識を増やすともっと立体感が生まれた」（見取り図審査時／塙）

「一番現代的でほどがいい漫才。大衆が支持すると思う」（霜降り明星審査時／志らく）

「和牛の思惑どおりに漫才を観てしまって悔しい」（和牛審査時／富澤）

「田中はようしゃべれるようになったな〜。普通の漫才師になったやんか！」（スーパーマラドーナ審査時／上沼）

【決勝までの道のり】

［敗者復活戦メンバー］

ウエストランド	たくろう	マユリカ	マヂカルラブリー
ダンビラムーチョ	からし蓮根	東京ホテイソン	三四郎
さらば青春の光	アキナ	侍スライス	プラス・マイナス
ミキ	金属バット	ニッポンの社長	インディアンス

のべ200万票の投票があった敗者復活戦。昨年の決勝で苦汁を飲んだマヂカルラブリー野田は服を脱ぎ捨て「えみちゃん、まっててねー！」。三四郎の小宮は例年通り「まっちゃん待っててねー。巨人ちゃんも待っててねー」と自信をのぞかせるも敗退。アキナ、インディアンス、プラス・マイナスを抑えてミキが決勝へ。

霜降り明星

優勝当時、粗品25歳、せいや26歳。
史上最年少で栄冠をつかんだ彼らも、2人で涙を流した夜があった
いまや飛ぶ鳥を落とす勢いの霜降り明星が語る
全4回の挑戦の日々と、今のM-1への思いとは

撮影／飯岡拓也　取材・文／南勇稀

M-1に優勝する契約でコンビを組んだようなもの

――お2人が芸歴3年目の2015年に、M-1が復活をしました。

粗品　復活は嬉しかったですねー。

せいや　でも、その年は、霜降り明星が一番危なかった時期ですよね。2013年（当時、2人とも20歳）に結成して、「早いやろ」と言われるかもしれないですけど、僕らは2人で「21歳までに売れなかったらやめよう」っていう約束をマジでしてて。それで、2015年のM-1で準決勝、決勝に行かなあかん時に、3回戦で落ちたんですよね。その時は、2人で居酒屋に集まって、「解散しようか」って泣きながら飲んだんですよ。

粗品　なつかしいなあ。手ごたえはあったのに落とされたんですよ。

せいや　これがウケてなくて落ちたのなら、納得できるんですよ。めっちゃウケて、2人でガッツポーズしてたら落ちたんで。「ああもう、これ解散やな。やめようか」みたいになったんですけど。「ちょっとやり残したことがあるんちゃうか」と話して、もう一回ボケとツッコミを入れ替えたり、違う感じの漫才に挑戦していった。どん底の年ですね、2015年は。

――今の若手の方だと、M-1の決勝に行かなくても、配信などで稼げている人もいると聞きます。もし当時、芸人として稼げていたとしたら、やめる気持ちにはならなかったですか？

粗品　いや、でも金じゃないよな。

せいや　金じゃない。金じゃない。

粗品　お金は1個の、当時の指標でしたけど。あの時22歳で、たとえ月収はあったとしても、そういうことじゃなかったと思いますよ。やっぱりM-1ですよ。

せいや　そうね。M-1を獲るためにコンビを組んだ感じでもありますからね。

爆発力

2018年
チャンピオン
インタビュー

霜降り明星の走り方は「マスタングスペシャル」やなって 最後の直線を両足揃えて走るから 何倍にもなる。2乗にも、3乗にも

粗品　そうです。

せいや　僕らはやっぱりM-1に憧れて、M-1のド世代、ド真ん中なんですよ。本当に漫才を知ったのがM-1と言っても過言じゃないし。それで「コンビを組もう」「漫才しよう」っていうのは、やっぱりイコール「M-1で優勝しようぜ」っていう契約のもと、組んでるようなものなんですよね。そこで3回戦で落ちるようやったら、「もう勝たれへんやろ」みたいな意識ですよね。

――なるべく早く優勝するために、どういったネタ作りをしていましたか？

せいや　M-1の時は、もうとにかくボケをお互いが持ち寄って、何十個も出して、いいのだけ残していくっていう作業を、ずっとしていました。このネタの作り方は「珍しい」って言われますね。同期のらぶおじさん（ピン芸人）も、この前、めっちゃ褒めてくれましたよ。

粗品　誰やねん、おい！

せいや　「霜降りは、ネタ合わせがめっちゃ楽しそう」って。

粗品　ちゃうちゃう。らぶおじさんが、M-1本に載んの？　もっとすごい名前出せって、お前。

せいや　でも、本当に「珍しい」って言われますよ。ネタ合わせの段階で、お互いが相方を笑かそうと思って、ツッコミとボケを2人とも考えてきて。ほんで、いいのを残していくんです。最近「マキバオー」を見てますか？（※漫画『みどりのマキバオー』）

粗品　「マキバオー」を最近、見てるわけないやん。「見たことあります？」や。

せいや　「マキバオー」の中で、めっちゃ速い「マスタングスペシャル」っていう走り方があって。「それ、霜降り明星やな」と思ったんですけど。

粗品　ええ？

せいや　みんな片足ずつ走るんですよね。馬って。でもマキバオーは、最後の直線を両足揃えて走るから、何倍にもなる。2乗にも3乗にも。

粗品　へえ。そうなんや。

せいや　霜降り明星の走り方もそうやなって。ネタを2つの脳みそでガッと出すから、色んな種類のネタがあんねんなっていう。これは、わりとガチで思ってます。

じつはギリ準決勝だった2016年

――初挑戦の翌年の2016年は、準決勝まで進出しました。この年の手ごたえ

せいや

はいかがでしたか?

粗品　めっちゃ嬉しかったな。この年。

せいや　嬉しかった。

粗品　準決勝は1個の目標だったから、「いや、よかったー」っていう。でも、めっちゃ嬉しかったんですけど、どこにも言ってない話をしちゃおうかな。

せいや　いいね。

粗品　2016年は、俺ら23歳とかで準決勝に行って、「やばっ!」って、めっちゃ嬉しかったんですけど。準々決勝からたしか29組準決勝に行った中の、僕ら28位やったんですよ。もうギリギリで行ったんですよ。

せいや　あったな、それ。

粗品　それを作家から聞いて「うわっ。複雑やな」って。そのままの能力やったら決勝に行けないっていう意味なんで。で、準決勝はトップバッターやったよな。

せいや　うん。

粗品　予選の順位が低いから、トップバッターで。まあ、ほんまに勉強しに行ったみたいな感じやったから。一応、一撃は狙ってましたけど、あの時に袖で見てた他のファイナリストのウケ具合とか、やっぱすごかったですね。

せいや　確かに。

粗品　あれは、悔しかったですね。でも、その時の漫才で2018年に優勝しましたから。2016年の準決勝で落ちたネタ(「小学校」)で優勝したのは、感慨深かったな。

せいや　いいね、その話。これ、準々決勝で落ちた可愛がってる後輩とかにも言うんですけど、「準々とか準決で落ちたら、お前らの優勝する確率が上がったで」って言ってるんですよ。やっぱりM-1って初めて決勝に出て一発優勝が、本来は綺麗とされてるじゃないですか。

粗品　そうやな。

せいや　一発目は新鮮味もあるし獲りやすい。だから、めっちゃ攻略ゲームやと思うんですよね。ってなると、やっぱり僕らも2016年で決勝に行ってたら、今思えば危なかったなって。

粗品　あー、そうかもな。

せいや　あの経験値で行っちゃうと負けるんですよ。でもあそこで絶対1回倒されるボスみたいな。もうゲームなんですよ。1回倒されるけど、その分の経験値を貯められるんですよね。ネタのオモロいとこを見せずに残せるし。だから、あそこで負けたから優勝があるっていうのは、今、負けてる後輩たちに言いたい。「優勝の確率、上がってますよ」」。

粗品　おー。いいね。素晴らしい。

——翌2017年も準決勝まで進出していますが、この年はいかがでしたか?

せいや　どうですか?

粗品　だるかったなー、あの年は。

せいや　ははは(笑)。

粗品　いやいや本当に、めちゃくちゃ自信があったんですよ。2017年は大阪で、夏に「ABCお笑いグランプリ」で優勝した年で、「ついに霜降り明星が認められ出したぞ」と。だから、めちゃくちゃ自信あったし、予選もずっと、めっちゃウケてたんですよ。

せいや　うん。

粗品　ずっとウケてて、準々決勝でも、めちゃくちゃウケたんですよ。それこそ作家伝いに、「1位か2位やった」と聞いて。だからそのままの感じで準決勝を

2016年の準決勝で落ちたネタで優勝したのは、感慨深かった

やれば、普通に決勝行けるんですけど……。腹立つな、あれ。当時GYAO！の配信で、次に進んだやつの漫才も配信されてたんですよ。

せいや　ネタバレね。

粗品　我々は「霜降り明星が爆ウケやったらしい」って話題になってたから、GYAO！でも特に再生されてた。だから準決勝のお客さんの前でやった時に、全員がネタを知っていて、思ったようにウケなかったんですよね。めっちゃ悔しかったな、あれ。

せいや　悔しかった！

粗品　絶対行けると思ってたのに、行けへんくって。2人で本当に打ちひしがれましたね。僕は密着のカメラの前で悪態ついたり、せいやは気が動転してパニックになったり。そういう年でしたね。

せいや　言ったら「ABCお笑いグランプリ」って、M-1の前哨戦やと思うんですよね。これはやっぱり、日本ダービーまではいかないですけど菊花賞。

粗品　「マキバオー」、好きやなあ。いや、俺やで。「菊花賞が」とか言うの。お前なん？　競馬の例えすんの……。

せいや　やっぱり賞レースなんで、似てるんですよ。僕ら、言うたらサラブレッド。で、菊花賞とか、秋華賞とか順々に獲って、いよいよ有馬記念だけ。

粗品　クリスマスやしな。

せいや　そこで、俺らは普通に走れてたんですけど、やっぱりそん時の空気というか、その日だけウケへんかった。

粗品　ウケへんかったな。だるいわー。

せいや　「おかしいやんけ」っていうのがあったんで、本当にその頃からもう、まんま今の霜降り明星みたいな。粗品は密着のカメラに悪態ついて、僕はもう泣き崩れて「うわー！」って叫んで走ったのを覚えてます。「こんなんもう終わりやんけ」みたいな。だから優勝した時に、「早い」とか、「ホープ」とかよく言われたんですけど、僕らなりに、挫折も何回もしてるんですよね。2017年は「もう終わった」と思いました。

——その翌年の2018年に優勝を決めることになります。

せいや　それで、次の2018年ですよ。ここで「単独ライブを毎月しよう」って、2人で決めるんですよ。これが、でかかったんですよね。

粗品　でかかったねー。

せいや　毎月もう漫才だけ。コーナー企画とかもなく、ゲストとかも一切呼ばずに、ただただ漫才を7本、毎月おろしまくるっていうことをやって、道が開けた気がしますね。「毎月やろう」って始めた単独の一発目に、「豪華客船」のネタができたんとちゃうかな。

粗品　あー、そんな気はするな。

せいや　「これ、やろうぜ」ってなって、本当にそれを仕上げる1年でしたね。あれは運命の1本やな。よう、あのネタを磨いたで。

2018年に2人で決めたんですよ「単独ライブを毎月しよう」ってこれがでかかった

粗品　先日、カウス師匠とも喋らせてもらったんですけど、やっぱり漫才はね、相方との「気持ち合わせ」やと。

せいや　名言やな。

粗品　カウス師匠も、毎日ネタ合わせをしてはったっていうし。それって、どぎついんですよ。毎日、ネタ合わせをすんのって。でも、あの時の僕らも、毎日ネタ合わせをしてました。2017年に関西の賞レースを獲ってるから、毎日朝早くからロケに行ったり忙しくしてたけど、ネタ合わせはしてたよな。

せいや　ほんまにずっとしてたな。

——そうして磨いたネタで挑んだ、決勝本番の雰囲気や気分はいかがでしたか。

せいや　これちょっと粗品さんの話を聞きたいですね。

粗品　でも、ネタに自信があったもんな。

あとはほんまに笑神籤（えみくじ）だけがめーちゃくちゃ緊張しましたね。

せいや　緊張した。

粗品　笑神籤は、出順がわからんから「嫌やな。1番嫌やな」って。もうそこだけでしたね。トップ以外のまともな順番でさせてもらえたら、自信はあったので。楽屋であんまり周りの人と喋ったりとかはしてないかな。

せいや　うん。覚えてるのはゆにばーすの川瀬名人がずっと「今年優勝したチャンピオンが、どの時代より偉い」って言ってました。

粗品　一番偉い？

せいや　メンツを見て、和牛さん、ジャルジャルさん、かまいたちさんがいて。なんやったら前期のM-1からの人らが成熟しきって出てる大会で。僕らは、後期のM-1から出てるから。これで優勝するのは、全チャンピオンの中でも一番むずいって言ってましたね。川瀬名人が。

粗品　名人ですからね。

せいや　あいつ、なんかずっと言ってたな。「笑神籤は仕組まれてる」とか。

——ちなみに、何番くらいがいいと話し合っていたのですか？

せいや　トップバッター以外かな。

粗品　トップ以外、とりあえず。

せいや　でも本番が始まっても、ずっと励まし合ってましたね。「いや、次でもええな」って、全番で言ってましたよ。

粗品　確かに確かに。

せいや　「次でもええけどな」「4番ええなあ」とか。やばすぎて、とにかくいいことを言ってました。それで、重かったんですよね、その年。メンバーも良すぎるから、お客さんが身構えてたのかわかんないですけど、たまにある「おいおい、爆発ないぞ」っていう賞レースやったんですよ。

粗品　嬉しかったよな、だから。

せいや　そう。だから結果、本当に全てが上手くいって。10番目でしたっけ、僕ら。

粗品　9番やな。

せいや　本来しんどいと思うんですよ。M-1で9番目。でも結果的には、よかったですね。

——改めて、優勝が決まった瞬間、何を思いましたか。

せいや　僕が覚えてるのは、あの決勝の票が開く前。あれ、人生で最大のパチンコじゃないですか。大当たりか、大ハズレか。

粗品　そうやな。

せいや　最強のパチンコやと思うんですよ。で、粗品に「これ、もし今年2位なら、もう無理かもな」みたいに言ったんは覚えてます。もう優勝にここまで手がかかってる状態で、「もし負けたら、優勝はどうやろな？」みたいなんは喋っていて。ほんで、霜降り明星がまず4票開いたんで、あとは何にも考えず、「エグい！」だけですね。もう何にも考えれない。飛びました、マジで。あんなことないっすよ。2人で超大型パチンコに勝った。すごかった。

「先輩を倒したい」という思いは今も変わっていない

——最近のM-1をどんな気持ちで見ていますか？

せいや　もう優勝して、6年経つんですよね。だから、ある意味、もう楽しめてますね。優勝して1、2年はめっちゃ気になってたんですけど、今は後輩たちや同期が参加する大会になってるんで、「頑張れ」っていう気持ちの方がでかいです。僕らが出ていた時は、先輩と戦ってたんで。やっぱ後輩が先輩を倒す、ひっくり返すのは気持ちいいっすよ。賞レースはそうあるべきというか。

——お2人はまだまだ出場資格がありますけど、自分たちもまた出ようという気持ちにはならないですか？

せいや　これはM-1側に言いたいんですけど。もし、チャンピオン大会を作ってくれるんやったら、燃えますね。チャンピオンの中の真のチャンピオンを決める、M-1チャンピオンシップ。ドラクエとかでいう裏ボスを倒すみたいなんなら、出たい。「先輩を倒しに行きたい」っていうのは変わっていないですね。

粗品　自信あるしな、正直。

せいや　やっぱり、下のチャンスを潰すのは嫌なんですよ。2冠も確かにいいけど、下の人がチャンスの大会なんで、僕らは上に行きたいですね。

粗品　いいですね。でも、芋引いて逃げるやろうな、先輩は。出てこいやって。もし、出てくるっていうなら大したもんですよ。

せいや　やりたい。わくわくしたい。

粗品　全員が出るんやったらな。でも、逃げる人がおんのやったら意味ないやろと思います。

——審査員の話が来たら、どうですか？

粗品　審査員、僕だけ200点満点をもらえるんやったら、やりますね。

せいや　なんやねん、それ。200点？　センター試験？

粗品　やっぱり周りの人の2倍の価値で審査したい。俺が優勝者を決めたい。

せいや　嫌やなあ。それは潰れるかもしれないですね、M-1。紳助さんが始めて粗品が潰す。でも粗品がツッコミ側、せいやがボケ側の審査みたいなんで、2人でやるのはあると思いますね。僕らR-1も、史上初のコンビ同時決勝というエグい偉業を成し遂げてるんで。

粗品　ははは（笑）。

せいや　コンビ同時審査員はあるかもしれないですね。全然違うと思うんですよ。観点が。漫才ってボケとツッコミで、マジで見方が全然違いますからね。

——お2人は、年齢を重ねていっても、漫才をやっていきたいと思いますか？

粗品　もちろんです。

せいや　そうですね。やっぱり、漫才って吉本が培った一番の宝なんで。これを手放すわけにはいかないですね。

粗品　ああ、そう！「漫才だけは離すなよ」って、言うてはったわ。

せいや　カウス師匠が？　もうこれ、カウス師匠のインタビューや。

粗品　俺は、漫才は離しませんよ。悪いけども。

せいや　熱いねー。

粗品　離さないですよ。まあ、お客さんには話すんですけどね。

せいや　いやいや。いらんなあ。活字やからね？

——お2人にとって、「M-1」とは何だったのでしょうか。

せいや　うーん。M-1とは……。「人命」です。

粗品　じんめい？　どういうこと？

せいや　「人生」とかはあると思うんですけど、「人命」ですね。やっぱり命を救っていただいた。

粗品　うわー、熱いね。

せいや　「人命」をいただけたことによって、生かされてる。今生きてるのも、M-1のおかげと思ってます。

粗品　素晴らしい。

200点満点もらえるんやったら M-1の審査員、やりますね 周りの人の2倍の価値で審査したい

霜降り明星
高校時代にハイスクールマンザイの大会で出会った粗品とせいやが、時を経て2013年に結成。「ABCお笑いグランプリ」優勝、「ytv漫才新人賞」優勝と主要な賞レースを制した後、「M-1グランプリ」では4回目の挑戦で、史上最年少優勝を果たした。2019年に大阪から東京に活動の拠点を移し、現在は『新しいカギ』などのレギュラー番組や、ラジオ、You Tubeなど、さらに活躍の場を広げている。

9

史上最年少の王者・霜降り明星が誕生してから“お笑い第七世代”が話題を席巻。
新旧の芸人たちが入り乱れる縮図の中、5040組の芸人が参戦した2019年のM-1。
かまいたちや見取り図、敗者復活組の和牛といった決勝常連組に下馬評が集まる中、
すゑひろがりずやぺこぱといった型にとらわれない決勝初出場組が躍動。
そんな中、ミルクボーイがファーストラウンドで全審査員から96点以上、
大会史上最高得点をたたき出す快挙を巻き起こす！
M-1決勝初出場どころか、「テレビでは今年初めての漫才」というミルクボーイが、
たった一夜で人生を変えた——漫才ドリームを体現し歴史に名を刻んだ。

文／山本泰行　編集／望月沙織

2019年12月22日　開催

201

お笑い第七世代の台頭！
漫才の概念を覆すコンビも参戦
決勝初出場が7組というフレッシュな大会に

Play Back

「コーンフレークやないか」
（ミルクボーイ・内海）

ミルクボーイ

初登場。コーンフレークについて掛け合いを見せるしゃべくり漫才は、審査員も爆笑を隠せない。

和牛

敗者復活組。不動産屋のコント漫才。「今年こそチャンピオンになりたいと思います〜」と水田。

3年連続3回目。山内の言い間違いを正すしゃべくり漫才。上沼に褒められ「えみちゃんねる」出演権獲得⁉

かまいたち

漫才に新しい波が押し寄せる！
無名コンビが一夜にして一世風靡

〝お笑い第七世代〟という言葉が誕生するなど、新たな波の訪れを象徴するように、7組が決勝初進出というフレッシュな顔ぶれが揃う戦いとなった。

1番手は初登場のニューヨーク。嶋佐の自作の恋愛ソングに屋敷が毒たっぷりのツッコミを入れる歌ネタを披露。ネタ終わりの松本との掛け合いを含め、トップとは思えない盛り上がりを見せる。

2番手は3年連続3回目の決勝出場となるかまいたち。山内の言い間違いを濱家が正していくしゃべくり漫才に、松本は「圧巻。涙が出るくらい笑った」と大絶賛した。

開始早々で、最高潮とも思える笑いのピークが訪れる中、敗者復活組の和牛が登場。ツッコミの川西がボケにも見える進化した和牛がさらに会場のボルテージを高めていく凄まじい展開へ！

〝優勝候補〟が続いた後に、空気を一変させたのは着物姿に鼓と扇子を手にして狂言風漫才を披露したすゑひろがりず。5番手にはからし蓮根。持ち味の熊本弁での漫才を思い切りよく披露すると、2年連続2回目の見取り図が堂々とした漫才で、貫禄を見せつける。会場の盛り上がりが持続しつづける異様な雰囲気の中で登場となったのがミルクボーイ。テレ

「大男の松本です」「合格ですか?」

（からし蓮根・伊織）

初出場。熊本弁を使ったコント漫才。自動車教習所。「これがM-1なんですね。大舞台で緊張の中の緊張をしている」と杉本。

初登場！着物姿で楽器を手にした狂言風漫才

鼓の音が響いたとたんに笑いが。お菓子の名前がどんどん古典風になることに大爆笑。

どこに遊びにいくのがいいのかをしゃべくり漫才で。「握る」をキーワードに次々としゃべりまくる！

2年連続2回目。互いの見た目の悪口を言うしゃべくり漫才。噛んだ部分は「お昼に食べた爆竹が…」と盛山。

「今までやった漫才で一番楽しかった」と嶋佐。だが点が出て衝撃。中でも松本が今大会最低の82点。

恋愛ソングに毒たっぷりのツッコミを

「被っているならオレがよければいい」

（ぺこぱ・松陰寺）

ツッコミですべてを肯定する型破りなコント漫才。斬新すぎて審査員も笑いながら頭を抱える。

決勝初出場。田渕がハイテンション＆スピーディーにボケまくるコント漫才。「おっさん女子？」「許してちょんまげ～」（田渕）

史上最高681点を叩き出したミルクボーイが王者に！

ビ初披露となるコーンフレークをテーマにした、行ったり来たり漫才は、かつてないほどに会場の空気を切り裂き、爆笑の渦を巻き起こす。M-1史上最高得点をたたき出すと、異様なハイボルテージに会場は呑み込まれた。

先読みできない空気感の中、オズワルドがしっとりとしたしゃべくり漫才で徐々に自分たちのペースへと引きずり込んでいくと、インディアンスは田渕のハイテンションでボケを連発させる持ち味を発揮。緩急ないまぜ、目が離せない展開は、まだまだ終わらない。

ラストに登場したのは、当時無名だったぺこぱ。終焉モードだったファーストラウンドに、〝全てを肯定する〟という他に類をみないツッコミという劇薬で上位3組に襲い掛かる。そして、まさかの3位通過となり、優勝候補の一角だった和牛を引きずりおろしてしまう。何が起こるかわからない展開の連続に上沼は「今年はずっと面白い」と最高のエールを送った。

最終決戦は、ミルクボーイ、かまいたち、ぺこぱの3組。それぞれがスタイルを変えずに、持ち味を存分に出し切った。ハイレベルなお笑いバトルに松本が「過去最高と言ってもいいかも」と語った今大会。優勝は6票を集めたミルクボーイ。定石漫才で凄みに、人を傷つけないという新たなお笑いのスタイルが世間にウケることを示した。

2019

[順位・得点]

	出番順	総合得点	オール巨人	ナイツ・塙	立川志らく	サンドウィッチマン 富澤	中川家 礼二	松本人志	上沼恵美子
ミルクボーイ	⑦	681	97	99	97	97	96	97	98
かまいたち	②	660	93	95	95	93	94	95	95
ぺこぱ	⑩	654	93	94	91	94	92	94	96
和牛	③	652	92	96	96	91	93	92	92
見取り図	⑥	649	94	92	94	91	93	91	94
からし蓮根	⑤	639	93	90	89	90	93	90	94
オズワルド	⑧	638	91	89	89	91	94	90	94
すゑひろがりず	④	637	92	91	92	90	91	89	92
インディアンス	⑨	632	92	89	87	90	92	88	94
ニューヨーク	①	616	87	91	90	88	88	82	90

2番手ながら高得点をたたき出したかまいたちには「言い間違いをなすりつけ開き直るで4分いくのはすごい」（富澤）と絶賛。新しい漫才のスタイルを見せた和牛に対して、「毎年進化している。色んなことをするのが和牛の魅力」と塙は迷いなく96点。今大会、審査員全員が最高得点を付けたミルクボーイ。松本「揺すぶられた。これぞ漫才」、塙は「人の力と言葉の力とセンスが凝縮されていた。限りなく100点に近い99点です」と賛辞の嵐。意見が分かれたと思われたぺこぱだが、「ノリツッコまないボケというか、新しいところをついてきた」（松本）「どんどん好きになっていく。最終決勝がすごく楽しみ」（志らく）と高評価。昔から何度もスタイルを変えてきた彼らを知っている塙と富澤は感無量の表情を見せた。最終決戦は、巨人が「誰が獲ってもよかったと思う。最高の戦い」と語るようにハイレベルな争いに。ミルクボーイが6票集めて優勝を決めた。

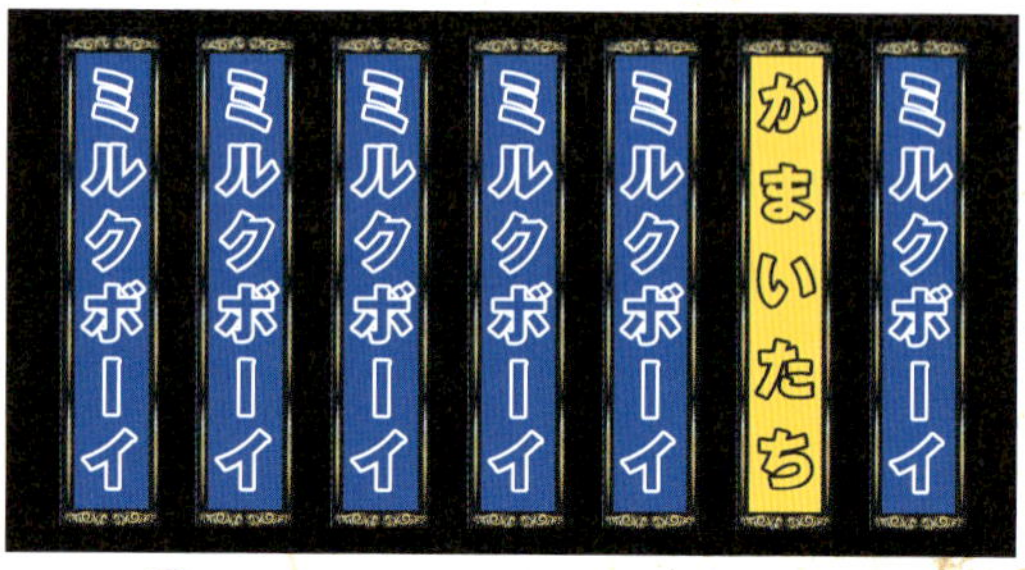

武智アイズ

伝説の大会！ ミルクボーイが最高得点で優勝

M-1史でベスト3に入るであろう面白い年でしたね。順番がおそろしくよかったです。2番手で出た優勝候補のかまいたちが高得点を叩き出し、決勝初出場が多くて対抗できる組が少ない中、選ばれたのが敗者復活から上がってきた和牛。その後、すゑひろがりずが前2組の強すぎる空気を緩和してくれた。それからミルクボーイが大爆発して、ここが天井と思いきや、最後にぺこぱが出てきて、3位の和牛を引きずり下ろすという……。裏で流れを工作してんちゃうか？ と疑いたくなるぐらい、見ごたえがありました。

結果、無名のミルクボーイが大会史上最高得点で優勝というのは本当にドリームですよね。まさしく伝説の大会です。

[こぼれ名シーン]

かまいたち オーダーメイドでスーツを作ったという山内。ただ「ソデが少し短いです」となぜかサイズが合っていないと告白。

ニューヨーク
笑いながらツッコむことに松本から苦言を呈された屋敷。嶋佐は「二度と笑うな！」と厳しい一言。

和牛
「和牛が敗れるとは衝撃」と松本。水田は「トリオになって帰ってきます」と悔しさをにじませた。

ミルクボーイ
優勝しても「ウソウソウソ」、「夢夢夢」と連呼し、駒場は「忘れてくれたオカンのおかげ」と感謝。

［審査員コメント］

「彼らはグランプリですね。すごく腕を上げたね」
（かまいたち審査時／上沼）

「彼らが上位に行って、
漫才をぶっ壊して、
新しい笑いを
つくってほしい」
（すゑひろがりず審査時／富澤）

「僕は2人に何度も『辞め』と言った。ここまで来れたの立派！エライ」
（からし蓮根審査時／巨人）

「これぞ漫才というものを久しぶりに見せてもらった」
（ミルクボーイ審査時／松本）

「人間味を出してもらえたら幅が広がる」
（インディアンス審査時／礼二）

「盛山の
ズボンの裾が
気になった」
（見取り図審査時／松本）

「テクニックは昔の漫才の形を
引き継いでると感じた」
（ニューヨーク審査時／志らく）

「2人とも声がいいんですよ。
温度が高くないのに
このウケはすごい」
（オズワルド審査時／富澤）

「毎年進化している。
いろんなことをするのが和牛の魅力」
（和牛審査時／塙）

【決勝までの道のり】

［敗者復活戦メンバー］

アインシュタイン	くらげ	天竺鼠	錦鯉	四千頭身	和牛
囲碁将棋	セルライトスパ	東京ホテイソン	マヂカルラブリー	ラランド	
カミナリ	ダイタク	トム・ブラウン	ミキ	ロングコートダディ	

・16組中、昨年のファイナリストを含む10組が敗者復活経験者となった今回。初出場組で話題を呼んだのは、学生お笑い出身でアマチュアのラランド。斬新なネタで敗者復活でも11位を記録した。また結成1年で敗者復活に進んだのはくらげ。後半にかけてしっかりと笑いを取っていった。最終的には約65万票を集めた和牛が1位に。

プロデューサーが見たM-1

Tetsuji Kuwayama

2021年～チーフプロデューサー

桒山 哲治さん

2008年秋からM-1のディレクターとなり、2016年にはかまいたちの密着取材を担当。

2017年に総合演出、2020年からプロデューサーを務める。

2021年からチーフプロデューサーに。

「死ぬ瞬間にも思い出す制作人生のすべてがM-1にまつわる思い出」

審査員を断られ続け「出るわ」で号泣

2005年にABCテレビに入社し、スポーツ部に配属されました。入社後は野球漬けの日々だったんで、2008年秋にバラエティ部署に異動するまでM-1をほぼ観れていなかったんです。大会がグワッと盛り上がり始めた時期をあんまり知らないので、異動後は「なんちゅう現場や！」と思いました。スタッフみんながM-1に向けて頑張っていて、寝る暇がなくても「楽しい！」みたいな。でっかい文化祭やってるみたいなノリやった記憶があります。2016年に、かまいたちさんの密着担当になりました。密着していると「どのネタをかけようか」など迷っている様子も近くで見ることになります。だから、僕もグッと感情移入してしまいます。かまいたちさんが、2016年に準決勝敗退した翌年、ストレートで決勝に行ったときは無茶苦茶嬉しかったですね。

僕が総合演出になった2017年から、〝笑神籤《えみくじ》〟がスタートしました。役割が変わった年にそんな取り組みが始まったので、今思い返してもすごいプレッシャー。嫌な年でした（笑）。どんな順番になっても良いように全パターンの準備をするんで、台本も相当分厚くなりましたね。制作も技術も美術も全スタッフに負担がかかり、スタッフだけでなく、芸人さんの負担も不安でした。それまでは事前に順番が決まっていたので芸人さんも対策ができましたけど、笑神籤はくじが引かれて数十秒後にネタを披露することになります。緊張でネタが飛んだらどうしよう……など、かなり心配していました。た

M-1グランプリと桒山 哲治さん

- 2001 大学時代、テレビでM-1を観て衝撃を受ける
- 2005 ABCに入社しスポーツ部に配属。野球取材＆中継業務漬けの日々
- 2008 秋に制作部に異動し、ディレクターとしてM-1の制作に関わりはじめる
  - 寝れなくても楽しいという世界に驚く
- 2010 前期M-1終了
- 2015 後期M-1開始
- 2016 ディレクターとしてかまいたちの密着を担当
- 2017 総合演出になる。笑神籤がスタート
  - かまいたちさんの決勝は嬉しかった

- 2020 東京に異動。コロナ禍でプロデューサーになる
  - マヂカルラブリー優勝
- 2021 チーフプロデューサーを務める

トップ出番でやりきったゆにばーすに、審査員の博多大吉は「トップで付けられる最高点」と92点を付けた

「苦しみながら人を笑かす芸人さんはまともじゃないけどすごく素敵な人たち」

だ、この年トップ出番を引いたゆにばーすさんが見事な漫才を披露して爆笑を起こしていたんです。それで安心しましたし、「漫才師って本当にスゴイ」と思った記憶があります。

自分の制作人生は思い出すべてが〝M-1基準〟

2020年、コロナ禍でプロデューサーになりました。そもそも「今年M-1はできるのか?」みたいな雰囲気でのスタートだったので、この年は「コロナ禍を乗り切る」というのが最大の課題でしたね。それから、巨人師匠が「もう審査員は…」とおっしゃった時期でもあります。僕はお願いする担当だったので、何度も何度も足を運んで……。それでも断られ続け、最後の最後に「もうええわ、出るわ」と折れてくださったときは嬉しくて号泣しましたね。「ありがとうございます」と頭を下げた瞬間、涙がバーっと流れ落ちました（笑）。この日、巨人師匠に会うために乗っていた新幹線のなかでもずっと凹んでいた記憶があります。「今日無理やったらもうダメよな」と思いつつ風景を見て、聴いていた曲はなぜか『木綿のハンカチーフ』です（笑）。

M-1は、番組を支える技術・美術スタッフの力も大きいです。たとえば、音声は「お茶の間まで会場の臨場感を届ける」ために基準のギリギリを攻めているんですよ。映像に関しても「面白い顔をしている人にズームする」みたいなバラエティの見せ方ではなく、「漫才の日本一を決める大会を中継している」という意識でやってくれています。

自分の制作人生を振り返ると、思い出すべてが〝M-1基準〟になっています。たとえば「マヂラブさんが優勝した年に東京に来たから……あれは2020年だ」みたいな（笑）。死ぬ瞬間にもM-1を思い出すんじゃないかな。毎年金木犀《きんもくせい》の香りがするだけで動悸がするほどM-1は苦しくて。でも、人生をかけてこの大会をなんとかしたいと思っています。芸人さんって、自分たちは苦しみながら誰かを笑かそうとしてる。まともじゃないけど、すごく素敵な人たちで大好きです。

今年はM-1にとって節目の年です。昔からのM-1ファンの方には感慨深く思っていただきたいし、最近知った方には「そんな歴史ある大会なんや」と感じてほしい。「今後も楽しみだ」と思ってもらえるような大会にしたいですね。どんな人たちがどういう想いでやってきたのか、演者さんだけでなく作り手もふくめたストーリーを描ければ。漫才師さんへのリスペクトを最大にしてお届けしたいです。

 取材・執筆／堀越愛　編集／望月沙織　本ページ内、番組写真提供／ABCテレビ

世界を襲った新型コロナウイルスにより開催が危ぶまれていたが例年通り無事に開催された。漫才ができる感謝を松本人志が口にするなど、漫才への愛が詰まった大会に。スローガンは「漫才は止まらない」。こんな時代だからこそ笑いをと5081組が参加した。4組が初出場となった決勝戦、中でも注目を集めたのが大会初のユニットコンビのおいでやすこが。ピン芸人として活躍する2人が、活躍の場をM-1に移してより面白いことを証明した。優勝は、3年前に審査員全員が80点台を付け最下位に沈み、前回大会の敗者復活戦では「えみちゃん、待っててね~」とコメントをしてインパクトを残したマヂカルラブリー。確実に進化した姿を見せ、コロナ禍で元気がなかった日本に大きな笑いと希望を届けた。

文／山本泰行　編集／望月沙織

2020年12月20日　開催
202
コロナ禍による時代の激変…
「漫才は止まらない」を実現させ
日本に大きな笑いと希望を届ける。

Play Back

「どうしても笑わせたい人がいる男です」（マヂカルラブリー・野田）

屈辱の決勝最下位から3年ぶりに満を持しての出場。自分たちのスタイルを貫き通して栄冠に輝いた。その波紋は大きく論争にも発展。

犯罪をした話のしゃべくり漫才。「爆笑エピソードを2、3発ほど」（嶋佐）「倫理観どうなってねん」（屋敷）

結成6年、決勝初出場、最年少。言葉遊びに対して独特なツッコミを繰り出す新しい漫才。

かつての決勝最下位からの大逆転 笑いで日本を元気にしてみせた

コロナ禍で行われた2020年大会。松本が「開催に漕ぎ着けられたことに感謝」と述べ、漫才愛が詰まった大会が開始。

1番手は敗者復活組がいきなり登場する大会史上初の展開に。インディアンスが、敗者復活戦の勢いを舞台に持ち込む。ネタ終わりに田渕の「M-1サイコー」が飛び出し、会場は温かい笑いに包まれた。

2番手は結成6年目の東京ホテイソン。独特なツッコミを繰り出す新しい漫才を披露。たけるの備中神楽テイストのツッコミが笑いを誘うが点数はあまり伸びず。

続いては2年連続決勝出場のニューヨーク。テレビでもブレイクしていた彼らがしゃべくり漫才を披露。ネタ終わりでもしっかりと笑いを取った。同じく、すでにテレビで活躍していた見取り図は、リリーが芸能マネージャーになりボケ倒すコント漫才で、盛山のパワーワードたっぷりのツッコミが会場を沸かせた。会場がしっかり温まり始めた中、登場したのが史上初のユニットコンビで決勝に進んだおいでやすこが。こがけんの歌う絶妙に聴いたことがない曲に小田が絶叫に近いツッコミを入れる。小田のツッコミの勢いに拍手笑いが続出し上沼からは「名人芸」との言葉が飛び出すほど。

ここで3年前に上沼に酷評された挙句、

大荒れの決勝戦！ マヂカルラブリーが頂点に立つ

2020

「墓石から入る曲なんてあるの？」
（おいでやすこが・小田）

M-1史上初ユニットで決勝に。カラオケで聞いたことがありそうでない曲ばかり歌うこがに小田が全力で絶叫ツッコミを見せる。

「3回目の出場で1優勝に換金できないですか？」（見取り図・リリー）

リリーがマネージャーになりボケ倒すコント漫才。コロナ禍の1年に「お客さんの前でやらせてもらうだけでありがたい」と盛山。

「芸人の一番の目的は復讐だから」「悪口漫才師を好きな子なんていないんだから」（井口）

「内緒にしていたけど今のめっちゃ恥ずかしい」
（インディアンス・田渕）

大会史上初の敗者復活組から1番手。国民投票で選ばれたインディアンスがコートを片手に廊下を走った。

4年ぶり2度目。女子のためにカッコつけたコント漫才。「女子が来てるからってイキんなよ」（山名）「えっ好きなん？」（秋山）

「スベリ大魔神現れたな」
（アキナ・秋山）

畠中が改名しようと思っているという題材。「俺の口の中を雑魚寿司で埋めるな」（伊藤）

「パチンコ台になりたいんだよね」
（錦鯉・長谷川）

大会最年長。コント漫才「こ〜んに〜ちは〜」の挨拶で一気に会場の雰囲気を持っていく。

最下位に沈んだマヂカルラブリーがせり上がりを土下座姿で登場。「どうしても笑わせたい人がいる男です」というツカミからバカ受け。上沼の高得点に野田は「よっしゃ〜」と絶叫する。7番手は、オズワルド。らしさ全開で笑いを巻き起こすも、松本から「静の漫才を期待していた」、巨人からは「もっと大きなトーンでツッコんでは？」と真逆の講評に困惑。

アキナは、好きな人が楽屋を訪れるコント漫才で勝負を懸け、続く大会最年長の錦鯉は今やお馴染み「こ〜んに〜ちは〜」で和ませた。ラストはウエストランド。初決勝とあって「待ちくたびれた」というものの、毒舌ツッコミが冴える漫才を披露するが、個性的なボケが出尽くした後とあって、順番の妙をありありと感じる評価に。

最終決戦は、見取り図がしゃべくり漫才、マヂカルラブリーは電車内で野田がモーレツに動き回るネタ、おいでやすこがはまたもヘンな歌に絶叫ツッコミを披露。審査が割れる中、3票獲得したマヂカルラブリーが優勝。涙した野田は「最下位を取っても優勝することがあるので諦めないでください」とコメントし、3年前の雪辱を果たした。

最後に、松本が「漫才をやることの幸せと漫才を見ることの幸せを今回感じました」と総括。笑い合える日常の愛おしさに気づかされる大会になった。

[順位・得点]

	出番順	総合得点	オール巨人	サンドウィッチマン 富澤	ナイツ・塙	立川志らく	中川家 礼二	松本人志	上沼恵美子
マヂカルラブリー	⑥	649	88	94	94	90	96	93	94
おいでやすこが	⑤	658	92	93	93	96	95	95	94
見取り図	④	648	91	92	93	93	93	91	95
錦鯉	⑨	643	87	92	95	95	92	89	93
オズワルド	⑦	642	88	91	95	93	95	88	92
ニューヨーク	③	642	88	93	93	91	91	92	94
インディアンス	①	625	89	89	85	89	90	90	93
アキナ	⑧	622	89	88	87	90	91	85	92
ウエストランド	⑩	622	88	91	85	86	90	90	92
東京ホテイソン	②	617	86	91	85	89	88	86	92

全員が90点以上を付けたのは、見取り図、おいでやすこが。最終決戦に進んだマヂカルラブリーは、「やかましいと思った」と語った巨人が唯一80点台を付け、今大会最高得点の96点を付けた礼二は「野田にしかできへんのちゃうかな、あのバカバカしいボケ」と絶賛し、評価が分かれた。ファーストラウンド1位通過のおいでやすこがは、巨人、志らく、松本が最高得点を付け、松本から「単純明快なんだけど笑っちゃうんですよ」と絶賛された。逆に最下位に沈んだ東京ホテイソンのたけるは、「初期のM-1みたいな点数が出るなんて…」とショックを隠せなかった。全体的に点数がバラついた今大会だが、最終決戦でも巨人と塙が見取り図、富澤と志らくと礼二がマヂカルラブリー、松本と上沼がおいでやすこがを選ぶ大接戦でマヂカルラブリーが優勝。巨人からは「三者三様の漫才。みなさんに伸びしろがある」という賛辞が送られた。

[こぼれ名シーン]

おいでやすこが まさかの高得点に驚きが勝ってしまう2人。1位通過が決まった際も「誰を１位にしてんねん！」と小田が絶叫。

マヂカルラブリー
3年前のことについて「漫才を見つめ直し、出直してきました」と言う野田に対し「何も覚えていない」と上沼。

見取り図
「コロナ禍でも運営してくれた劇場のありがたみを感じた1年でした」と感謝を込めた決勝の舞台だった。

錦鯉
長谷川の歯が8本ないことが明らかに。「今までのファイナリストの中で一番歯がないと思う」と長谷川は笑顔。

武智アイズ

コロナ禍での開催！
マヂラブ漫才に衝撃

コロナ禍真っ只中で、大会自体が開催されるのか危ぶまれてました。それがお客さんを入れた生放送で、コンビ間にアクリル板を挟むことなく開催。「絶対M-1をやるんだ」というABCの強い意志が感じられて、ぐっときました。

この年、他の年だったら優勝できただろうなと思える強いネタが多かったです。特においでやすこが。2人がおらんかったら、面白さ半減してたんちゃうかというぐらい活躍してましたね。

マヂラブの漫才論争は、「これは漫才なのか？」じゃなくて、「あんな漫才見たことがない」が正しいと思いました。そのことをツイートしたら、人生で初めてバズったんです。ありがとうマヂラブ。

［審査員コメント］

「進化しないかなと思っていたらツッコミが進化していてすごい」

（東京ホテイソン審査時／富澤）


「お互いに力がある」

（おいでやすこが審査時／礼二）


「最大瞬間風速は一番あったんじゃないですか」

（マヂカルラブリー審査時／松本）


「笑っちゃった。もっと歯があればレーズンバターが言えたはず」

（錦鯉審査時／塙）


「この後もっと聞きたいなと思わせてもらった」

（見取り図審査時／巨人）


「ちょっと腹立つけどおもしろかった。攻めてる」

（ニューヨーク審査時／松本）


「井口さん、うまい。胸にドーンとくるツッコミのうまさ」

（ウエストランド審査時／上沼）


「進歩が丸見え。うまなったと思いますよ」

（インディアンス審査時／巨人）


「何かが足らん。スパイスが足らん。ちょっと待ち過ぎた」

（オズワルド審査時／上沼）

【決勝までの道のり】

［敗者復活戦メンバー］

カベポスター	キュウ	コウテイ	ダイタク	ゆにばーす	インディアンス
からし蓮根	金属バット	タイムキーパー	ニッポンの社長	ランジャタイ	
学天即	祇園	滝音	ぺこぱ	ロングコートダディ	

15組で争うことになった敗者復活戦（祇園は欠場）。国民審査（視聴者による採点）の平均点が明かされた際、最も高かったインディアンス田渕が「国民サイコー！」、最も低かったランジャタイ国崎が「国民サイテー！」と叫んで大爆笑となった。最終的に1位インディアンス、2位ゆにばーす、3位ぺこぱと決勝経験者が並んだ。

"漫才論争"が巻き起こったマヂカルラブリーの優勝から1年。

「人生、変えてくれ」のスローガンの下、6017組が熱戦を繰り広げた。

結果的に今回がラスト審査となった上沼恵美子とオール巨人は、「今年一番緊張している」「楽しみたいけど楽しめる席ではない」と人生を左右する重責をひしひしと感じていた。

今大会は"漫才"という概念を超えたネタを披露するコンビが数多く登場し波乱の展開にかつ、東京を拠点に活動する芸人が多く決勝進出し、仲間ムードさえ漂う異色の空気感となった。最終決戦では、諦めずに愚直にお笑いをやり続けた錦鯉が涙の最高齢優勝。

彼らのネタのセリフ「ライフ・イズ・ビューティフル」のように夢を与える結果となった。

文／山本泰行　編集／望月沙織

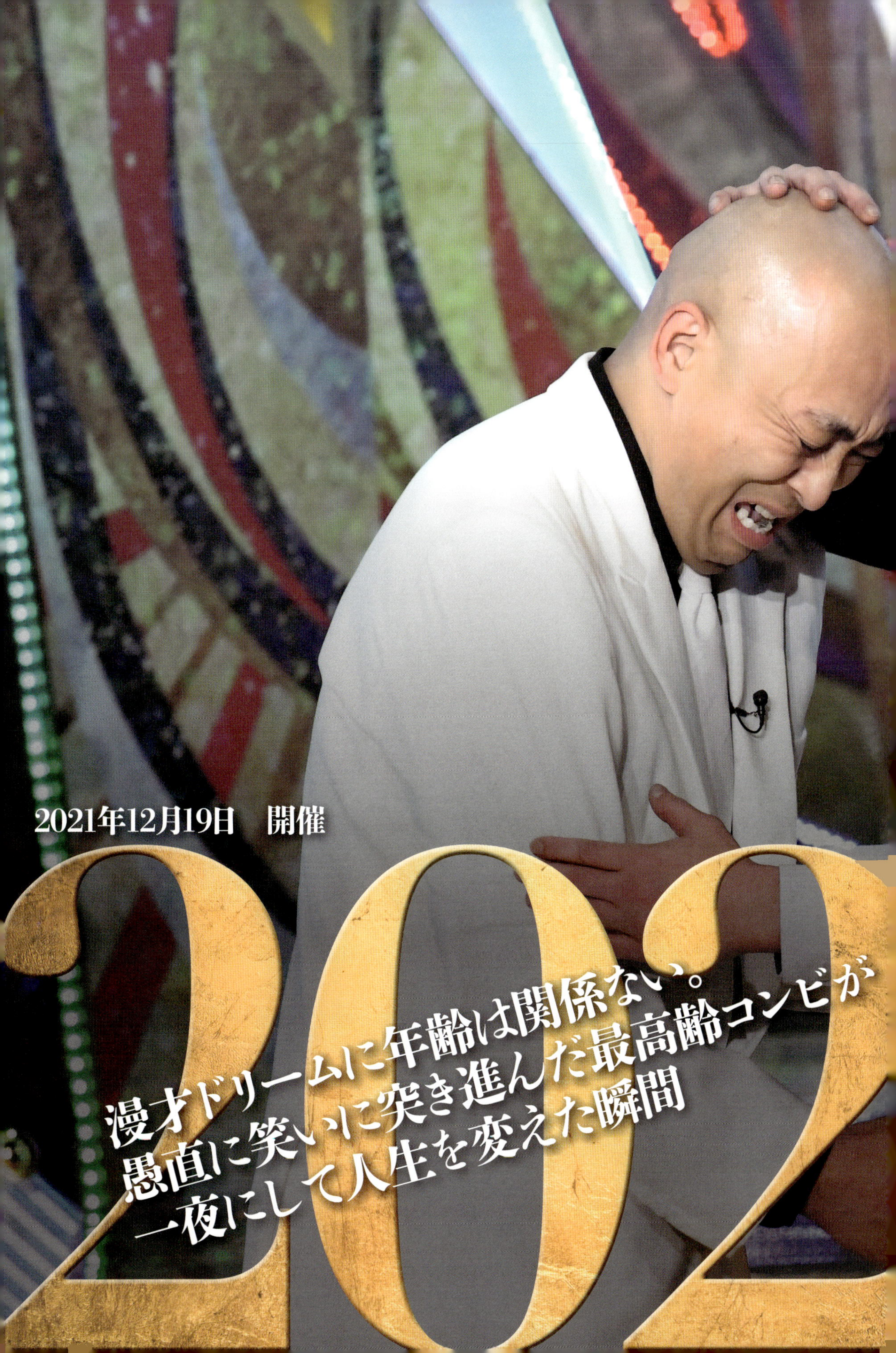

2021年12月19日　開催

202

漫才ドリームに年齢は関係ない。
愚直に笑いに突き進んだ最高齢コンビが
一夜にして人生を変えた瞬間

「子供のころ公園に紙芝居屋さん来てたじゃん」（錦鯉・長谷川）「おじさんが合コンに行くなよ。寄合いって言えよ」（錦鯉・渡辺）

テンポよく長谷川がボケていくなか、渡辺が確実に突っ込んでいく。長谷川のバカが光る。

登場シーンの長い廊下で川北がこけるアクションを。1日市長に扮する大喜利テイストの漫才コント。

ともしげのおバカなキャラクターを活かしたネタ。「トップでいいと思っていたけどいざとなったら嫌だった」（芝）

ダークホースだらけの大混戦は最高齢のバカが時代を制す

昨年の〝漫才論争〟の影響なのか、ダークホースタイプのコンビが数多く決勝に進み、スタートから波乱の予感があった2021年大会。だが芸人が出番を待つ控え室は和やかムードが漂い、例年とは違う戦いが予想された。

1番手として登場したのが決勝初登場のモグライダー。「さそり座の女」を引用した歌ネタで、ともしげの和ませおバカキャラを前面に出す。上沼は「優勝しなくても来年はブレイクする」と力強い声を。

2番手はランジャタイ。呼ばれても立ち上がらず、スタジオへと続く廊下でも立ちすくむなど、ネタ前から一筋縄ではいかない様子。ネタが始まると、風の強い日に猫が飛んでくるという奇想天外なコント漫才で会場中がザワつく。

荒れた場に3番手として呼ばれたのが3年ぶりのゆにばーす。安定したしゃべくり漫才で、さすがの掛け合いを見せた。

続いては、敗者復活組の視聴者投票で選ばれたラストイヤーのハライチが満を持して登場。急に岩井が激昂するという一新したスタイルの漫才を見せ上沼は高得点を。

大爆笑が起きそうで起きない中登場したのが5番手の真空ジェシカ。大喜利が強い彼らしい漫才コントで、確実にウ

「これがやりたいネタだった」
（ハライチ・岩井）

4年ぶりの参加でラストイヤー。敗者復活から勝ち上がると「めちゃくちゃかっこいいでしょ」と澤部。

「今日は記憶に残せたと思う」
（ゆにばーす・川瀬）

前回は扉が開いた時から記憶がなかったという川瀬。「落ち着けるわけないんですよ、この場は」（はら）

誰も想像もできない奇想天外なコント漫才を披露。ネタ終わり、何とも言えない顔をする審査員たちにも注目。

「君の友達、1人くれないかな」
（オズワルド・畠中）

緩急をつけた伊藤のツッコミが冴えまくった。ハイトーンの「親友だってさ〜」が耳に残る。

「オマエは肉うどんです」
（ロングコートダディ・堂前）

うどんになりきってすすられる姿をうまくマイムした兎。ネタ終わり「めちゃくちゃ楽しかったです」と兎。

「怒り過ぎやわ。やさしさが行方不明やわ」
（インディアンス・田渕）

田渕のボケでどんどんヒートアップしていく。ネタ終わり、今田に「何個ボケた？」と聞かれるほど。

まもる。が「傷跡を残しにきたのではなく優勝を目指してたのでちょっと悔しいですね」と語るも、「ずっと傷跡って言ってるけど爪痕やで」と嘲笑。

ケを獲得。巨人からは「めちゃくちゃセンスを感じる。いい漫才」と称された。

6番手は3年連続3回目のオズワルド。見事なしゃべくり漫才を見せ、「漫才が上手い」とコメントした礼二をはじめ高評価。ネタ終わりでも松本や巨人と掛け合いでも笑わせ、平場の強さも披露した。

7番手として登場したのは初決勝のロングコートダディ。兎が顔でうどんを表現するなど、先の展開を予想させない表情豊かなコント漫才で観客を驚かす。

8番手は昨年に続き最年長コンビの錦鯉。長谷川のわかりやすいおバカキャラはさらに進化し、縦横無尽に炸裂！ 大爆笑を巻き起こし、暫定2位に。9番手は昨年のファイナリストのインディアンス。連発する田渕のボケときむの次々と繰り出すツッコミは磨きがかかり、会場もヒートアップ。今大会最年少のももは、互いの外見を活かした「〇〇顔漫才」しゃべくり漫才を見せるものの、勢いは届かず5位に沈んだ。

最終決戦は、オズワルド、錦鯉、インディアンスと決勝経験者が揃う。上手さとテンポとセンス……それを越えたのが、突き抜けた錦鯉のおバカっぷりだ。バカと爆笑のハーモニーで見事に優勝。結果が分かると感極まりながら抱き合い、「ありがとう」と涙を見せる2人。アラフィフの諦めない強さ、そして、漫才愛に包まれた大会となった。

経験と情熱を武器に
遅咲きのヒーローが漫才界の頂点に立つ

[順位・得点]

	出番順	総合得点	オール巨人	サンドウィッチマン 富澤	ナイツ・塙	立川志らく	中川家 礼二	松本人志	上沼恵美子
錦鯉	⑧	655	92	94	94	90	96	94	95
オズワルド	⑥	665	94	95	95	96	96	96	93
インディアンス	⑨	655	92	91	93	94	94	93	98
ロングコートダディ	⑦	649	89	90	93	95	95	91	96
もも	⑩	645	91	90	91	96	95	92	90
真空ジェシカ	⑤	638	90	89	92	94	94	90	89
ゆにばーす	③	638	89	92	91	91	93	88	94
モグライダー	①	637	91	93	92	89	90	89	93
ハライチ	④	636	88	90	89	90	89	92	98
ランジャタイ	②	628	87	91	90	96	89	87	88

全員90点以上を付けたコンビは6番手のオズワルドまで出なかった今大会。その後も、オズワルド、錦鯉、インディアンスと最終決戦に進んだコンビとももののみだった。点数にばらつきがある中、印象的だったのはハライチに98点を付けた上沼。とびぬけて高い点数だが「審査員の皆さんおかしいわ。ハライチは安心できる。漫才を忘れていないところに感動した」と大絶賛。また意見が分かれて他のコンビの審査中にまで名前が出てきたのがランジャタイ。志らくが96点と最高得点を付け、「こんな漫才は見たことがない」と大絶賛する一方、富澤は「決勝だぞお前ら!?」と怒る一幕も。最終決戦は、実力者が揃い、それぞれのセンスが光ったが、松本は「最後は一番バカに入れようと思った」。上沼がインディアンス、巨人がオズワルド、ほかの5人が錦鯉に入れて錦鯉が優勝。塙の「ボケただけで笑いが取れるのはシンプルかつ最強」という寸評通りの結果に。

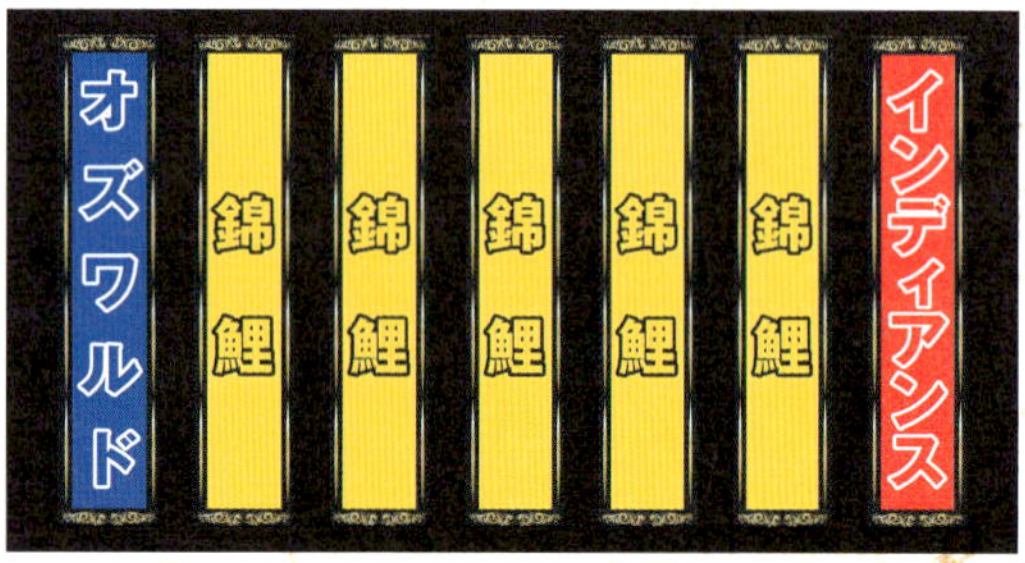

武智アイズ

M-1史の七不思議!? オズワルドが決勝で崩れる

この年は「オズワルド何してんねん!?」の大会でした。最終決戦は空気が重くて、他2組が強いネタでなんとか耐えきった中、オズワルドだけ耐えきれなかった。ファーストラウンドであれだけハマったのに最終決戦であんなにハマらなかったのは、M-1の長い歴史の中でも七不思議に入りますね。魔物が棲んでいたとしか思えません。

錦鯉さんの優勝は、ドラマ性ある人が持っていくんやなと思いました。その前から一番食えてなかったミルクボーイ、かつて最下位だったマヂカルラブリーの優勝が続いていた。審査員さんが同じぐらいのネタで迷った時、ドラマ性ある方に感情動かされますもんね。

[こぼれ名シーン]

もも ネタ終わりでも掛け合いを見せて笑いを起こす2人。まもる。は「来年は優勝しますんで」とすでに闘志を燃やしていた。

オズワルド
昨年の松本と巨人の真逆のアドバイスに頭を悩ませた。今回は、もめる2人に「トムとジェリーみたい」と伊藤。

ランジャタイ
敗退決定時の2人の後には巨人の巨大パネルが。巨人から「手紙をもらった」とキャラ崩壊のいい人話を暴露された。

錦鯉
優勝に富澤や塙の目にも涙。そんな中、長谷川（当時50）は「僕ラストイヤーが56歳だったんで…」と衝撃発言。

[審査員コメント]

「見る側の精神状態によりますよね。自分の体調を知るためにはいい漫才」

(ランジャタイ審査時／松本)


「これくらいのレベルの方がファイナルに出ないといけない」

(ハライチ審査時／上沼)


「バカなのに知的なネタ」

(モグライダー審査時／富澤)


「1つ1つのワードが確実にハマっていた」

(真空ジェシカ審査時／礼二)


「畳一畳あればできる芸。話芸なのであこがれます。漫才師の憧れですね」

(オズワルド審査時／塙)


「ワードチョイスがとてもよい」

(ロングコートダディ審査時／志らく)


「田渕さん好き。これぞ漫才じゃないですか？テンポがあって」

(インディアンス審査時／上沼)


「やる気が見えてしまった。川瀬くん、今日は気合いが入り過ぎていた気がする」

(ゆにばーす審査時／巨人)


「昨年に比べると雲泥の差で面白くなっている」

(錦鯉審査時／礼二)

【決勝までの道のり】

[敗者復活戦メンバー]

アインシュタイン	からし蓮根	さや香	東京ホテイソン	マユリカ	ハライチ
アルコ&ピース	キュウ	ダイタク	ニューヨーク	見取り図	
カベポスター	金属バット	男性ブランコ	ヘンダーソン	ヨネダ2000	

・敗者復活戦は16組が寒空の中で激戦を。トリのさや香は、「か・ら・あ・げ・4（よん）」を連呼する衝撃的なネタでYouTubeを席巻！292万9959票の視聴者投票で決定した順位は、1位がハライチ、2位が金属バット、3位が男性ブランコ。結果が発表されると金属バットの友保が「めっちゃダルい」とネタ同様のセリフで沸かせた。

2

錦鯉の優勝から早1年。「漫才を塗り替えろ。」のスローガンで始まった『M-12022』。

7261組がエントリーし、過酷な争いを繰り広げた。

前回大会のファイナリストが次々と敗退していく波乱の予選となったが、
ロングコートダディと真空ジェシカは決勝進出。

後にオズワルドが敗者復活したことで3組が連続出場となった。

さや香が5年ぶり、ウエストランドが2年ぶりにこの大舞台に戻ってきて、
悔しさをバネにして成長した力を見せつける結果に。

中でもウエストランドは、毒舌に共感をにじませた新たな漫才で優勝を手中に収めた。

文　山本泰行　編集／望月沙織

2022年12月18日　開催

202

塗り替えられていく漫才の歴史。
キレ味鮮やかな毒舌で
ウエストランドの独壇場となる

Play Back

「警察に捕まり始めている」
（ウエストランド・井口）

はしゃぐ河本を井口が制する場面も。感想を問われて、河本が「ネタをトバした」と急に告白。

「人間が普通に生きていたら佐賀に行くことはない‼」と断言してみせ爆笑をとる新山

マラソンのコント漫才。「ウソやろ」という走り方の連続。次々と大喜利的にボケを繰り広げていく。

新鮮さと共感を纏った毒舌漫才がさっそうとM-1の舞台を席巻！

東京の夜空にドローンがMの文字を作って始まった2022年大会。オール巨人と上沼恵美子が審査員を引退したことが話題となる中、山田邦子と博多大吉が新たに加入。

1番手は関西の賞レースで好成績を残しているカベポスター。大声大会を題材にセンスのいいしゃべくり漫才を見せた。

2年連続決勝出場の真空ジェシカは、シルバー人材派遣センターを舞台に漫才コントを。「六法全書の同人誌」など知的でセンスあふれるワードで爆笑を誘う。

3番手は敗者復活組が登場。寒空の中で待っていたオズワルドがスタジオに。落ち着いた様子で"明晰夢"を題材としたしゃべくり漫才を披露した。ロングコートダディは、マラソン大会での大喜利をそれぞれが畳みかけていくコント漫才。4分間走り続けるというネタに、松本に「この舞台でこのネタを放り込んでくるとは…」と唸った。

5番手は5年ぶり決勝出場となったさや香。場の空気をしゃべくり漫才で自分たちのものに。「王道漫才でここまで爆発したらすごい」と富澤も大絶賛の完璧なネタを見せ、1位通過を決めた。

6番手は男性ブランコ。コント師でもある彼らが圧倒的な表現力で"音符運び"

本企画内、番組写真提供／ABCテレビ　敗者復活の画像（※公式HP登録の画像を掲載）／©M-1グランプリ事務局

「にょろりに肩を書けたら持ち上げやすそう」（男性ブランコ・平井）

音符運びをする人のコント漫才。演技が巧みすぎて、まるで音符が見えるような動き！

「口ゲンカ強いじゃねえか」（オズワルド・伊藤）

スタート直後はいつも通り落ち着いた感じだったが、ネタ終わりで、寒くて頭が回らなかったという。

9年目。9番手。とキュウづくし。独特のテンポで「全然違うもの」を上手く言う。「まったくいっしょでしょう〜」（清水）

鮮やかなワードセレクトが繰り広げられる。「シェフの気まぐれサラダのように言うのやめてよ」（小野）

結成2年目で最年少。リズムネタに独自のテンポ。動きや声にもギャップがあり初見で笑い倒した方も多いはず。

「絶対に成功させようね〜」（ヨネダ2000・誠）
「ぺったんこ〜」（ヨネダ2000・愛）

大好きなものを叫ぶ大声大会。ネタ終わり、一番叫びたい言葉があると氷見は「那須川天心」と叫ぶ。

「六法全書の同人誌書いてる」（真空ジェシカ・ガク）

何とも言えぬ知的さに意表を突いたバカっぽさで、観客に笑いを突き刺していった。

ウエストランドが史上最多のエントリー数7261組の頂点に

を披露。司会の今田は思わず「今の漫才？」と尋ねてしまうほどだった。

7番手はダイヤモンド。野澤がトーンを変えずにありそうでない言葉で観客をゆさぶり、笑いを取るも得点は振るわず、悔しそうな表情を見せた。

8番手は結成2年目のヨネダ2000。奇想天外なリズムの漫才に、会場は笑いが止まらない。型にハマらない漫才に、審査員は頭を悩ませまくる。さらに9番手のキュウ。独特のテンポのしゃべくり漫才で、その世界観を紡ぎだす。

2年ぶりで、またも10番目の登場となったウエストランドは、あるなしクイズ形式の漫才で、井口の毒舌に会場内が巻き込まれていく。大吉に「新しいぼやき漫才」と称されるほど。見ている側がどんどん悪口を聞きたくなる不思議な現象に包まれた。

最終決戦は、さや香、ロングコートダディ、ウエストランド。松本に「しゃべくり漫才、コント漫才、毒舌漫才の三つ巴」と言わしめた最終決戦に。トップバッターのウエストランドが1本目の続きのように見せる流れを作り、笑いを一気に引き寄せて優勝を決めた。河本は思わず涙を流すが、井口は「こんなにセリフも少なくて、ネタを飛ばすヤツが横で大号泣しているのが一番腹立つ」とネタの続きのように悪態を。キャラを存分に活かしたウエストランドの強さが光った。

［順位・得点］

	出番順	総合得点	山田邦子	博多大吉	ナイツ・塙	サンドウィッチマン 富澤	立川志らく	中川家 礼二	松本人志
ウエストランド	⑩	659	91	93	93	94	98	96	94
さや香	⑤	667	92	96	95	97	95	97	95
ロングコートダディ	④	660	94	92	94	96	96	95	93
男性ブランコ	⑥	650	86	91	92	95	94	96	96
ヨネダ2000	⑧	647	91	91	96	91	97	90	91
真空ジェシカ	②	647	95	92	92	92	94	94	88
オズワルド	③	639	87	93	90	90	95	92	92
カベポスター	①	634	84	94	92	93	89	92	90
キュウ	⑨	620	87	90	88	90	89	90	86
ダイヤモンド	⑦	616	86	90	88	88	88	89	87

2番手の真空ジェシカが場を沸かすも圧倒的な笑いが起きなかった前半戦。全員が90点以上を付けたロングコートダディから次第に会場はヒートアップ。3人が最高得点を付けたさや香は、「美しい漫才」（松本）「誰もがやりたいけどできない漫才ができていてすごい」（塙）と大絶賛の嵐だった。まさに“斬新なネタ”を見せたヨネダ2000は、志らくが「女版ランジャタイのよう。上沼さんがいたら怒っていたのでは？」と言うほど、前大会のランジャタイ同様に高得点を。ファーストラウンドを3位通過したウエストランドは、井口が繰り広げる毒舌に苦笑い交じりの審査員も。富澤からは「このネタで笑っている人は、みんな気持ちのどこかにあるということだから共犯」との声が飛び出す始末。最終決戦は、ウエストランド6票、さや香1票でウエストランドが優勝。誰もが思ったことがある毒舌をポップに表現して共感を生んだウエストランドが勝ち切った。

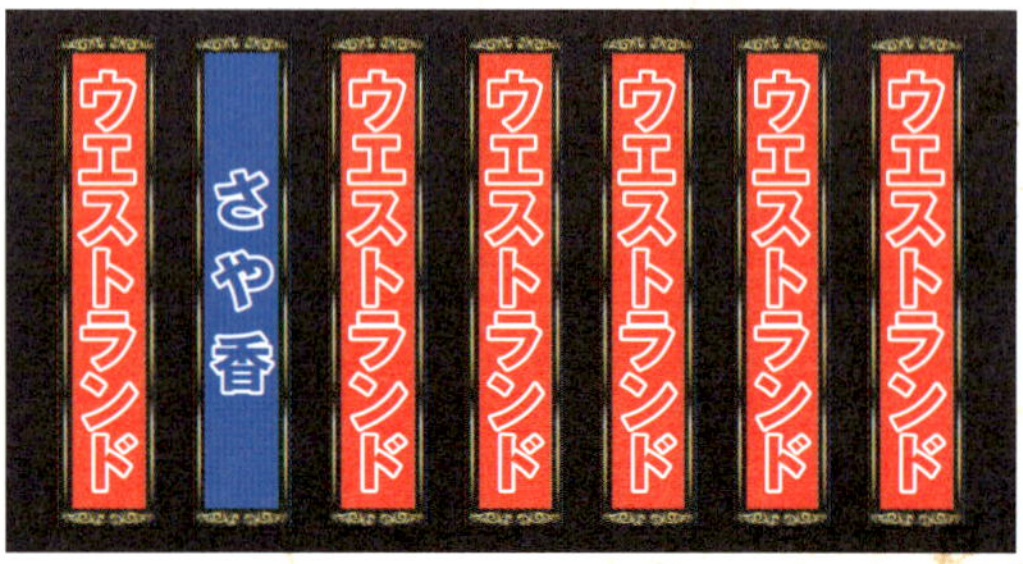

［こぼれ名シーン］

ウエストランド 前回出場時に「松本さんから『もっと刺して』と言われたから、より強くできた」と井口。松本が毒舌漫才を後押し。

ダイヤモンド
松本からコンビ名を“原石”に変えないかとアドバイスでボケを振られた2人は、「ダサいでしょ」「イヤだ」と即答。

さや香
ネタの「47のときの子はエロい」という一節から、「ウチは46の子なんでエロいです」と松本。2人は何も言えない表情に…。

オズワルド
敗退時、暫定BOXにはサスペンダーだけが残されていた。「さよなら邦ちゃん、また来年」と言い残して去った。

武智アイズ

コロナ明けの大会 強ネタ続出で大盛況

トップバッターのカベポスターからエンジン全開で、それ以降もみんなウケていた。やっとコロナから解放されかけて羽根を伸ばした感があった中で、強いネタが多くて、盛り上がった年になりましたね。ウエストランドさんが優勝したのは、言いすぎると叩かれる風潮の逆をいって戦おうとする姿勢に、審査員さんが共感した気がします。

ロングコートダディ、男性ブランコ、ヨネダ2000の独自な漫才も目立ってましたけど、僕が強く印象に残ったのは、さや香。17年に決勝に出て、若いネタで散っていきながら、超本格派に生まれ変わって戻ってきた。話術とネタの面白さとウケは、頭一つ抜けてました。

［審査員コメント］

「ツカミから完璧で。知的でうらやましいなと思った」
（真空ジェシカ審査時／富澤）

「伸びしろはめちゃくちゃある」
（ダイヤモンド審査時／大吉）

「浦井くんの死にっぷりがよかった」
（男性ブランコ審査時／邦子）

「小気味のいい漫才。
笑いの量がしっかり
4分間の中に入っている」
（カベポスター審査時／松本）

「王道でここまで爆発したらすごい、完璧だな」
（さや香審査時／富澤）

「最後まで間をきっちりやっていたのは素晴らしかった」
（キュウ審査時／大吉）

「キュウの世界観はこれ」
（キュウ審査時／礼二）

「動かないで
話芸でここまで
やるのは一番
評価している
ところ」
（オズワルド審査時／塙）

「衝撃の
漫才だと思う」
（ロングコートダディ審査時／志らく）

「世界観が伝わった」
（ヨネダ2000審査時／礼二）

【決勝までの道のり】

［敗者復活戦メンバー］

カゲヤマ	ケビンス	ストレッチーズ	ななまがり	ママタルト	ヤーレンズ
かもめんたる	コウテイ	ダンビラムーチョ	ハイツ友の会	マユリカ	令和ロマン
からし蓮根	シンクロニシティ	THIS IS パン	ビスケットブラザーズ	ミキ	オズワルド

全17組のうち、初出場が12組もいるという世代交代を感じさせる敗者復活戦に。予選すべて「キモ過ぎやしねぇかぁ」のネタで勝ち上がってきたカゲヤマや時事ネタのツカミで大爆笑を巻き起こす令和ロマン、息の合った漫才を見せたヤーレンズなど勢いのある芸人が次々と登場。視聴者投票によりオズワルドが1位に輝き決勝進出。

19回目に当たる『M-1 2023』のスローガンは「爆笑が、爆発する。」。

史上最多を更新する8540組がエントリーして熾烈な戦いを繰り広げた。

21組が参加して1600人の前で死闘を繰り広げた敗者復活はルールが変更になり、
柴田英嗣、野田クリスタル、渡辺隆ら歴代王者が審査することに。

また決勝戦の審査員に海原ともこが就任。厳しくも愛のある審査を見せた。

初出場コンビが6組、最多出場はさや香と真空ジェシカの3回と、フレッシュな面々が
多い中、ネタ終わりも大爆笑が巻き起こるなど新たなM-1の風が吹きまくった決勝戦。

そんな中、結成5年目の大学お笑い出身の令和ロマンが王者に輝いた。

文／山本泰行　編集／望月沙織

2023年12月24日　開催

202

次代の漫才師たちが魅せつけた
新しい漫才のカタチ。
爆笑が、爆発した記念碑的大会

Play Back

「女の子が、日体大っていう可能性ない？」（令和ロマン・くるま）

ツカミのケムリの顔いじりで爆笑。「ヒゲともみあげを囲って顔を日本から独立させようとしています」（くるま）

「ハゲっていっぱい種類があるんだから」（脇田）「それだとただのハゲだから。もっと知識を持ったハゲにならないと」（浜中）

引っ越しが題材。登場してからずっと止まらない楢原のボケ。観客にもそのウザ面白さがすぐに伝わり序盤から大爆笑。

第1回大会以来の快挙再び。トップバッターが爆発し、王者に

エントリー総数が初めて8000組を超えた2023年大会。2006年以来17年ぶりのクリスマスイブ開催で、快挙の再来を目撃する。

トップバッターで登場したのは今大会最年少の令和ロマン。テンポのいいしゃべくり漫才に、中川家礼二に「ここ何年かのトップで一番すごかった」と言わしめた。

2番手は敗者復活したシシガシラで、ハゲネタを活かした漫才を。脇田のキャラを前面に出して平場の強さも光った。

前回2位だったさや香はスタイルを変え淡々と繰り広げる石井のボケに対して新山がヒートアップでツッコむ。勢いも安定感もあるしゃべくり漫才を見せ、1位通過を決めた。

4番手のカベポスターはワードセンスが光るコンビネーションの良さを活かしたしゃべくり漫才を見せた。初登場のマユリカは、ネタ終わりで〝ずっとキモダチ〟というM-1キャッチフレーズに対して、阪本が「キモダチってなんですか？」と苦言交じりに笑いをとる。

ここで登場したのが、ボケ倒す楢原に出井が全てツッコむスピーディーなコント漫才を見せたヤーレンズ。ボケの量と笑いどころの多さに松本は「全ボケ誰かにハマる」と賛辞を送った。

「この中に〃ずっゼリ〃がいるわね」
(カベポスター・永見)

想像力をかき立てる永見の語り口に掴まれる。オチで浜田が噛んでしまうまさかの大オチ。

「オレがエンゾを受け入れる」
(さや香・新山)

ネタで出てくるブラジル人のエンゾに思いを馳せる審査員。オチは想像を裏切る52歳というエンゾの年齢。

巨人ファンの大原が、出演者の岡本和真選手のユニフォームを持参しサインをおねだり。

キャッチフレーズの「キモダチ」について。「友達のつもりですが、キモダチのつもりはないです」(中谷)

大喜利の強い彼ららしい強いワードが炸裂する。「ロードショーのおじさんの負担がすごい」(ガク)

「映画館ではなくB画館Z画館」
(真空ジェシカ・川北)

「オマエそれハーゲンダッツじゃねえか！」
(くらげ・渡辺)

31のアイスクリームの名前、サンリオ、コスメメーカーなど実際にある名称を次々と並べていく。

「空に太陽がある限り」を歌い「えぇ〜どれくらい?」など歌詞に対して被せていくともしげのキャラが光る。

すでに常連の風格さえ出てきた真空ジェシカは、大喜利テイストのコント漫才を見せて全員90点以上のハイアベレージを記録するも、一歩及ばず5位で敗退。

明るく楽しくがモットーのダンビラムーチョがここで登場。じわじわ笑いがこみ上げる歌ネタだが、曲の長さが足を引っ張る結果に。

くらげは、杉が忘れた物に対して渡辺が商品名を羅列しながらたたみかけていく漫才。淡々とした独特の空気感が面白みだが出順に翻弄された。

ラストは2年ぶりに決勝へと戻ってきたモグライダー。ともしげのキャラクターを活かした歌ネタを披露するが振るわない結果に。しかしネタ終わりにともしげがあり得ない言い間違いをして大爆笑を巻き起こしていた。

最終決戦は、令和ロマンが1本目とは違ったタイプの漫才を、ヤーレンズは1本目と同様に楢原がボケまくるコント漫才を披露した。大トリを飾ったさや香は、「見せ算」について語るしゃべくり漫才。ほぼ新山が独演するという1本目の王道漫才とは全く違った漫才を見せつけて度肝を抜いた。最終投票はタイプの違うネタを2本完璧に見せた令和ロマンがヤーレンズとの接戦を制し優勝。くるまから「来年も出ます！」と仰天発言が飛び出すなど、新たなM-1の幕開けを予感させる大会だった。

笑いの新時代
令和のロマンがここに開花！

2023

[順位・得点]

	出番順	総合得点	山田邦子	博多大吉	サンドウィッチマン 富澤	ナイツ・塙	海原ともこ	中川家 礼二	松本人志
令和ロマン	①	648	92	91	94	93	94	94	90
ヤーレンズ	⑥	656	93	91	97	93	96	93	93
さや香	③	659	98	94	95	93	96	94	89
マユリカ	⑤	645	92	90	96	92	92	92	91
真空ジェシカ	⑦	643	90	95	93	91	91	91	92
カベポスター	④	635	94	89	88	89	95	92	88
モグライダー	⑩	632	87	89	90	91	93	91	91
ダンビラムーチョ	⑧	631	93	89	92	91	90	89	87
シシガシラ	②	627	87	88	91	90	92	91	88
くらげ	⑨	620	89	87	89	90	89	90	86

令和ロマンの大爆笑からスタートした今大会。松本も「審査員泣かせ。一発目でこんなにウケられると」と頭を悩ます幕開けに。最高得点は山田が98点付けたさや香の1本目。富澤からは「純粋にもう1本見たいと思った」と称され、初めて審査員として参加する海原ともこも96点を付けるなど完成度の高いネタを披露した。全員が90点以上を付けたのは、令和ロマン、さや香、マユリカ、ヤーレンズ、真空ジェシカの5組。5番手のマユリカからヤーレンズ、真空ジェシカへの流れは、会場も大盛り上がりを見せた。今回の決勝は6組が初出場だったとは思えないほどネタ終わりでの盛り上がりが大きく、笑いを休む時間がないほど。最終決戦は令和ロマン4票、ヤーレンズ3票と拮抗し、最後の松本人志のパネルで勝敗が決定する展開に。優勝候補だったのにまさかの0票だったさや香だったが、ネタの「見せ算」がSNSのトレンド入りするなど話題性は抜群だった。

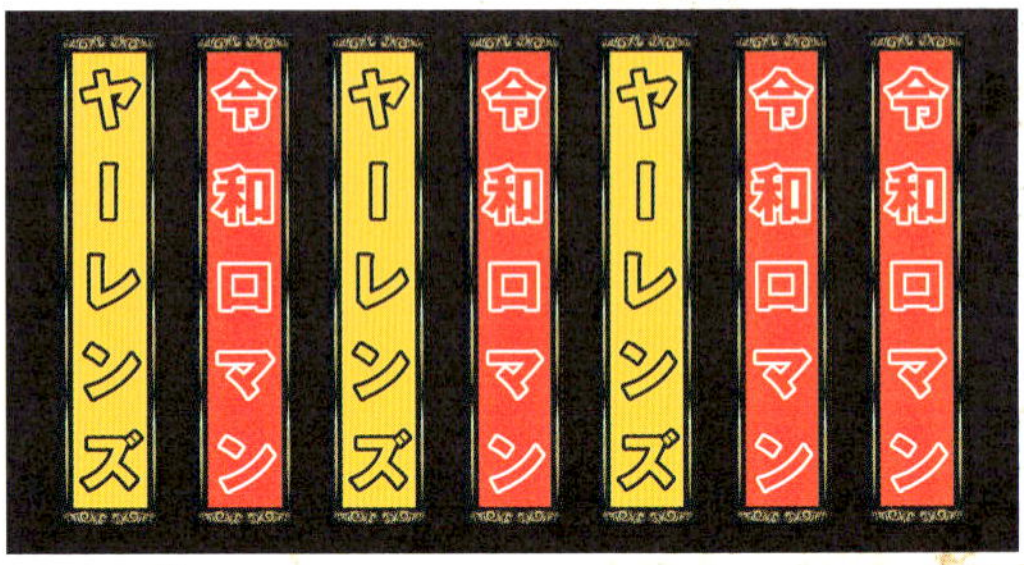

武智アイズ

令和ロマン作戦成功！巧妙なM-1対策光る

敗者復活のシステム変更は、1組1組にスポットが当たって、最後、芸人審査員が決める展開もめちゃくちゃよかった。ただ、本番より盛り上がってしまったのは良し悪しですね。今後どうするのか気になるところです。

令和ロマンはお客さんの巻き込み方がすごかった。前半、中盤、後半の順番でネタを変えると決めていたらしくて、その作戦が功を奏した。あと近年、準々決勝と準決勝を配信で見てるお客さんが多いので、そこでやったネタも避けてきたという……。M-1対策ばっちりのZ世代が現れました。あまりにクレバーすぎたので、24年は逆にバカがバカなことをやって優勝する光景を見たくもあります。

[こぼれ名シーン]

モグライダー ネタ終わりに、ともしげの言い間違いが一番ウケたのを見て「4分もいらなかった…」と芝が悔しがる一場面も。

令和ロマン
終始堂々としていた2人。くるまは「リハーサルでも1番手だったのでヤラセでは…？」と初出場らしからぬコメント力。

ヤーレンズ
審査中も変わらずネタ中のように、ずっとボケ続ける楢原。今田耕司からも「本当におしゃべり」と辟易されてしまう。

マユリカ
松本から「中谷は汚れでもある」と言われ、「キモダチであり汚れ」とショックな中谷。それを見て阪本は大笑い。

[審査員コメント]

「一つの話なのにずっと展開がある」(さや香審査時/ともこ)

「最後のネタが全然良くなかった」(さや香のネタについて/山田)

「くるまのボケの度胸。場を自分の空気にしてしまう才能がある」(令和ロマン審査時/礼二)

「散りばめてる小ボケにすごくセンスを感じる」(ヤーレンズ審査時/大吉)

「中谷くんはイマドキ珍しい"汚れ"な感じがする」(マユリカ審査時/松本)

「このネタはこの2人しかできない」(真空ジェシカ審査時/大吉)

「嫌いではないが、なぜそこまでウケなかったのか自分もわからない」(くらげ審査時/松本)

「壁がぺろーんとなってしまった」(カベポスター審査時/松本)

「ともしげができすぎていたのかな」(モグライダー審査時/富澤)

「寄席できっと一番ウケると思うし年配の方が認める芸」(ダンビラムーチョ審査時/塙)

【決勝までの道のり】

[敗者復活戦メンバー]

華山	豪快キャプテン	ドーナツ・ピーナツ
ぎょうぶ	鬼としみちゃむ	きしたかの
ロングコートダディ	スタミナパン	シシガシラ
ニッポンの社長	トム・ブラウン	ダイタク
20世紀	エバース	ななまがり
ママタルト	ナイチンゲールダンス	バッテリィズ
ヘンダーソン	オズワルド	フースーヤ

・審査方法も「サバイバルラウンド」(観客審査)と「ファイナルサバイバルジャッジ」(芸人審査)の2ステージ制に。3ブロックに分かれたサバイバルラウンドでは、トム・ブラウンが猟奇的なネタで大爆笑を起こすも、ヘンダーソン、ナイチンゲールダンス、シシガシラが勝利。ファイナルジャッジでは、シシガシラがハゲネタで決勝進出を決めた。

NON STYLE石田の「このネタがすごい!」

笑いの新境地を切り開いた M-1グランプリの傑作ネタを徹底分析!

いまも進化し、多様化し続ける漫才。
そのルーツは、M-1グランプリにあった!? 「漫才の常識」を打ち破り、
トレンドをつくりだしてきたM-1ファイナリストの「すごいネタ」、
その構造と戦略に迫る!

撮影/中野理　取材・文/堀越愛

ポップな「表」の笑い VS玄人ウケをとる「裏」の笑い

――過去のM-1決勝で、特に印象に残っているネタを教えてください。

まずは2001年、麒麟さんが1stラウンドでやった「天パが縮む♪天パが縮む♪」のネタですね。当時はこういう〝2階建て〟のネタはあんまり無かったと思うんですよ。前半2分をフリにして後半2分でもっと笑いを取る、みたいな展開ですね。この構成を形にして大会に持っていけた人は、そんなにいなかったと思います。

――〝2階建て〟のネタとは、前半に笑いが少ないということですか？

前半も、ちゃんと笑いを取れているんですよ。ウケてる上で「あれ、いつもより弱いな？」みたいな雰囲気があるんだけど、麒麟さんは、後半に向けてあえてその作り方をしてる。**今で言う〝伏線回収〟の走りというか。それをあの当時にやっていた麒麟さん、すごかった**ですね。知名度もない中、ネタだけであそこまでいったんですから。

これは、M-1が競技化していくための先駆けとなるものだったんじゃないかと思います。初期のM-1って「ただおもろいネタをすれば良い大会」みたいな感じで、1個のネタの中にいろんなテーマが混在している漫才師が多いんですよ。でも、麒麟さんの場合は、2個テーマを話しているように見えて、実はワンテーマ。

一方で、同年優勝した中川家さんのスタイルは〝会話の延長線上〟。常に、どこに話が飛躍するかわからへんみたいな感じでした。フットさん（フットボールアワー）もそうやったと思いますね。

あと、2003年～2004年のアンタッチャブルさんも印象に残ってます。

――アンタッチャブルさんは、2003年に敗者復活戦から3位入賞、2004年にストレートで優勝していますね。

アンタッチャブルさんの優勝をきっかけに、死にかけていたポップ勢が生き返ったんですよ。

――ポップ勢とは？

ポンポンと、テンポ良くボケるネタをする漫才師ですね。僕らもそうですけど、当時はポップなネタをやる芸人たちがこぞって予選で落ちまくっていたんですよ。2002年くらいに生まれた笑い飯さんの流れがバーっと来ていて、みんなそっちに流れていた時期で。

笑い飯さんのは、ライト層を無視したコアなお笑い。「ほんまにおもろいことをやるんや」と、作家さんや予選の審査員さんもそっちを重視していたんで、ポップ勢の心が折れていたんです。それがアンタッチャブルさんのおかげで、息を吹き返したんですよ。「このテンポ感でライトなボケをしても、ちゃんとおもろければ認めてもらえるんや！」と。

元々、M-1の前はアンタッチャブルさんみたいなお笑いが正規軍やったんです。吉本で言うと、陣内智則さん、シャンプーハットさん、ビッキーズさんみたいな、明るいネタをやる芸人。そっちが「表」の立ち位置やとしたら、「裏」はバッファロー吾郎さんや野爆さん（野性爆弾）、ケンコバさん（ケンドーコバヤシ）とか。割合的には「表」7～8：「裏」2～3くらいで均衡を保ってたんですけど、笑い飯さんや千鳥さんが出てきたことで、この割合がひっくり返ったんです。で、僕たちポップ勢は〝元正規軍〟として虐げられた。

そんな時代に、アンタッチャブルさんはスタイルを変えず、なんやったら加速させて優勝したんです。それを見ていて、「うわっ！」と思いましたね。「あのスタイルでも、M-1挑戦できんねや。決勝いけんねや！」と。

――アンタッチャブルさんは、関東芸人初の優勝でしたね。

やっぱ、標準語って漫才に向いていない部分があるんですよ。でも**柴田さんは「お前、なーにやってんだよ！」と、「や」からテンポを速めて最後だけギュッとさせる**んです。これって、関西弁で言う「～やねん」の「ねん」みたいな感じ。だからリズムがめちゃめちゃ良くて、聴き心地も良い。すごいツッコミです。

「同タイプが競う大会」から、「個性のある漫才で戦う大会」へ

――前期M-1で、ほかに印象深いネタはありますか？

僕の中で「M-1ってこれやねんな！」と思っているネタが2005年のブラックマヨネーズさん。ダントツですね。これはもう、エグイです。この前久しぶりに見返したんですけど、マジで分析とか忘れて笑ってしまいました。

――ファイナルですか？

両方ですね。特に1stラウンドのネタがすごい。言ってしまうと、しっかりした笑いを取るまで1分半くらいかかってるんですよ。ざわざわ笑いまでも50秒くらいはかかってる。こんなにじっくり進めて、あんなマックスまで持っていけるんや……と、衝撃的でしたね。お世話になってる先輩やのに、こんなネタを隠し持ってるの、まったく知らなかったんで。

――ブラックマヨネーズさんは、「勝負ネタを隠して決勝まで持っていった」という逸話がありますね。

そうそう。これって、ラジオから生まれたネタなんですよ。つまり自分たちの会話から生まれてるんですよね。漫才ってそれに勝るものはないんだと教えてもらったし、「ある程度ネタが固まったら隠す」っていうのも参考になりました。

僕らが優勝した2008年頃は、レッ

本企画内、番組写真提供／ABCテレビ

ドカーペットブーム。決勝も、オードリーやナイツ、U字工事などそこに出てい る人たちの戦いでした。みんな良いネタをレッドカーペット用に1分前後に仕上げてるんで、決勝も1stラウンドはそのままのスピードと展開でやってるんです。でも、僕たちだけ〝太ももを叩く〟という展開を隠してたんですよ。これはブラマヨさんがやった「武器を隠し持つ」を参考にしました。

――芸人さんに印象的なM-1ネタについて聞くと、2005年のブラックマヨネーズさんを挙げる人が多いです。

チュートリアルさんのBBQのネタもそうなんですけど、**ブラックマヨネーズさんのネタは今で言う「システム漫才」の走りなんですよ。ここら辺から、オリジナルの個性がある漫才をやる大会に変わっていくんです。**それまではスタンダードな漫才……イメージとしては〝グー・チョキ・パー〟の3種類の戦いやったけど、この辺から〝グー´《ダッシュ》・チョキα《アルファ》・パーβ《ベータ》〟……みたいなんが生まれ始めた。

――それと関連があるかわからないのですが、初期のM-1は「年末が近い」「クリスマスに～」など、つかみが被っているネタが多い印象があります。

当時は、今ほど被ることを毛嫌いしてないんです。それはなぜかと言うと、まさしく〝グー・チョキ・パー〟で誰が一番強いかの戦いだから。**当時は同タイプの漫才師が出て戦う大会やったんで、テーマが被っても気にしなかった。でも今のM-1は、被りを毛嫌いするので同タイプがいない。**これは〝時代〟なんでどっちが良い悪いはないんですけど、今はちょっとテーマが被るだけで「えっ？」となりますよね。

――オリジナル性の高い漫才として話に出たチュートリアルさんは、翌年の2006年に優勝していますね。

これもね～、やっぱりすごかったですね。前年度のブラマヨさんがあんなに面白いパンチの打ち合いみたいなことをやって爆笑を取ったから、「これが正解なんや」とみんなが思った。それでみんなが芯からおもろいことをやろうとしたときに、チュートリアルさんというバケモノは〝パフォーマンス〟に寄ったんですよ。ワードというよりはパフォーマンス、つまり表現力に舵を切った。

言ってしまえば、台本だけ見たらそんなおもろいとこないんですよ。でも徳井さんの表現が、それを何百倍も面白くしてる。当然ね、ブラマヨさんの台本も、このお二人がより面白くしてますよ。でもブラマヨさんのネタは、台本だけでも面白い。一方で**チュートリアルさんの台本は、マジで徳井さんが言わんとおもろくないし、福田さんが巻き込まれてないとおもろくない。**「そんな答えの出し方あんの!?」と、この手法はまったく気付かなかったです。みんなが「ブラマヨの形が正しい」と思った翌年にこれを持ってくるなんて「あぁ、この人たちはすげぇわ」と思いましたね。

――1stラウンドとファイナルラウンド、どちらのネタが特に印象深いですか？

ファイナルでやった、「チリンチリン」のネタですね。チリンチリン（自転車のベル）を盗られただけであそこまで広げていく。今思い出しただけでも笑えます。

くだらない現象に対して本気でリアクションを取るとか、言ってるセリフと違う感情を入れながら喋るみたいなのが徳井さんはすごく上手いんですね。これ、僕が今も漫才でめちゃくちゃ利用してることなんです。徳井さんほど上手く表現できないけど、それをやることによってめちゃくちゃお笑いの手法が増えた。

この当時って、大喜利を考えまくる時代なんですよ。「どんだけ面白い答えを出せるか」って時代だった。でも、**普通のことを神妙に言ったり、くだらないことを真剣に言ったりすることで、全然違う伝わり方になって面白くなる。**

僕なんかは「チュートリアルさんに救われた」と思いますね。やっぱり、僕は笑い飯さんや千鳥さん、麒麟さんみたいな人たちに「大喜利で勝てない」と思っ

表現力すごすぎ！
こんな戦い方も
あったとは！

てるんですよ。でも、僕は表現力がある、こっちに舵を切ろう、と思えました。

——前期M-1で話題になった芸人といえば、笑い飯さんもすごかったですね。

「このネタ！」というより、**笑い飯さんはずっと衝撃的**ですね。「奈良県立歴史民俗博物館」（2003年）のネタは、入りでバコーン！といかれました。「ようこんな設定持ってくんな」みたいな。この奈良県立歴史民俗博物館から始まり、左腕第五先端みたいなようわからん指のネタ（2004年）、マリリン・モンロー（2005年）、あとはやっぱり鳥人（2009年）・チンポジ（2009年）。設定から泡吹かされますね。

なんだかんだ、実は設定がぶっ飛んでる人ってあんまいないんすよ。表現が面白い、ボケが面白いみたいなことはあるんですけど、設定がおもろすぎる人って、当時そんなにいなかった。その中でこんなネタを生み出したっていうのは、M-1において一番の功績やと思います。

こんだけ決勝に上がって、こんだけウケ続ける芸人って、この後も生まれないと思うんですよ。それぐらい、M-1とともに生きてきた人たちやなと思います。**笑い飯さんが現れたことによってM-1は捻じれて、だからこそ、M-1に憧れてこの世界に入る人が多くなりました。**だから、今の子たちは「テレビで売れたい」より「面白い漫才をしたい」という子が多いんだと思います。

——NON STYLEさんが優勝した2008年、石田さんはどんな戦略を立てていたのでしょうか？

「キングコングさえ倒せば決勝3組に残れる」と思ってました。キングコングの前後の出番をとって、彼らを倒せないかと。当時、彼らとは「同系統の漫才」として括られてたんです。だから一番意識してたけど、キングコングのリズムには勝ててないし、2人の華にも勝てない。

でも、なんとか前の出番をとることができて、僕らが「〝太ももを叩く〟という1つのフリで2つ笑いを取る」ネタをやった。**僕らの後にキングコングを見ると、テンポが遅く見えるようにした**んです。後にやっていたら、もっと圧倒できたと思います。

——この年、キングコングさんは決勝8位でした。これはNON STYLEさんの作戦通りということでしょうか。

そうだと思います。でも、敗者復活で上がったオードリーに対する押せ押せムードを体感して「終わった」と思いました。ウケ方もえぐかったですし「俺の夢、一瞬で終わった」と思いました。

実際、ファイナルラウンドでオードリーが1stと同タイプのネタをやってたら負けてたと思います。向こうがちょっとタイプを変えたネタをやったんで、勝てた。これは、運のおかげでもありますね。

声を張るツッコミが減ったのは「会話よりもチャット」の時代性も

——後期M-1で印象深いネタはありますか？

やっぱりミルクボーイですね。あれはすごいです。今って、けっこう〝偏見〟の漫才をする人が多いんですよ。**「あるある」から入って「偏見」を言い出す構成が多くなったのは、ミルクボーイの影響が強いのでは**と思います。

——2023年の決勝で特に印象深いネタはありますか？

令和ロマンはやっぱりすごかったですけど、マユリカも印象に残ってますね。久々に「聞いたことのある設定で、聞いたことのないボケを入れてくる」ネタを決勝で見ました。「まだこの戦い方残っ

コントと漫才の垣根をなくしたのは和牛の功績！

ずっと衝撃的！設定がおもろすぎる！どう思いつくん？

てんねや」と思いましたね。それこそ、“グー・チョキ・パー”のシンプルな戦い方をしていた時代に近い、“グー′《ダッシュ》”くらいのネタやと思います。今は“グー′《ダッシュ》”どころか“ゴー”までいくほど漫才の種類がある。そんな中、ど真ん中を走ってるんですよね。普通ではないツッコミをしているのは新しいと思うけど、オーソドックスなスタイルではあります。

あとヤーレンズなんかもね、2007～9年あたりの漫才に近いと思います。

――石田さんが思う「M-1で勝つネタ」の特徴はありますか？

これから先どうなるかわからないですけど、**現時点では“ボケだけ”で笑いを取れている芸人しか優勝してない**ですね。

――ツッコミが笑いをとって目立つイメージでしたが、ボケが重要なんですね。

今までの優勝者は、全員ボケで笑いを取ってます。ウエストランドも、井口がツッコミかと思いきや、優勝したネタはほぼ井口のボケでウケている。

でも、たしかに最近だと、おもろいヤツがツッコミになることが多いんですよ。となると、ボケがフリになる。ボケだけではおもろくないけど、ツッコむことでおもろさが分かる、みたいな。

――そういうツッコミが流行っているのは、なぜなんでしょうか？

文明の発展とともに生まれたお笑いの種類だと思います。**会話するよりチャットの時代やし、声を張る必要がない。「なんでやねん！」じゃなく「それは～ですよね」と、戦場には入らず、外から長いツッコミを入れるアウトボクシング的なネタが増えているんですよ。**

これは、山ちゃん（南海キャンディーズ）の功績がデカいと思います。ほんまやったらツッコむところを送って「あ、その角度で笑いとんねや」みたいな。でも、これってしずちゃんがどう見ても強敵やからできることなんで、バランス間違えると“ただツッコミがおもろいことを言いたいだけ”に見えちゃう。濃いキャラと高度なテクニックがあってこそだなと。

――2024年で、M-1も20回目の節目を迎えました。今後、M-1はどうなっていくと思いますか？

どんどん評価軸が難しくなっていくと思います。これまでを振り返っても、M-1って定期的になんらかの刺激を与えられて変わってきています。ブラマヨさんやチュートリアルさんによって「システム漫才」っぽいものが生まれ、僕らみたいなんが「ボケ数の多いネタが良い」みたいな常識を生んで。それから「ボケとツッコミ=ライバル関係」という基本ベースがあったところに、和牛が現れて「共闘型」のスタイルを作った。

コントと漫才の垣根をなくしたのも和牛ですね。漫才師は「漫才たるものからどれだけはみ出すか」の対決をしているけど、コント師は「コントの世界を漫才っぽく見せる」戦いをしてくる。

こんなふうに**複雑化して、どんどんわけわからん戦いになって評価が難しくなっていくし、多様化しすぎて、「漫才コント論争」なんかできなくなる**んじゃないかと思います。でも、どんなものでも、新しくても古くても、面白い漫才がこれからもいっぱい出てきたら嬉しいですね。

M-1完全データベース

M-1グランプリ2001～2023のデータを大公開。
過去大会の記録を、グラフ・表とともに振り返る。

エントリー組数の変遷

過去20回におけるエントリー数の推移。中断のタイミングを除けば、右肩上がりで増加している。

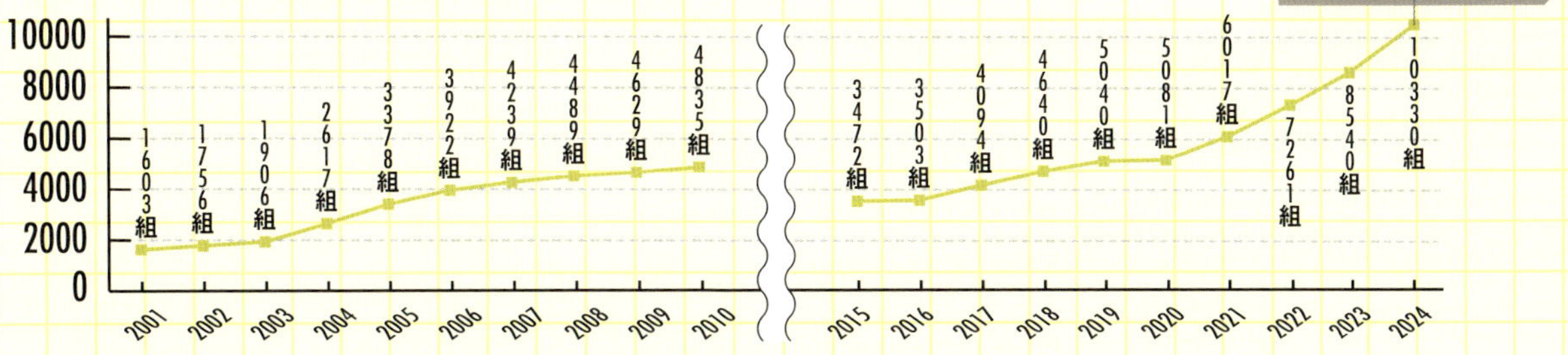

決勝1stラウンドの得点

過去大会において決勝1stラウンドで各審査員がつけた点数について、最高点・平均点・最低点。

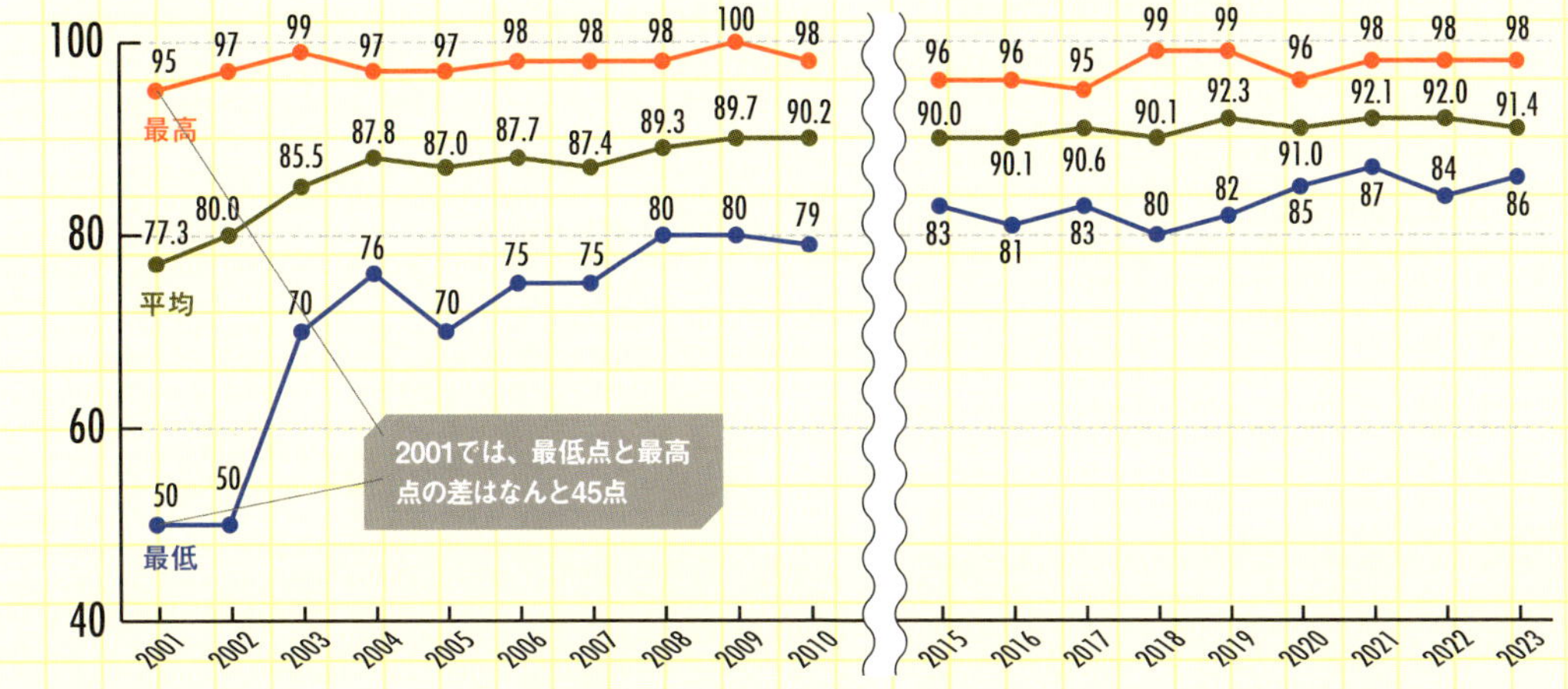

ネタ順と得点および優勝者数

抽選によって決まる決勝のネタ順と、点数および優勝者数との関係。※

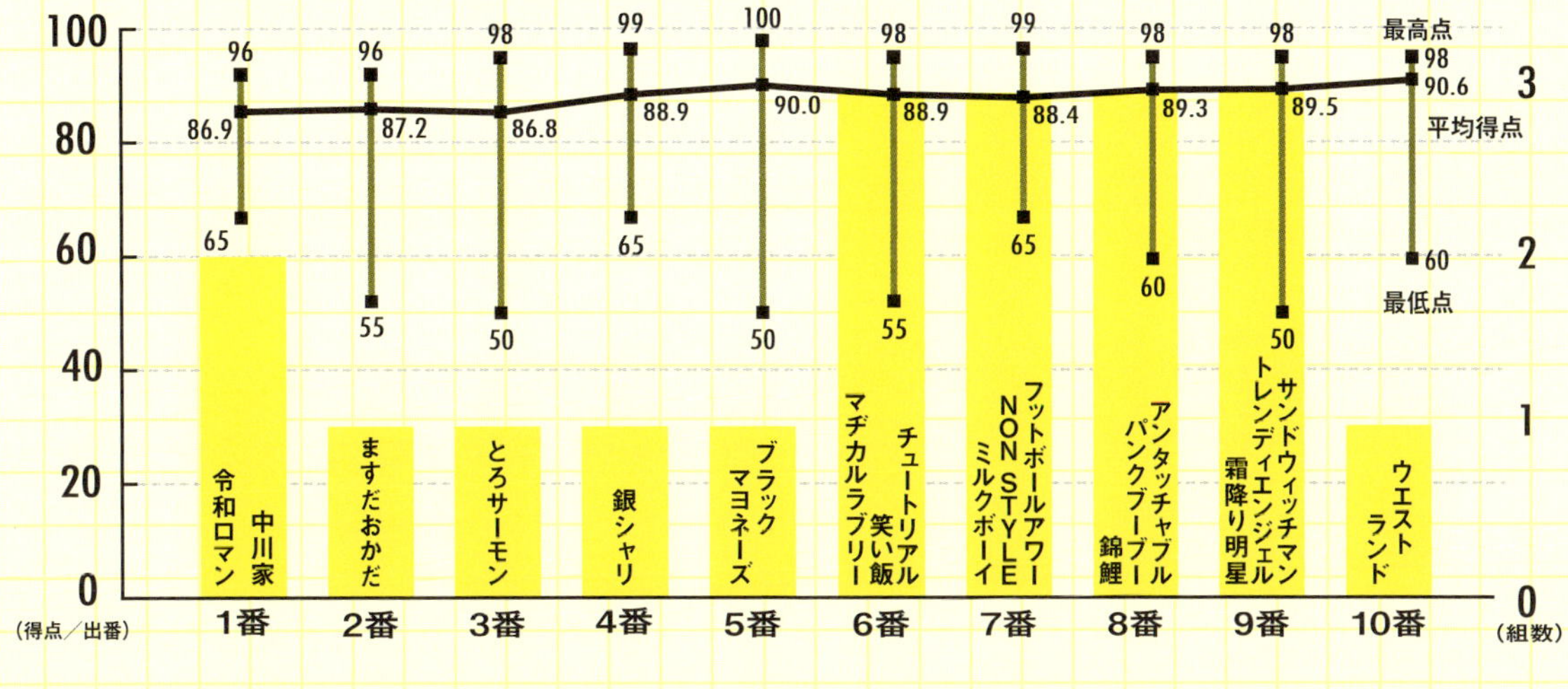

※ネタ順は、2016までは準決勝を勝ち抜いた組から事前に抽選し、敗者復活組はトリ(最後)で固定。2017からは笑神籤により全て抽選。

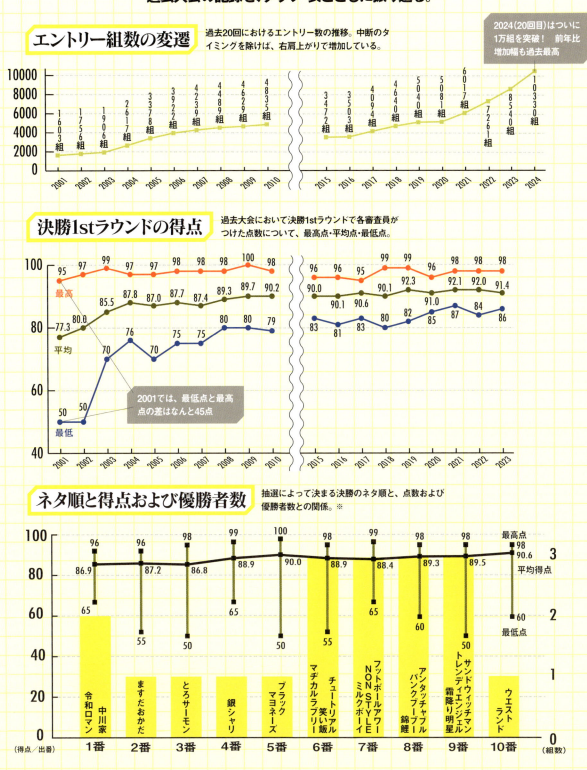

ファイナリストデータベース 2001→2023

2001年（第1回）

順位	コンビ名	キャッチコピー	1st点数
優勝	中川家	笑いのDNA	829
2位	ハリガネロック	武闘派	809
3位	アメリカザリガニ	3オクターブの衝撃	796
4位	ますだおかだ	実力主義	770
5位	麒麟	無印（ノーマーク）	741
6位	フットボールアワー	奇跡の顔面	726
7位	キングコング	驚異のルーキー	707
8位	チュートリアル	お笑い陰陽師	637
9位	DonDokoDon	無冠の帝王	614
10位	おぎやはぎ	東京の星	540

2002年（第2回）

順位	コンビ名	キャッチコピー	1st点数
優勝	ますだおかだ	打倒よしもとを合言葉に今年も決勝へ	612
2位	フットボールアワー	漫才新人賞を総なめにしてきた若手実力派	621
3位	笑い飯	今年もM-1予選にノーシードの新星が現れた	567
4位	おぎやはぎ	前回東京からはただ1組の決勝進出	561
5位	ハリガネロック	前回準優勝リベンジだけに燃えたこの1年	545
6位	テツandトモ	現代版音楽漫才がM-1に新風を吹き込む	539
7位	スピードワゴン	（敗者復活）	535
8位	ダイノジ	大分県出身の重量級コンビが涙の初出場	534
9位	アメリカザリガニ	前年は高熱を押して堂々の第3位	525

2003年（第3回）

順位	コンビ名	キャッチコピー	1st点数
優勝	フットボールアワー	悲願	663
2位	笑い飯	∞（infinity）	656
3位	アンタッチャブル	（敗者復活）	616
4位	2丁拳銃	ラストチャンス	608
5位	りあるキッズ	最年少	601
6位	スピードワゴン	正門突破	572
7位	アメリカザリガニ	3度目の正直	564
8位	麒麟	返り咲き	554
9位	千鳥	無印（ノーマーク）	552

2004年（第4回）

順位	コンビ名	キャッチコピー	1st点数
優勝	アンタッチャブル	悲願の正面突破	673
2位	南海キャンディーズ	初物尽くし	639
3位	麒麟	（敗者復活）	634
4位	タカアンドトシ	直球勝負	615
5位	笑い飯	予測不能	615
6位	POISON GIRL BAND	支離滅裂のアーティスト	603
7位	トータルテンボス	theの渋谷系	587
8位	東京ダイナマイト	“ビート”の遺伝子	583
9位	千鳥	リベンジ	582

2005年（第5回）

順位	コンビ名	キャッチコピー	1st点数
優勝	ブラックマヨネーズ	モテない男たちの逆襲	659
2位	笑い飯	予測不能のWボケ	633
3位	麒麟	M-1チルドレン	646
4位	品川庄司	不屈のお調子者	626
5位	チュートリアル	暴走するイケメン漫才	622
6位	千鳥	（敗者復活）	607
7位	タイムマシーン3号	アキバ系カリスマデブ	571
8位	アジアン	肉と骨のハーモニー	564
9位	南海キャンディーズ	相方以上恋人未満	552

2006年（第6回）

順位	コンビ名	キャッチコピー	1st点数
優勝	チュートリアル	華麗なる妄想族	664
2位	フットボールアワー	帰ってきた王者	640
3位	麒麟	空腹のファンタジスタ	627
4位	笑い飯	予測不能のWボケ	626
5位	トータルテンボス	ハンパねぇ渋谷系漫才	613
6位	ライセンス	（敗者復活）	609
7位	ザ・プラン9	5人の漫才革命児	597
8位	変ホ長調	史上最強のアマチュア	576
9位	POISON GIRL BAND	暴走する異次元漫才	570

2007年（第7回）

順位	コンビ名	キャッチコピー	1st点数
優勝	サンドウィッチマン	（敗者復活）	651
2位	トータルテンボス	ハンパねぇラストチャンス	646
3位	キングコング	帰ってきたスーパールーキー	650
4位	ハリセンボン	（デブ＋ヤセ）×ブサイク＝爆笑	608
5位	笑い飯	予測不能のWボケ	604
6位	ザブングル	奇跡の顔面	597
7位	ダイアン	お笑い月見草	593
8位	千鳥	オレ流漫才	580
9位	POISON GIRL BAND	屈辱からの脱出	577

2008年（第8回）

順位	コンビ名	キャッチコピー	1st点数
優勝	NON STYLE	ストリート系漫才	644
2位	オードリー	（敗者復活）	649
3位	ナイツ	浅草の星	640
4位	笑い飯	孤高のWボケ	637
5位	U字工事	I♥とちぎ	623
6位	ダイアン	お笑い月見草	619
7位	モンスターエンジン	変幻自在の高性能漫才	614
8位	キングコング	逆襲のスーパールーキー	612
9位	ザ・パンチ	ラストチャッチャチャーンス	591

2009年（第9回）

順位	コンビ名	キャッチコピー	1st点数
優勝	パンクブーブー	9年目の正直	651
2位	笑い飯	孤高のWボケ	668
3位	NON STYLE	（敗者復活）	641
4位	ナイツ	浅草の星	634
5位	ハライチ	原市生まれM-1育ち	628
6位	東京ダイナマイト	逆襲の異端児	614
7位	モンスターエンジン	ネタの精密機械	610
8位	南海キャンディーズ	漫才という名の赤い糸	607
9位	ハリセンボン	恋する漫才師	595

色文字は敗者復活戦組。

2019年（第15回）

順位	コンビ名	キャッチコピー	1st点数
優勝	ミルクボーイ	ナニワスパイラル	681
2位	かまいたち	憑依する漫才	660
3位	ぺこぱ	ツッコミ方改革	654
4位	和牛	（敗者復活）	652
5位	見取り図	真逆の個性	649
6位	からし蓮根	火の国ストロング	639
7位	オズワルド	新・東京スタイル	638
8位	すゑひろがりず	令和の伝統芸能	637
9位	インディアンス	ノンストップ	632
10位	ニューヨーク	漫才ジョーカー	616

2020年（第16回）

順位	コンビ名	キャッチコピー	1st点数
優勝	マヂカルラブリー	我流大暴れ	649
2位	おいでやすこが	個性と技のハーモニー	658
3位	見取り図	真逆の才能Ⅲ	648
4位	錦鯉	おっさんずバカ	643
5位	ニューヨーク	ダークにリベンジ	642
5位	オズワルド	NEO東京スタイル	642
7位	インディアンス	（敗者復活）	625
8位	アキナ	覚醒するファンタジスタ	622
9位	ウエストランド	小市民怒涛の叫び	622
10位	東京ホテイソン	静ボケ剛ツッコミ	617

2021年（第17回）

順位	コンビ名	キャッチコピー	1st点数
優勝	錦鯉	50歳おバカの大冒険	655
2位	オズワルド	シン・東京スタイル	665
3位	インディアンス	快速ボケ特急	655
4位	ロングコートダディ	やわらかハード	649
5位	もも	なにわNEWフェイス	645
6位	真空ジェシカ	屈折のエリート	638
7位	ゆにばーす	NO M-1、NO LIFE.	638
8位	モグライダー	やんちゃとぶきっちょ	637
9位	ハライチ	（敗者復活）	636
10位	ランジャタイ	奇天烈の極み	628

2022年（第18回）

順位	コンビ名	キャッチコピー	1st点数
優勝	ウエストランド	小市民怒涛の叫び	659
2位	さや香	熱血リベンジ	667
3位	ロングコートダディ	ゆるハイブリッド	660
4位	男性ブランコ	あぶない地味男	650
5位	真空ジェシカ	アンコントロール	647
5位	ヨネダ2000	なかよし奇想天外	647
7位	オズワルド	（敗者復活）	639
8位	カベポスター	草食系ロジカル	634
9位	キュウ	ノーリアル	620
10位	ダイヤモンド	クレイジーな輝き	616

2023年（第19回）

順位	コンビ名	キャッチコピー	1st点数
優勝	令和ロマン	エキセントリックルーキー	648
2位	ヤーレンズ	ノンストップ・ウザ	656
3位	さや香	激情リベンジ	659
4位	マユリカ	ずっとキモダチ	645
5位	真空ジェシカ	アンコントロールⅢ	643
6位	カベポスター	草食系ロジカルモンスター	635
7位	モグライダー	メジャーポンコツ	632
8位	ダンビラムーチョ	M-POP	632
9位	シシガシラ	（敗者復活）	627
10位	くらげ	純情！ワイシャツとアロハ	620

2010年（第10回）

順位	コンビ名	キャッチコピー	1st点数
優勝	笑い飯	孤高のWボケ	668
2位	スリムクラブ	無印（ノーマーク）島人（しまんちゅ）	644
3位	パンクブーブー	（敗者復活）	668
4位	ピース	笑いのアーティスト	629
5位	銀シャリ	昭和をまとった新世代	627
6位	ナイツ	浅草の星	626
7位	ハライチ	進化するムチャぶり漫才	620
8位	ジャルジャル	スーパールーキー	606
9位	カナリア	羽ばたけ！ラストイヤー	592

2015年（第11回）

順位	コンビ名	キャッチコピー	1st点数
優勝	トレンディエンジェル	（敗者復活）	825
2位	銀シャリ	昭和をまとった新世代再び！	818
3位	ジャルジャル	フリースタイルが止まらない！	834
4位	タイムマシーン3号	器用なおデブさんは好きですか？	816
5位	スーパーマラドーナ	震える子羊ボケまくる！	813
6位	和牛	心にさされ！非情な愛のボケ	806
7位	メイプル超合金	誰も知らない超ダークホース	796
8位	馬鹿よ貴方は	静かなる毒舌漫才	791
9位	ハライチ	澤部、今日も騒ぐってよ	788

2016年（第12回）

順位	コンビ名	キャッチコピー	1st点数
優勝	銀シャリ	王道漫才	470
2位	和牛	（敗者復活）	469
3位	スーパーマラドーナ	虚弱×最強	459
4位	さらば青春の光	予測不能	448
5位	アキナ	変幻自在	446
6位	ハライチ	シン・ハライチ	446
7位	カミナリ	ダークホース	441
8位	スリムクラブ	一撃必殺	441
9位	相席スタート	婚活系漫才	436

2017年（第13回）

順位	コンビ名	キャッチコピー	1st点数
優勝	とろサーモン	ついにキターーー！！	645
2位	和牛	3度目の正直	653
3位	ミキ	兄弟漫才	650
4位	かまいたち	史上初の2冠へ	640
5位	スーパーマラドーナ	（敗者復活）	640
6位	ジャルジャル	帰ってきたフリースタイル	636
7位	さや香	無印（ノーマーク）	628
8位	ゆにばーす	野生女×インドア男	626
9位	カミナリ	進化のどつき漫才	618
10位	マヂカルラブリー	摩訶不思議	607

2018年（第14回）

順位	コンビ名	キャッチコピー	1st点数
優勝	霜降り明星	縦横無尽	662
2位	和牛	第4形態	656
3位	ジャルジャル	フリースタイル再び	648
4位	ミキ	（敗者復活）	638
5位	かまいたち	史上初の2冠へ	636
6位	トム・ブラウン	無秩序	633
7位	スーパーマラドーナ	最後の逆襲	617
8位	ギャロップ	輝け！いぶし銀	614
9位	見取り図	声高ダークホース	606
10位	ゆにばーす	今年もイェエエエイ！	594

回数	コンビ名	出場年	連続回数
3回	さや香	2017、2022 - 2023	2年連続
	見取り図	2018 - 2020	3年連続
	インディアンス	2019 - 2021	3年連続
	真空ジェシカ	2021 - 2023	3年連続

決勝の進出回数は、笑い飯の9回が最多。和牛は5年連続、麒麟、スーパーマラドーナ、オズワルドは4年連続で進出。

最終決戦進出歴

回数	コンビ名	出場年	連続回数
5回	笑い飯	2002 - 2003、2005、2009 - 2010	2年連続(2回)
3回	フットボールアワー	2002、2003、2006	2年連続
	麒麟	2004 - 2006	3年連続
	和牛	2016 - 2018	3年連続
2回	アンタッチャブル	2003、2004	2年連続
	NON STYLE	2008、2009	2年連続
	パンクブーブー	2009、2010	2年連続
	銀シャリ	2015、2016	2年連続
	ジャルジャル	2015、2018	−
	さや香	2022 、2023	2年連続

最終決戦の進出回数は、笑い飯の5回が最多。

決勝進出歴

回数	コンビ名	出場年	連続回数
9回	笑い飯	2002 - 2010	9年連続
5回	麒麟	2001、2003 - 2006	4年連続
	和牛	2015 - 2019	5年連続
	ハライチ	2009 - 2010、2015 - 2016、2021	2年連続(2回)
4回	フットボールアワー	2001 - 2003、2006	3年連続
	千鳥	2003 - 2005、2007	3年連続
	ジャルジャル	2010、2015、2017、2018	2年連続
	スーパーマラドーナ	2015 - 2018	4年連続
	オズワルド	2019 - 2022	4年連続
3回	アメリカザリガニ	2001-2003	3年連続
	チュートリアル	2001、2005-2006	2年連続
	キングコング	2001、2007-2008	2年連続
	南海キャンディーズ	2004-2005、2019	2年連続
	トータルテンボス	2004、2006、2007	−
	POISON GIRL BAND	2004、2006、2007	−
	ナイツ	2008-2010	3年連続
	銀シャリ	2010、2015-2016	2年連続
	かまいたち	2017-2019	3年連続
	ゆにばーす	2017-2018、2021	2年連続

ファイナリストと優勝者のプロフィール傾向

プロ・アマ・事務所を問わない本大会では、ファイナリストのプロフィールもさまざま。
ここでは、ファイナリストと、さらにその中で勝ち抜いた優勝者の属性や
成績のデータをまとめた。

平均結成年数

ファイナリスト／優勝者の結成年数。なお出場資格としては、2010までは10年以内、2015からは15年以内となっている。※1

ファイナリスト

7.9年

2001～2010の平均は6.3年。2015～2023の平均は9.5年

●最短進出は結成2年目。
2001のキングコング・フットボールアワー・麒麟、2004の南海キャンディーズ、2006の変ホ長調、2008のモンスターエンジン、2020のおいでやすこががいる。

優勝者

9.3年

2001～2010の平均は8.3年。2015～2023の平均は10.4年

●最短優勝は結成4年目のフットボールアワー。
●ラストイヤー優勝は、中川家、ますだおかだ※2、アンタッチャブル、笑い飯、とろサーモンの5組。

平均年齢

決勝出場時の年齢としては、2023までで18歳から50歳までの幅がある。

ファイナリスト

31.5歳

この下に42歳(2020、おいでやすこが・小田／2023、シシガシラ・脇田)がいる

●最年長は50歳(2021、錦鯉・長谷川雅紀)。次点で43歳(2021、錦鯉・渡辺隆)。
●最年少は18歳(2003、りあるキッズ両名)。次点で21歳(2001、キングコング両名)。

優勝者

33.0歳

優勝時の芸歴最年少(6年目)は2023の令和ロマン

●最年長は50歳(2021、錦鯉・長谷川雅紀)。次点で43歳(2021、錦鯉・渡辺隆)。
●最年少は25歳(2018、霜降り明星・粗品)。次点で26歳(霜降り明星・せいや)。

※1 「平均結成年数」は、開催年と結成年(編集部調べ)から単純計算し算出した数値による。
※2 2002までは「結成10年目」は結成9年以内が基準。

前年成績

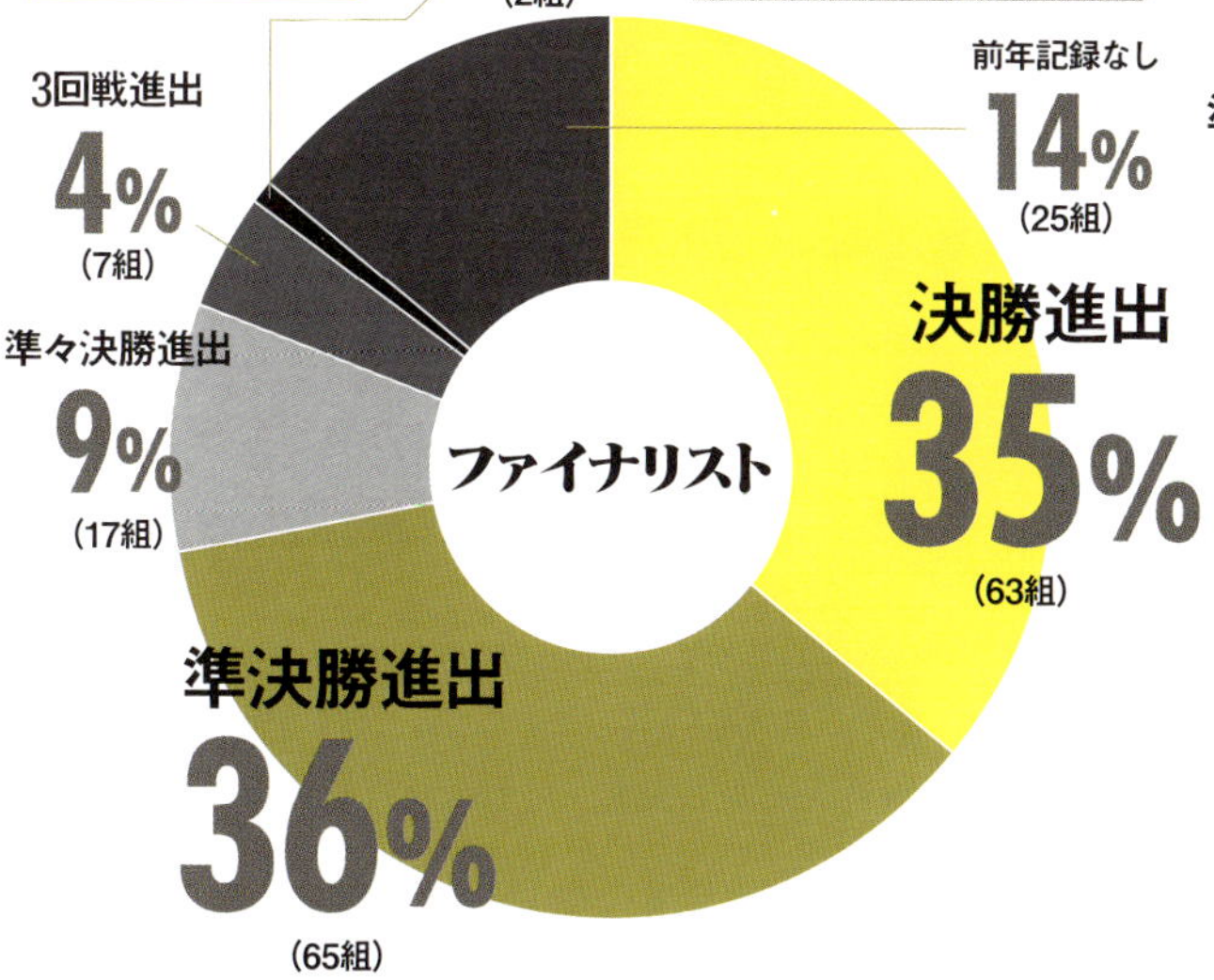

前年2回戦敗退から決勝進出を果たしたのは2002の笑い飯、2016のカミナリの2組

準決勝以上が全体の7割！なお、前年成績1回戦敗退は0組

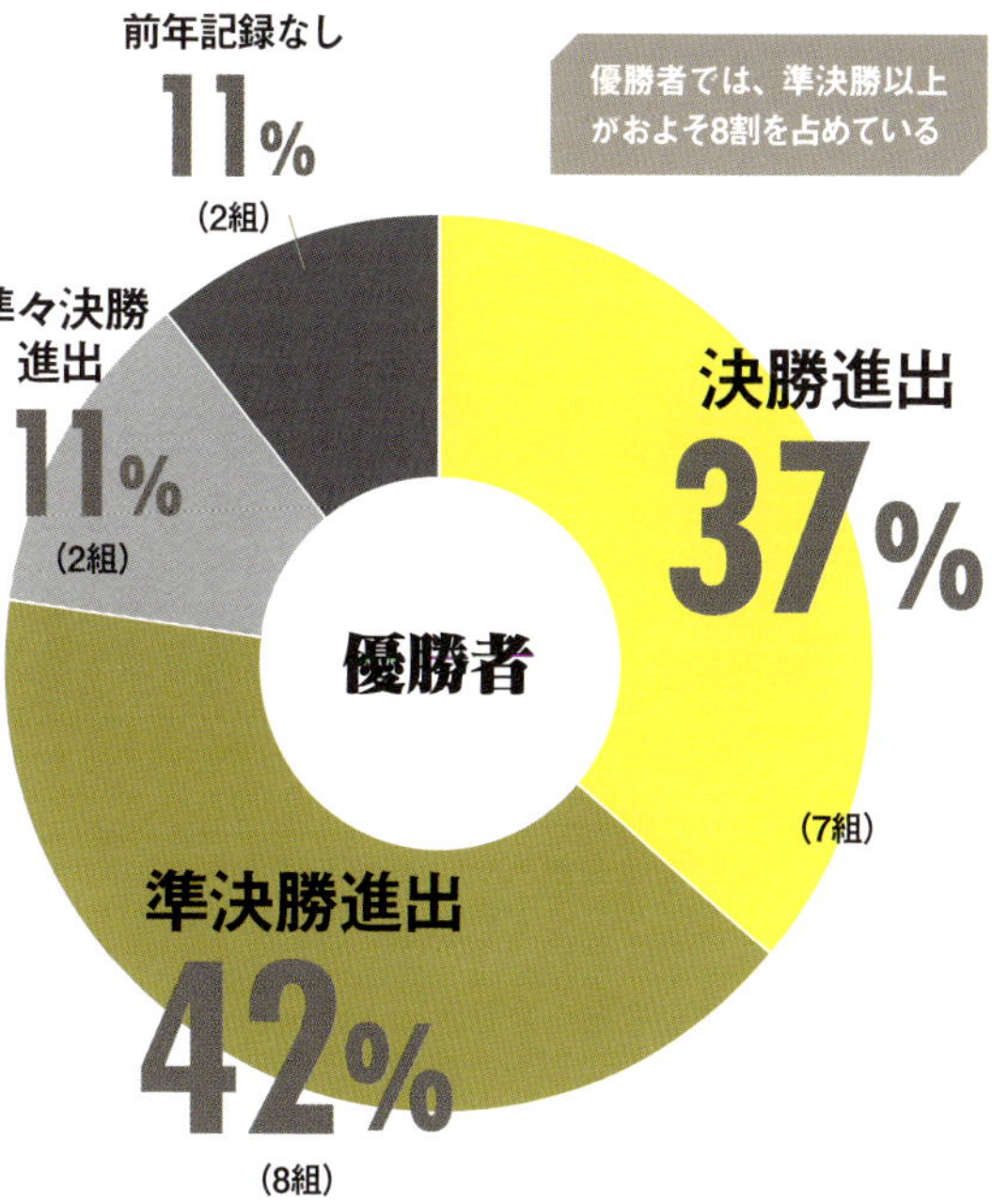

優勝者では、準決勝以上がおよそ8割を占めている

平均得点

ファイナリスト／優勝者の決勝1stでの最高点・平均点・最低点（審査員による1名あたりの得点）。

ファイナリスト

88.5点

●最高　100点（2009、笑い飯）
●最低　50点（2001、おぎやはぎ・チュートリアル／2002、スピードワゴン）

大会史上唯一の100点を獲得したのは笑い飯「鳥人」のネタ

優勝者※

93.0点

●最高　99点（2019、ミルクボーイ）
●最低　70点（2001、中川家／2002、ますだおかだ）

ミルクボーイ「コーンフレーク」が99点を獲得。なお、過去大会において99点が出たのは2003の笑い飯、2018のジャルジャルを含め3組のみ

事務所

所属事務所は出場当時のものを集計。ファイナリスト・優勝者ともに7割が吉本興業所属

	ファイナリスト	優勝者
吉本興業	128	14
ワタナベエンターテインメント	8	0
プロダクション人力舎	7	1
松竹芸能	5	1
マセキ芸能社	5	0
グレープカンパニー	4	0
タイタン	3	1
ケイダッシュステージ	3	0
サンミュージックプロダクション	3	0
ホリプロコム	2	0
太田プロダクション	2	0
SMA	2	1
オフィス北野	2	0
アミー・パーク	1	0
ザ・森東	1	0
フラットファイブ	1	1
ニチエンプロダクション	1	0
（アマチュア）	1	0

出身地

ファイナリスト361名／優勝者38名の出身都道府県（編集部調べ）についてランキング。

全体、関西（2府4県）が173名（47.9%）、関東（1都6県）が82名（22.7%）。優勝者の中では関西（2府4県）が20名（52.6%）、関東（1都6県）が7名（18.4%）

ファイナリスト	優勝者
1位　大阪：95名（26.3%）	1位　大阪：12名（31.6%）
2位　奈良：27名（7.5%）	2位　京都：4名（10.5%）
3位　東京：27名（7.5%）	3位　神奈川：3名（7.9%）
4位　京都：23名（6.4%）	3位　東京：3名（7.9%）
4位　兵庫：21名（5.8%）	
5位　岡山：21名（5.8%）	

※集計対象は優勝した年の点数

この人たちがいなければ成り立たない！

M-1グランプリを支える裏方スタッフの仕事って？

大会を成功に導くためには多くのプロフェッショナルの力が必要だが、その反面、普段はなかなかスポットライトが当たりづらい存在でもある。ここではそんなM-1の陰の主役である3名の裏方スタッフに登場していただき、想いを語ってもらった。

取材・構成・文／織江賢治

大会運営

敗者復活戦までのほとんどの業務に関わる大会の"なんでも屋"

事務局として公式HPによる参加者の募集やエントリーの登録作業、会場選定、さらには審査員の依頼や美術製作、舞台装置の発注などなど予選から敗者復活戦までの運営を行い、無事に決勝戦にバトンタッチする大役を担う。

川原健太氏

テレビ関連のイベントの運営や番組制作などを行う（有）BEEPSに所属し、M-1には2015年の第11回大会から事務局として関わる。ほかのテレビ番組では『R-1グランプリ』や『CHEF-1グランプリ』などの事務局も兼任。

会場入口の立て看板

予選当日の出場者の受付も運営の仕事。会場入口に看板を設置して参加者を楽屋まで誘導する。特に1回戦は出場者が多いので的確に指示する必要がある。

準決勝の川原さんのタイムシフト

時間	予定作業
8:00	事務局集合、準備
9:30	会場入り、控室準備
11:00	各セクションのスタッフ受け入れ 舞台セッティング開始
13:00	決勝進出者発表リハーサル
14:30	準決勝リハーサル、最終確認
15:15	開場、MC&審査員会場入り・打ち合わせ
16:00	開演、以後各所の進行状況を確認
19:00	終演、審査集計〜審査会議
20:45	審査会議終了
21:00	決勝進出者発表・会見
22:15	ファイナリストをABCテレビへ送り出し
23:45	各所の撤収を確認し会場を出る

大会20回目である今年はアマチュアの勢いがすごい

――そもそも「M-1グランプリ事務局」とは、具体的にどのような仕事を行っているのでしょうか？

川原　簡単に言えば大会の準備に関するすべての事を行う部署です。事務作業として参加者の募集から、送られてきたエントリー用紙の開封・登録作業、問い合わせ対応、HPの更新、XなどのSNS管理を行い、それから予選のための会場ブッキングと音響や照明の発注、舞台監督、審査員への依頼とシフト調整。そして予選当日は会場運営、お弁当の発注……などなど。予選当日の会場ではアルバイトもお願いしますけど、中枢は3人でやってます。

――その中で一番苦労する作業は？

川原　最近では会場のブッキングですね。1回戦はこういう感じ、2回戦はこう……などと大会に適した雰囲気のある会場をまず押さえていくのが一番重要な仕事ですが、実は今、ホントに会場が取れないんですよ。コロナ禍以降、より「リアル」というものの価値が上がっているように感じますが、東京など会場争奪戦がすごくて。ここ何年かはM-1を優先すると言っていただけるところも増えて、大分楽にはなりましたが。

――それで言えば、今年は予選の会場も増えましたよね。

その日の出場者の香盤表

前室にはその日の出場者の香盤表を貼るほか、ネタ時間についてや予選突破の際のアナウンス方法など細かな注意書きを掲示。

M-1はプロアマ・年齢問いません！皆さん気軽に応募してください！

川原　そうです。札幌、仙台、新潟、東京、埼玉、千葉、沼津、名古屋、大阪、広島、福岡、沖縄の12か所ですね。僕はほぼすべての会場に行きますので、なるべく1日に2か所はやらないように日程をずらして。しかも今年は台風の影響もあって、エントリー期間を1週間延ばすなどのリスケも行いました。

——では決勝当日、川原さんの仕事としては？

川原　直接関わるのは敗者復活戦です。これはテレビで放送されますけど、基本的にはイベントという形をとっています。ですので敗者復活戦のほうが「大会」としての意味合いは強くて僕の出番も必然的に多くなります。

——具体的には？

川原　前もって会場を押さえて、その運営のための美術さんなどを発注しますが、当日は柵や椅子を並べたり養生テープを貼ったりスタッフのお弁当を発注したり、グッズ売り場の搬入出・管理などを行います。進行に関してはテレビ側のディレクターや吉本のプロデューサーが行いますので、僕は破綻してそうなところを探してサポートします。あとは負けた漫才師のケアですかね。みんな人生を賭けてるわけですから、負けた組の落胆はすごい。「荷物あっちでーす」って誘導するだけでは、ね。

——決勝がテレビで始まった段階でようやく一息つけるのですか？

川原　って思いますよね。実はそうではなく、敗者復活戦を勝ち上がった漫才師を無事にテレビ局に届けなければなりません。近年の敗者復活戦はテレビ朝日の横の特設会場でやることが多かったんですが、昨年はそこが使えず、復活コンビのシシガシラさんを警備して一緒に大江戸線に乗ってテレビ朝日に送り届けました。

——電車での移動だったんですか！

川原　そうです。で、それが終わると今度はネットで「お疲れ様でした」の配信があるので、その準備のための送迎バスの管理などです。だからチャンピオンが決まる瞬間は、いつもマイクロバスの小さいモニターで見てます（笑）。

——ちなみに、そのように予選を生で見ていて「この芸人さんは売れる」って思うことはありますか？

川原　もちろんあります。僕は笑い上戸なので予選でもよく笑うのですが、衝撃的だったのはメイプル超合金さんですね。まだテレビにも出ていない時期で、150人くらいのキャパの小さいステージに、あの大きな2人が出てきて2人並ぶと間口一杯みたいな幅ですから。で、派手な衣装で華もあるし、絶対決勝行く、行かなくてもテレビで絶対ウケるなって思っていたら、やはり決勝まで行ったんですよ。あと印象に残っているのはミルクボーイさん。2019年、京都の吉本祇園花月の3回戦でコーンフレークのネタをやったんですが、お客さんの笑い声で建物自体が振動して、天井からすすが降ってきたんです。これはすごいなって思いましたね。実際決勝でも歴代最高得点でしたし。

——では最後に今年の展望を教えてください。

川原　今年は20回記念大会ということでエントリー数1万組を目指したのですが、結果は1万330組になりました。その中で、やはりアマチュアの方の応募が非常に増えています。近年では「ナイスアマチュア賞」というものを作って、1回戦の各大会で予選MCが特に印象に残ったアマチュア組の動画をYouTubeで上げるようにしたんです。昨年はラブリースマイリーベイビーという小学生の女の子2人組が話題になりましたが、今年もダイヤの原石が見つかる可能性は高いです。もっといえば変ホ長調さんのようにアマチュアから決勝に行く組もいるかもしれません。ぜひ12月の決勝を楽しみにお待ちください！

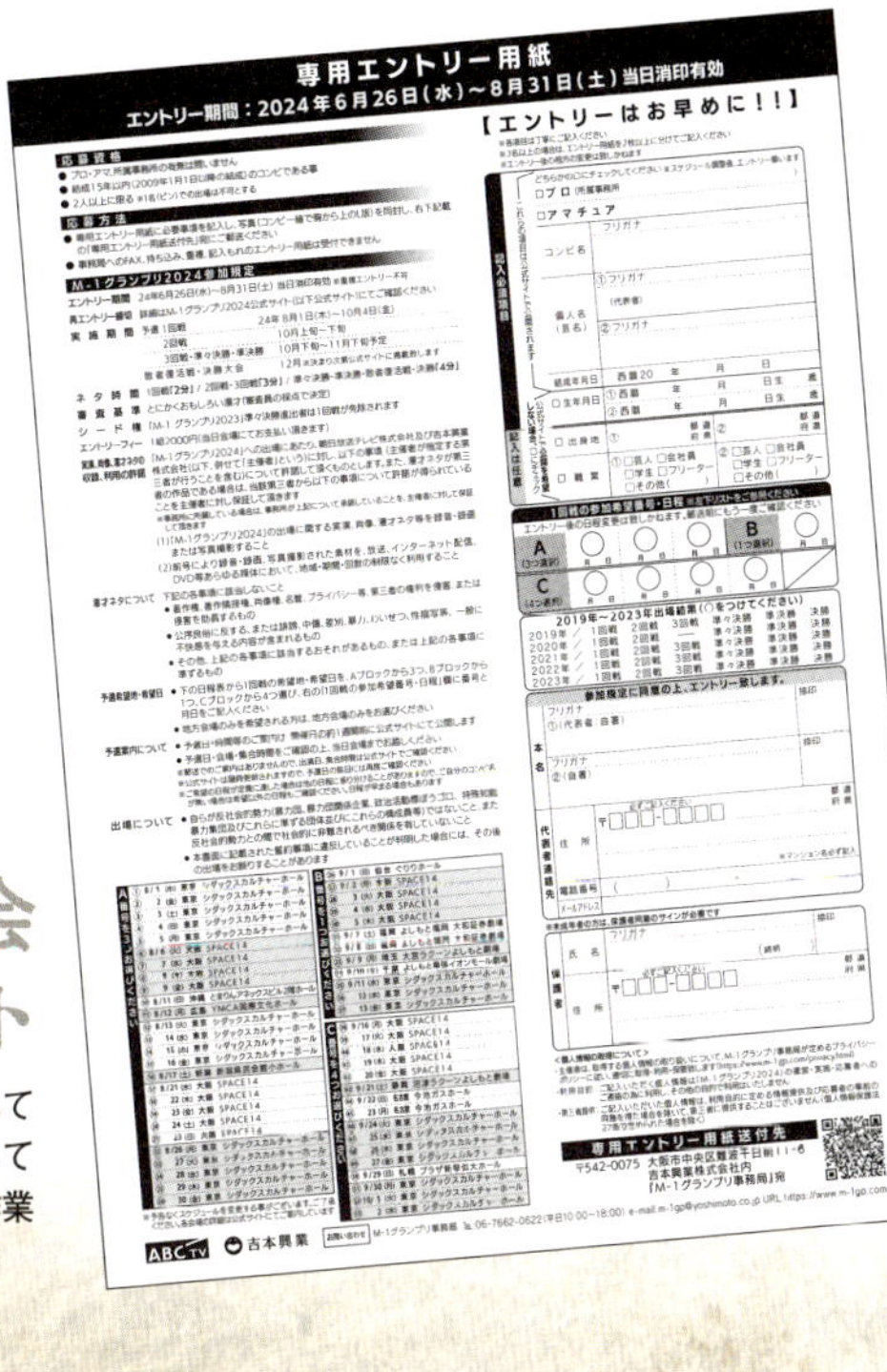

2024年の大会エントリーシート

大会エントリーは公式HPに掲載されているエントリー用紙をDLし、記入して封書で応募する。運営は1通ずつ手作業で開封し、登録作業を行う。

舞台監督

様々な視点で舞台をセッティングし
スムーズな進行を支える舞台上の責任者

M-1の雰囲気に合わせて会場でのパネルなど舞台道具を設置するほか、開演後は出場者の進行管理と、音響や照明などの各セクションと連携して舞台を盛り上げる。まさに縁の下の力持ちだ。

檜原奨平氏

ヨシモト∞ホールの舞台進行・舞台監督を経て現在はフリーランス。M-1には2016年から関わっており、1回戦から準決勝の舞台を担当。ほかに「R-1グランプリ」や「キングオブコント」、芸人ツアーではミキや銀シャリの舞台監督も担当している。

吊り看板の設置

舞台の背後に設置する吊り看板は実は折り畳み式。大会感を出しつつも観客の目線を邪魔しないような高さに微調整する。

1回戦当日の檜原さんのタイムシフト
（シダックスカルチャーホール予選の場合）

時間	予定作業
9:00	会場到着・搬入
9:15	舞台セット建て込み～舞台裏セッティング
10:30	休憩
11:15	リハーサル
11:30	開場・客入れ
12:00	1回戦開演
19:30	予選終了、結果発表配信準備
20:15	結果発表・インスタ配信立ち合い
20:20	片付け・退館

1回戦参加者のほぼ全組を記憶

――檜原さんは予選から準決勝までの舞台監督とのことですが、どのようなお仕事なのでしょうか。

檜原　そうですね。監督というとなかなか仰々しいですが、実際は舞台上に関わるすべての仕事を行う感じです。まず会場に着いて、パネルや吊り看板などの舞台セットを組み立てて、マイクを置いて、実際に自分で立って。それが終わったら音響さんや照明さん、運営さんなど制作周りと連携を取って微調整し、統括して進行管理をするというイメージです。

――どういうところに一番気を遣うのでしょうか？

檜原　やはりお笑いを潰さないことを一番に考えています。まず通常のお笑い舞台では、例えば音響さんや照明さんに「ここはこういうノリになると思うのでこうしてください」という指示を事前に知らせておきますが、それがバシッとハマって芸人さんから「助かりました！」と言っていただくと、笑いが生まれた瞬間に携わっているという感じがします。一方でM-1は真剣勝負なので、演者の舞台に関しては全く口を出しません。それを前提に、ではどうすれば参加者が舞台で気持ちよく、無事に漫才ができるかを考えるんですが、出演者が動いた際にセットにぶつかったりしないよう広めにセッティングするようにしています。当たり前のことではありますけど、ぶつかったりすると出演者側も「やっちゃった」って顔に出ちゃいますし、それは審査にも影響が出てしまいますし。

――とはいえM-1の1回戦ではアマチュアの方も多いです。予期しないアクシデントもあるのでは？

檜原　そうですね。確かに予期しないアクシデントなども発生します。以前ペッパーくんが全盛期だった頃に、ペッパーくんを2台連れてきて袖で操作して漫才をさせるっていう

舞台パネルと裏（袖）の準備

袖と前室の間をこのように等間隔で三角コーンとテープでバミっておき（テープなどを張って印を付けておくこと）、出場者は檜原さんの呼び出しに応じて順番に待機する。

僕らは第三者目線で出場者が気持ちよく漫才ができる舞台を造るのが目標です

コンビがいたんです。でもトラブルがあったのか、いつまで待っても始まらず、ただペッパーくんが立っているだけになってしまったので急いで順番を飛ばしてハケさせました。

——初見だとどうしてもトラブルの回避が難しいですよね。

檜原　ただ、予防はできます。すっごく緊張していて挙動不審になっているコンビや、いかにも怪しそうなニオイのするコンビには、世間話がてらサグリを入れます（笑）。それにコンビ名とネタはだいたい覚えていますので、2回戦からは事前に情報共有ができます。

——参加者全員を覚えているんですか？

檜原　100%ではないですけど、こんなネタやってたなっていうのはだいたい覚えています。もしもあのコンビが2回戦、3回戦に上がってきたらこうしておこう、などと先回りができますし。だから2回戦で会った時、「1回戦はこんなネタやってたよね」って話しかけるとみんなビックリします。

——ではこれまでたくさんのネタを間近で見てこられて一番インパクトのあった芸人さんは誰でしょう。

檜原　仕事中は次に待機している芸人さんの事やこの後の進行スケジュールなどを考えながらやってるのであまり笑うことはないのですが、あくまで個人的な話で言うと、2016年のカミナリさんです。名前だけはほかの芸人さんから聞いていましたが、実際初めて1回戦で見たときに、「これは決勝に行くのでは？」って思いました。既に今の形が完成されていて、お客さんからもその日一番くらいウケていて、会場がどよめいていましたね。あと忘れられないのが令和ロマンさんです。当時はまだ大学のお笑いサークル所属で「魔人無骨」というコンビ名でしたが、アマチュアなのにすでに雰囲気に大物感があって面白かったです。審査員の間でも「すっごいアマチュアがいるぞ！」と話題になっていました。

——そういったのちのち人気者になる芸人さんは何が違うのでしょうか。

檜原　これも個人的な意見ではありますが、人気になる組はだいたい礼儀正しいですし、スタッフにもちゃんと挨拶をしてくれます。プロアマ関係なく、ちゃんとスタッフに対して敬意を持ってくれているのを感じるんですが、どういう流れでイベントが成立しているのかということが俯瞰して見えているんだと思います。先ほどの令和ロマンさんなどは、「この会場だったらこういう風に喋ったほうがいいですよね？」などと正直僕があまり想定していなかったことを質問されたので、そこまで考えているのか！って驚きましたね。

——すごいプロ意識ですね。話しかけて来る方は多いんですか？

檜原　そんなに多くはないんですが、たまに「受かってると思います？」って聞かれることはあります。そんな時は「まあまあまあ」って答えるようにしています（笑）。

——では最後に、今年のM-1の展望を教えて下さい。

檜原　ありがたいことにエントリー数が増えたので、そのぶん予選会場と日程が増えて仕事が大変になりました（笑）。それは冗談として20回目だからといって特別気を張っていることはありません。M-1に限りませんが、お笑いの舞台では出場者である芸人さんがメインであり、僕らは第三者目線で彼らが気持ちよく漫才ができるような舞台を提供することを目標にしています。そして準決勝まで無事に終わらせられたら、あとは自宅のテレビで敗者復活戦と決勝戦を楽しませていただきます（笑）。

ステージ見取り図

激しい動きをしても後ろのパネルに当たらないかなどを考え、マイクとの間に適切なスペースを確保してある。また向かって右側のパネル裏が「袖」で、檜原さんは開演中ここで間を計り、次に出るコンビを誘導する。

マイクの調整

客席の前列一番右や左からでも漫才師の顔がちゃんと見えるか、マイクの前に立ってネタをしたりマイクを動かす芸人さんはいるかなど、さまざまなことを想定して、実際にマイクの前に立って調整する。

音響効果

音出しのタイミングで周りが動く！
決勝に不可欠な音の番人

番組で使用する音楽や効果音(SE)の選定から番組放送中の音出しをリアルタイムに行う。カメラやマイクの切り替え、出演者の登場などは音を合図に行われることが多いため、M-1決勝では非常に重要なポジションだ。

清水康義氏

音響効果、スポーツDJ、MAスタジオ業務などを行う(株)ヴァルスにて音響効果を38年行うベテラン。M-1には第1回大会から携わっているほか、多数のニュース番組やバラエティ番組などを担当する。

決勝当日の清水さんのタイムシフト

時間	予定作業
7:00	自社(ヴァルス)に集合してテレビ朝日に移動
8:00	現場にて機材セッティング、調整
9:00	全体打ち合わせ、位置決め
10:00	カメラリハーサル
13:30	昼食
15:30	MCカメラリハーサル
18:00	客入れ、直しスタンバイ
18:30	生放送
22:10	放送終了
23:00	バラし作業をして自社に帰社

漫才の格闘技をイメージし番組中の音を選曲

——M-1には第1回大会から音響効果として関わっているそうですね。

清水　そうですね。スタート時から音響効果として音の選択をやらせていただいてます。

——ということは出囃子のあの曲を選ばれたのも……？

清水　はい。当初、漫才の賞レースを格闘技のK-1のような感じで「漫才格闘技」のイメージでできないかと伺って、「ではこんなのはどうでしょう？」と提案して、演出と決めたのがファットボーイ・スリムの「Because We Can」という曲です。

——それにしても見事にハマりましたね。

清水　反応のことはあまり考えていませんでした。番組のどこが中心なのかって考えたときに、芸人さんがどう見えて、番組全体がどう盛り上がるのかをまず念頭に置かないといけませんし。今でこそ皆さんがあの曲がいいって言って下さるんですが、僕的にはエンディングの「smoke on the water」がM-1のテーマ的な意味合いが強かったんです。でも全然反応がなくて（笑）。

——M-1ではほかにもいろんなBGMが使われていますが、どのような基準で選ばれたのでしょう。

清水　例えば芸人さんが舞台に登場する際のせり上がりの間では映画『トイ・ストーリー2』の曲を使っていますが、セットがこういう作りになっていて、こういう動きをするということを頭の中で組み立てて、じゃあその間のストロークはこんな雰囲気の曲が合うんじゃないかっていう感じでイメージするんです。同様に、最終3組の出囃子は勢いのある出囃子ではなく、ナンバー1を決めるという意味を強く持たせたくて、ちょっと厳かで〝グランプリ感〟が出るようなイメージですね。

――そういった番組で流す音楽のセレクト・加工のほか、現場ではどのような仕事をするのでしょうか。

清水　本番当日は、それらの曲や効果音（SE）を丁度よいタイミングで流すのが主な仕事になるんですが、実はM-1のスタジオはほぼアナログで、各セクションのスタッフがシンクロするように息を合わせて動くんです。普通はディレクターがキューを出したタイミングで皆が一斉に動いてカメラのスイッチングや音声マイクの切り替えなどが行われますが、M-1では各セクションの人たちが〝人間の感覚〟で独自に動き、それが自然と見事に連動するんです。

――阿吽の呼吸なんですね。

清水　そうです。例えば司会の今田さんの「続いては…」というフリがあったとしますが、その時の間合いや喋りのテンポを各セクションが見計らって、それぞれで動き出すんです。そして、そういった動き出しのきっかけになっているのが、僕たちの行う音出しだったりしますので、現場ではずーっとそのタイミングを計っている状態です。

決勝戦の主な使用音楽

紹介VTR	ヴァン・ヘイレン「Jump」
せり上がり	ランディ・ニューマン「Zurg's Planet」（映画『トイ・ストーリー2』より）
予選出囃子	ファットボーイ・スリム「Because We Can」
下げ囃子	「バック・トゥ・ザ・フューチャー」（映画『バック・トゥ・ザ・フューチャー』より）
採点時	「パイプライン」（映画『007 ワールド・イズ・ノット・イナフ』より）
最終決戦出囃子	サム・スペンス「Salute to Courage」（～2022年） 「Final Race」（2023年～）
最終審査発表	「Manta Squadron」（映画『スカイキャプテン ワールド・オブ・トゥモロー』より）
表彰式	ウィリアム・ウォルトン「スピットファイア 前奏曲」
エンディング（大会テーマ曲）	ディープ・パープル「smoke on the water」

M-1決勝にはこれ以外にもさまざまな音楽が使われているが、重要視されているのが真剣勝負であることとエンタメ性のマッチング。コンセプトに合った曲の案を清水さんが数十曲選定し、最終的に演出などと話し合って決めていく。

――生放送ですし、本番中はまったく気が抜けないんですね。

清水　「ミスは許されない」っていう厳しい状況ですが、いろんなものを背負って出て来る漫才師の方たちが最高の力を発揮できるステージを造るのが裏のスタッフのやるべきことだと思うんです。彼らがベストを尽くすならば当然僕らもベストを尽くすっていう気持ちでいます。とはいっても毎年反省点はありますね。

――どういったところがこの仕事の難しいところなのでしょうか。

清水　例えば漫才が終わるタイミングです。リハでは芸人さんが「このセリフで終わりです」というような、漫才の最後の締めの部分を教えてくれるんですが、本番でそれを変えてくるコンビもいるんですよ。そうするとどこが漫才の締めなのか分からないので、下げ囃子を流すタイミングが難しいんです。

――漫才で笑う暇もないですね。

清水　……と言いたいところですが、実はちょいちょい笑ってます（笑）。なぜか集中している時に限って面白いフレーズが耳に入ってくるんですよね。それで思わず吹き出したりしてます。

M-1はスタッフが阿吽の呼吸で動く いわば『血の通った番組』なんです

――ではこれまで全大会の決勝に携わってきて、清水さんのなかで一番インパクトのあった芸人さんは？

清水　個人的にはサンドウィッチマンさんですね。彼らが出てきた時は……なんでしょう。「お笑い」に関しては素人なのでおこがましいのですが、敗者復活戦を勝ち抜いて、スタジオがあれだけ盛り上がっていましたので僕があの雰囲気に巻き込まれただけかもしれないんですけど、マイクを通して聞こえてくる歓声、熱量は違うように感じましたね。

――では最後に、清水さんにとってのM-1とは？

清水　そうですね……『血の通った番組』だと思います。今なら全部システマティックにコンピューターで制御できちゃいますが、スタッフも芸人さんも人が中心になって造り上げている。それは新しい古いではないですし、だからこその面白さが生まれるし、醍醐味がありますね。そんな番組に関わらせていただいていることは、非常に光栄だと思います。

2021年のM-1 本番の様子

M-1決勝の生放送は副調整室（サブ）にて待機。ここで司会の今田さんの進行具合などに合わせてタイミングを見計らい音出しを行う。

関わりたいけど、関われない嫉妬を感じた

——前期M-1はどう見てましたか？

陣内　僕はピンなんで、自分とは縁のない賞レースでした。大会が始まった時は「どんな大会になるんやろう？」と様子を見ていて、そうしたら第一回で同期の中川家が優勝して、さらにフットやブラマヨの近い世代がスターになっていった。松本さん、紳助さん、巨人師匠らがいる中でネタやって、場合によっては評価されたりもして、一お笑い人としたら憧れもあったし、「関わりたいけど、一生関われないやろうな」という嫉妬もありました。あの舞台に立てない悔しさと立つ怖さを感じたり、ウケなかった時の代償とウケた時の見返りを想像してましたね。

——陣内さんは後輩のブラマヨさんやチュートリアルさんを可愛がってた印象がありますが、そこに嫉妬の感情もあった？

陣内　「おめでとう」という気持ちはさらさらなかったですね。当時、僕も東京に進出して同じように勝負せなあかん時代やったんで。「面白いことが世間にバレたな」という気持ちでした。

——2015年からは敗者復活戦の

陣内智則

Interview

逆境から不屈の芸人を送り出す敗者復活戦MCの流儀

ネタ中にいきなり響くチャイム。厚着を突き破って観客を襲う冷気。「過酷」と言われる敗者復活戦の舞台上、常に司会者・陣内の姿があった。一枚の切符を手に入れて駆け上がる勝者。その場で膝を折る敗者。全ての喜怒哀楽を笑いに変えてきた辣腕が、見てきた光景を振り返る。

撮影／TOWA　取材・文／鈴木工

思い通りにならなかった
コンビがいたら
なるべくフィーチャー
してあげたい

司会を担当されています。当時、オファーを受けた心境は？

陣内　話をもらった時、お笑い芸人として携われることがまずありがたかったです。でも最初は「大きなイベント前にお客さんが集まるステージの司会」という感覚でやってました。なんなら僕がMCやってるライブが勝手にテレビで放送されてるイメージですね。ライブ感を大切にして、お客さんに喜んでもらおう、楽しんでもらおうぐらいで、そんなに気負いもなかった。ライブだから面白く転がることもありますし、絡みで僕が失敗することもありますし。僕がメインじゃなくて、メインはもちろん敗者復活戦のメンバー。もっと言ったらM-1グランプリがメインですから。

それで何の気負いもなかったんですけど、だんだん敗者復活戦の注目度が上がってきて、神格化されてきたのも肌で感じてきましたね。今は審査や絡みがSNSであれこれ言われる時代になってきたじゃないですか。それもあって、出来があんまりやったコンビに「いや、おもんないねん！」「そのくだり、もういいですよ」みたいに冷たく接する笑いの取り方はあかんのかなと。それよりも、限られた時間の中、コンビの良さをできるかぎり引き出す方向にいこうとは、やっていくごとに思うようになりましたね。

――敗者復活戦に出場する芸人はリサーチしてます？

陣内　僕はしてないですね。前情報があったら肩入れしちゃったりするし、知らない方がフラットにいけるんで。一方で初めて絡む人もおるから、その難しさはあります。

――MCとして心がけていることは何ですか？

陣内　まず、面白い・面白くないのジャッジはしないようにはしてます。あと、思い通りにならなかったコンビがいたら、そこはなるべくフィーチャーしてあげたい。明らかにわかるじゃないですか、「あ、これはあかんな……」というコンビが。その時は、「残念やったな～」「いやいや、まだわかんないでしょ！」みたいな絡み方もあるし、一瞬めちゃくちゃスベって「あのくだり、一体なんやったんや？」と疑問に感じた時は逆に言ってあげる。なるべくその子たちが目立てるようにして、そこでハネたらよかったなと思うし、ハネなかったら反省もしますね。上位に来るなと感じたコンビは後々絡む場があるだろうから、そこまで絡みません。その回ちょっときびしそうなコンビや、あまり慣れてない新人は、僕を通して「こんな面白い人おるんや」ってわかってもらえるのが理想ですね。

決勝に上がったコンビは何のネタをするか問題

――去年の敗者復活戦はシステムが変わって、かなりの盛り上がりを見せました。

陣内　確かに面白かったです。野外は野外の面白さがあったんですけどね。車が通る音がしたり、チャイムが鳴ったり……。

――「寒い屋外でネタやって待たされる芸人さんが可哀想」という声も毎年あがりますけど。

陣内　とはいえ、歴代の風物詩ではあったので。寒空の中、逆境から這い上がってきて、いきなりすぐネタする演出はエンターテインメントとして面白いじゃないですか。僕はあれもありだと思うし、有利に働いていたとも思います。ではあるんですけど、去年の敗者復活戦は、しっかりネタが見られて、お客さんの笑い声も審査もあって、ちゃんと温度感をつかめた。芸人はやりやすかったんちゃうかな。レベルが高い敗者復活戦をしていると感じましたね。

ただ、会場のお客さんと芸人審査員が、シシガシラの歌ネタを「これが一番面白いんだ！」と自信を持って送り出したら、決勝でシシガシラが別のネタをやったんですよねぇ。その難しさを痛感しました。シシガシラからしたら敗者復活戦のネタは放送されてしまったから違うネタで勝負したいじゃないですか。その気持ちはよくわかる。でも、会場にいた人は、「さっきのネタをやったら結果が違ったかもしれないのに……」とどうしても思ってしまう。決めるのは本人ですけどね。今後の敗者復活戦はそこのチョイスが難しくなりそうです。

――決勝で勝ち抜くコンビってなんとなくわかります？

本当にやりたいことをやりに来ているスタンスの芸人が多くなった

陣内　それまでは国民投票やったんで、知名度や人気のある人が勝つ感覚はあって、僕の中で「ここが勝ち抜くかな?」と感じる芸人とズレはありました。もちろん知名度や人気で票が集まるのも悪くはないんですよ。それまでの実績が評価されてるわけだから。

　それが今回、お客さんと芸人審査員になったことで、会場の納得感は高まりましたね。去年の最後に残ったシシガシラ、ナイチンゲールダンス、ヘンダーソンは、もっともウケていた3組で、今までのシステムやったら知名度ある芸人が加わっていた可能性もあった。というか、国民投票やったらシシガシラは選ばれてないでしょ（笑）。だから、わかりやすくて、ピュアな敗者復活戦になったんじゃないかなと思います。

――敗者復活戦で見たいタイプはいますか?

陣内　知名度低くて「誰やねん⁉」というのが出てくるのは面白いですよね。去年ならエバースとか。あと、逆に知名度のあるトム・ブラウンね。オモロいことは知ってたけど、オモロさが異常だったんで。ラストイヤーで苦労してるヘンダーソンみたいなコンビも、ちょっと肩入れしそうになりますね。もちろん平等にやりますけど。まあ誰にせよ、選ばれた芸人は決勝で勝ってほしいです。そのために僕らは自信を持って送り出すわけなんで。

今田耕司は万能なのに存在を残さない

――敗者復活戦のMCを始めた2015年からの変化は感じますか?

陣内　お客さんは年々よくなっている感じはします。昔は応援している芸人を決勝にいかしたくて、推しの芸人以外は笑わない、見ない、拍手しないというのもちょこちょこありましたから。それが今はもうすごくノーマル。M-1の中でも敗者復活戦が好きで、青田買いの感覚もありつつ、楽しんで見に来てるのはよくわかります。だから年々いい大会にはなってきてますね。

　芸人でいうと、ほんまにやりたいことをやりに来てるスタンスが多くなった気がします。さや香の唐揚げのネタとか、去年のニッポンの社長もそう。「おまえら、もっとほかのネタあるやろ!」という。敗者復活戦に限らず、合わせるんじゃなくて、やりたいことをやる若手が増えてきたのかな。ある意味、ランジャタイや真空ジェシカはその姿勢が評価されているのかもしれませんね。

――MCしていて嬉しかったことは何ですか?

陣内　1年だけ、敗者復活戦のMCやりながら決勝でもちょっとした絡みでインタビューを担当した年があって、僕的にはどうやったらええんやろう?と戸惑っていたんです。それが番組終わったら松本さんに「よかったな。ああいうこともできんねんな」と言われたのは、「そこも見てくれてたんや」と嬉しかったです。でも特別手応えはなかったから、どこがよかったんかは謎なんですけど。

――決勝ということでは、今田さんの仕切りはどう見てます?

陣内　まあそれは……すごいっすね。昔は「ゆくゆくは決勝の司会やりたい」と形式的に言ってましたけど、今は微塵も思わないですね。あの司会を見てたら、さすがにちょっとなって。

——具体的に何がすごいんですか？

陣内　もうひょうひょうとできてしまう。さらっと芸人呼び込んで、大御所の審査員に対してもスパッと斬り込めるし、何とかしてくれるから芸人も安心してボケれるしスベれるし。万能すぎるというか、切れ味すごすぎるというか、それでいて今田さんというのを残さないんですよね。僕、あまり今田さんのこと言いたくないですね。意識したくないけど、結局見てしまう存在です。

大会が終わった後は虚無感を覚えている

——敗者復活戦のMCは今後も続けていきたい？

陣内　それはもちろんあります。僕、マネージャーに「こういう仕事をしたい」と自分からあんまり言うタイプではないんですよ。でも唯一、「敗者復活戦だけはやらしてほしい」と何年か前に言ったことがあって。もちろんいつかは世代交代で変わらないといけない時が来るんでしょうけど、もういらないと言われるまで、やりたがってると言うてくれと。求められなくなった時には、それはもうしょうがないんで。

一方で、敗者復活戦が終わったらいつも楽屋で決勝戦を見てから家帰るんですけど、ほんま夢の跡みたいな感じがするんですよ。「何やったんやろ、あの空間。俺さっきまでおったよな……」みたいな虚無感を毎回覚える。翌日、優勝した芸人が取り上げられてバーンと世間がその芸人一色になると自分が取り残される気がして、「あかんあかん、この子たちとこの1年絡めるように俺も頑張らな」と気を引き締める。もう世代も違えばジャンルも違うのに、あれは何なんですかね？　それが毎年続いています。

——面白いですね。虚無感を覚えるような仕事なのに関わっていたい。

陣内　そうなんですよ。その世界に携わっておきたい。楽しいとかじゃなくて、歯車の一つとして盛り上がってくれたらいいなと思うし、だからと言って若い子が出てきてほしいとも思わないし……。難しいですね！　お笑いを生業とする人間として、この一線の現場でやっておきたいということなんだろうし、やっぱりそれだけ魅力的な番組であるんでしょうね。

Interview

敗者復活戦は唯一「いらないと言われるまでやらしてほしい」とお願いした仕事

1974年兵庫県生まれ。NSC大阪校の11期生として入学し、93年にデビュー。95年からピン芸人になり、『爆笑オンエアバトル』『エンタの神様』などで活躍。大物タレントに重宝されてMCの横をキープする存在は、「横MCというジャンルを築いたパイオニア」（オードリー若林）と称賛される。『R-1グランプリ』『ABCお笑いグランプリ』などの審査員も務める。M-1グランプリ敗者復活戦は、再開した15年から司会を担当。

ntinued

M-1グランプリ2024

“日本一の漫才師”の称号と賞金1000万円をかけて戦う漫才の頂上決戦が今年も8月1日より開幕した。2015年に復活して以降、エントリー数の最多更新を続けているが、今年もさらに記録を伸ばし、ついに、過去最多の10330組となった。第20代王者は、いったいどの漫才師になるのか、乞うご期待！

to be co

【公式M-1グランプリ大全2001-2024 表紙ビジュアル】

企画制作：電通＋たきコーポレーション＋CONTRAST Inc.＋WOIL
クリエイティブディレクター：有元沙矢香
アートディレクター：川腰和徳、上田美緒、池田樹
プランナー：水本晋平、宗像悠里
カメラマン：川村将貴
レタッチャー：小柴託夢
デザイナー：鈴木駿哉、久保仁、河本麻伊
プロデューサー：鹿山日奈子、清水楓太、井口諒、里見勇人、濵口大地、茨木美帆
プロダクションマネージャー：加藤真依子

M-1グランプリ
M-1グランプリ2001
～そして伝説は始まった～
M-1グランプリ2002
～その激闘のすべて～
伝説の敗者復活戦45組すべて収録
M-1グランプリ2003
～M-1戦士の熱き魂～
M-1グランプリ2004
～いざ！M-1戦国時代へ
"東京勢の逆襲"～
M-1グランプリ2005
～本命なきクリスマス決戦！
"新時代の幕開け"～
M-1グランプリ2006
史上初！新たなる伝説の誕生
～完全優勝への道～
M-1グランプリ2007
敗者復活から頂上(てっぺん)へ
～波乱の完全記録～
M-1グランプリ2008
ストリートから涙の全国制覇!!
M-1グランプリ2009
100点満点と連覇を超えた
9年目の栄光
M-1グランプリ2010
～最後の聖戦！
無冠の帝王vs最強の刺客～
M-1グランプリの歴史を映像で振り返る！
第1回から、すべての大会をDVD化したM-1ライブラリー
好評発売中！
M-1グランプリ2015
5年分の笑撃
～地獄からの生還…再び～
M-1グランプリ2016
伝説の死闘！～魂の最終決戦～
M-1グランプリ2017
人生大逆転！
～崖っぷちのラストイヤー～
M-1グランプリ2018
～若き伏兵はそこにいた～
M-1グランプリ2019
～史上最高681点の衝撃～
M-1グランプリ2020
～漫才は止まらない！～
M-1グランプリ2021
大漫才時代～人生、変えてくれ～
M-1グランプリ2022
～新時代！漫才を塗り替えろ。～
M-1グランプリ2023
～『爆笑が、爆発する。』～
商品番号：YRBN-91593~4
本体価格：5,280円(税込)／4,800円(税抜)
DVD2枚組
★ M-1グランプリ2023決勝
★ 敗者復活戦
★ M-1グランプリ アナザーストーリー
★ 王者・令和ロマンの『決勝戦完全攻略講座』
ABC TV
YOSHIMOTO MUSIC CO.,LTD.

公式M-1グランプリ大全
2001-2024 20回大会記念

発行日　2024年11月26日　初版発行
2024年12月13日　2刷発行

[発行人]
藤原寛

[編集人]
新井治

[編集・制作]
ヨシモトブックス（太田青里、馬場麻子、矢羽田佳奈）
ABCアーク（園部充、後藤隆之、堅田沙希）

[編集協力]
鈴木工、釣木文恵、後藤亮平（BLOCKBUSTER）、斎藤岬、
高本亜紀、中野純子、浜瀬将樹、前多勇太、望月沙織、織江賢治

[データ協力]
デジアサ

[制作協力]
M-1グランプリ2024事務局
ABCテレビ（辻史彦、桒山哲治、森裕喜、佐々木匡哉）
吉本興業（神夏磯秀、武井大樹、織田功士、田井中皓介）

[プロモーション]
ABCテレビ（衣川淳子、石野魁盛）
吉本興業（重兼桃子、平岡伴基）

[撮影]
TOWA、飯岡拓也、矢橋恵一、黒田彰（トロフィー写真）

[本文デザイン]
FROG KING STUDIO（近藤琢斗、福田万美子、鈴木健太郎）

[DTP]
株式会社三協美術

[校正]
株式会社東京出版サービスセンター

[営業]
島津友彦（株式会社ワニブックス）

[発行]
ヨシモトブックス
〒160-0022　東京都新宿区新宿5-18-21
TEL 03-3209-8291

[発売]
株式会社ワニブックス
〒150-8482 東京都渋谷区恵比寿4-4-9 えびす大黒ビル
TEL 03-5449-2711

[印刷・製本]
シナノ書籍印刷株式会社

ISBN　978-4-8470-7511-7　C0095